Für
INGA, MARLENE
UND LUIS!
UND FÜR MEINE
MAMA!!
UND FÜR ALLE, DIE
WISSEN, WAS ich MEINE!!!
UND FÜR

NA KLARO AUCH !!!!

VERGISS DIE ANGST,
DIE MAL WAR –
DER SIEG IST UNSER,
NA KLAR!
(STEFAN HALLBERG –
WER WIRD DEUTSCHER MEISTER?)
H-H-H-HSV!

Axel Formeseyn

VOLL DIE LATTE
Mein Fussball-Tagebuch

VERLAG DIE WERKSTATT

Bibliografische Information der Deutschen Nationalbibliothek:
Die Deutsche Nationalbibliothek verzeichnet diese Publikation in der
Deutschen Nationalbibliografie; detaillierte bibliografische
Daten sind im Internet über http://dnb.d-nb.de abrufbar.

Copyright © 2011 Verlag Die Werkstatt GmbH
Lotzestraße 22a, D-37083 Göttingen
www.werkstatt-verlag.de
Alle Rechte vorbehalten.
Satz und Gestaltung: Verlag Die Werkstatt
Druck und Bindung: Westermann Druck Zwickau

ISBN 978-3-89533-783-3

FSC
www.fsc.org
MIX
Papier aus ver-
antwortungsvollen
Quellen
FSC® C022125

INHALT

LIEBES TAGEBUCH,

du wunderst dich vielleicht, warum du nun schon wieder in Buchhandlungen, unter Schultischen, auf Nachttischen, neben Kloschüsseln oder sonstwo rumliegst, nachdem du das ja schon vor ein paar Jahren ertragen musstest, als du im Europa-Verlag, in Kooperation mit dem 1a-en Fußballmagazin 11Freunde, veröffentlicht wurdest. Es ist nämlich so: Obwohl ich dummer-, aber nicht-zu-ändernderweise großer HSV-Fan bin und ziemlich viel Quatsch rund um meine Erlebnisse als Freund dieses von chronischer Erfolglosigkeit geplagten ehemals ruhmreichen Fußballklubs aufgeschrieben hab, fanden ziemlich viele Menschen das offenbar ein bisschen witzig und schön und sich persönlich drin wieder, oft auch, ohne überhaupt HSV- oder sogar Fußballfan zu sein! Das hat zwar nicht geholfen, den damaligen Verleger vor der Pleite zu retten, aber immerhin dafür gesorgt, dass der Verlag Die Werkstatt (der ja auch sonst ohne Ende klasse Fußballbücher rausbringt) und ich jubelnd zusammenrasselten und prompt beschlossen, dich einfach *noch* einmal rauszubringen.

Einige Jahre gab es Voll die Latte nämlich gar nicht zu kaufen und nun glauben wir *in echt*, dass es immer noch Fußballinteressierte und -nichtinteressierte gibt, die dich noch nicht kennen und super finden, und selbst die, die dich schon *einmal* gekauft und gelesen haben, werden das nun trotzdem *noch einmal* tun. Ich hab nämlich total viel in dir rumverbessert und geklebt und gekritzelt und (auch wenn's über HSV in den letzten Jahren ja nun nicht *nur* Superes zu berichten gab) meine persönliche Fangeschichte einfach weitergeschrieben. Außerdem habe ich mich noch einmal genauer erinnert, wie das nun *wirklich* war, mit dem ganzen Scheiß, den ich seit 1982 erlebt und veranstaltet hab.

So bist du jetzt noch einmal völlig anders und viel dicker geworden und hast *noch* mehr Geschichten und Schoten von mir und meiner

superen Mama und meinem superen Papa und meiner superen Schwester und meiner superen Frau Inken und meinen superen Kindern Lene und Luke und meinen superen Freunden Maik und Barny und Paul und meinem *trotz allem* superen Lieblingsverein drin, und ich schwör dir, echt jetzt: Das *ganze* Buch ist jetzt *noch* viel superer, als es eh schon immer war! Und besser aussehen tut es *auch*, von draußen genauso wie von drinnen! Find *ich* wenigstens.

Und nun lass dich reichlich lesen, verschenken, ausleihen, beschmunzeln und belachen, betrauern und beweinen und trotzdem nicht immer *zu* ernst nehmen!

Weil: Ist doch *nur* Fußball!

(von wegen!)

☺ Dein
Acki!

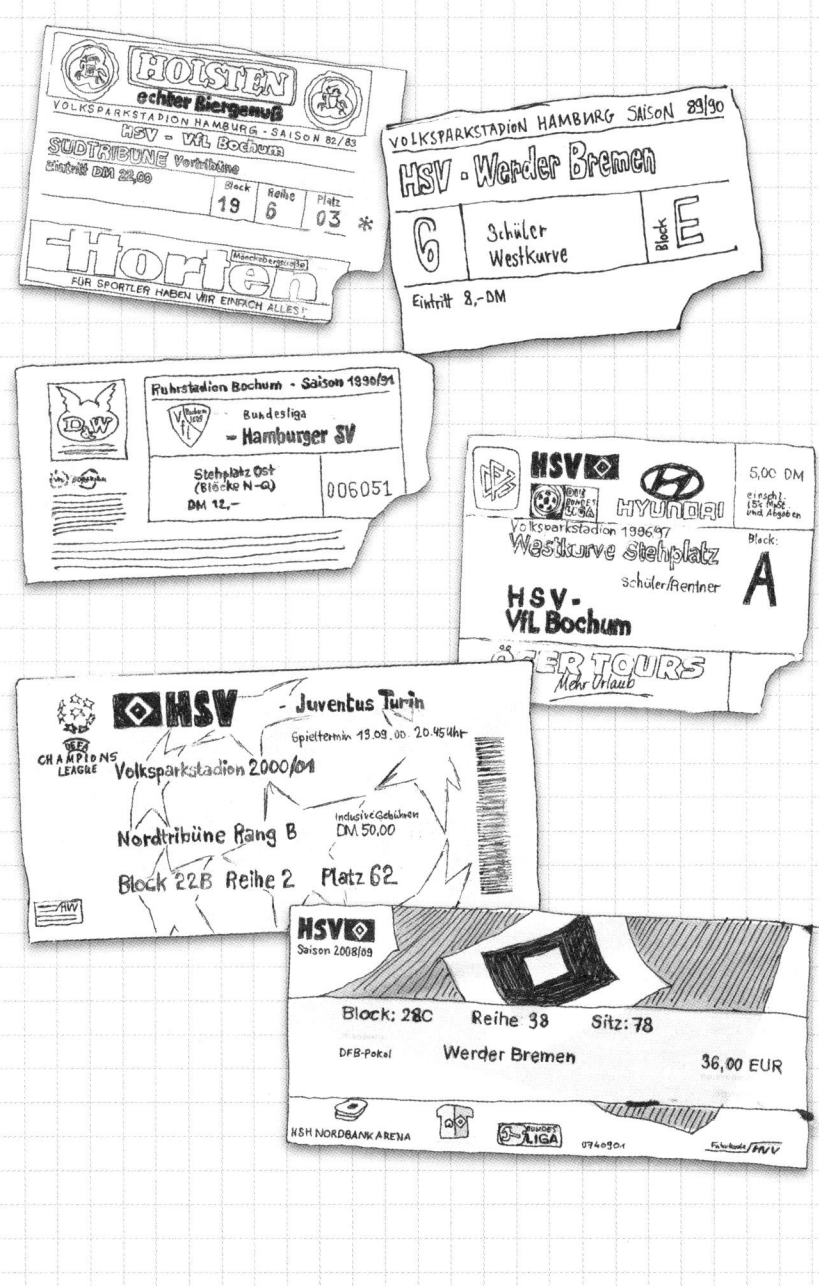

1982 - 1987

ICH BIN HSV!

2. Oktober 1982
HSV – VfL Bochum 0:0

Ich bin jetzt zehn Jahre alt und fahr mit Mama und Papa und meiner Schwester im Zug nach Hamburg. Wir fahren eigentlich immer
überall mit dem Zug hin, weil, mein Papa ist bei der Deutschen Bundesbahn und da gibt's – na klaro – keine zwei Meinungen, wie wir
reisen. Bevor es losgeht, darf ich mir, wie eigentlich immer, noch ein
Lucky-Luke-Heft holen. Meine Schwester, die ist man gerade zwei
Jahre älter als ich, tut schon ganz schön erwachsen und liest die Bravo
und Mama, die rennt irgendwo rum, um „noch schnell einen Kaffee
zu organisieren". Papa behält in der Zwischenzeit den Überblick und
regelt den Verkehr im Zug, von wegen: „Moin Moin! Ich bin ja übrigens auch bei der Bahn."

Und dann geht das Kluggeschnacke und Gebrasche los, und
meine Schwester und ich verdrehen die Augen und schämen uns ein

← PAPA!

bisschen und denken: „Wo bleibt Mama nur?" Nur
ist von Mama weit und breit nichts zu sehen und so
fährt der Zug los und so langsam bekommen wir ein
bisschen Angst, dass wir Mama am Husumer Bahnhof vergessen haben und ohne sie mit der Deutschen Bundesbahn nach Hamburg fahren. Wir sind
schon ziemlich in Panik und schreien ein bisschen
rum, von wegen: „Du Papa, Mama ist weg!" Aber
während Papa in irgendwelche Bahnfachgespräche
vertieft ist und uns gar nicht so richtig zuzuhören
scheint, kommt Mama schon durch die Abteiltür
gestiefelt. Die Familie ist also komplett und so kann

11

ich mich in unserem Zugabteil endlich mal ein bisschen zurücklehnen mit meinem Lucky-Luke-Heft auf meinem Fensterplatz.

Wir wohnen auf Nordstrand. Das ist nur eine kleine Insel im nordfriesischen Wattenmeer, die eigentlich gar keine richtige Insel, sondern eher eine Halbinsel ist, weil sie nämlich eine Straßenverbindung mit dem Festland hat, den Nordstrander Damm. Einen Bahnhof hat Nordstrand nicht, höchstens einen Hafen, genauer gesagt zwei, aber mit dem Schiff nach Hamburg, das geht nun nicht. Erstens wäre das wohl zu teuer und zweitens ist Papa schließlich bei der Deutschen Bundesbahn und nicht Seemann.

Unser Zug hat Nordfrieslands Kreisstadt Husum kaum verlassen, da haben wir uns das auch schon mit den mitgebrachten Brötchen und Frikadellen und Capri-Sonnen und Lucky Lukes und Bravos gemütlich gemacht. Das gilt zumindest für Mama und Papa und meine Schwester, denn ich kann hier nicht lange gemütlich rumsitzen und Lucky Luke lesen, wo ich doch so aufgeregt wie nur was bin, schließlich fahren wir gerade zum ersten Mal ins Hamburger Volksparkstadion. Da spielt nämlich HSV, und HSV ist das Superste, was es gibt!

Schon die HSV-Rocker, die in Friedrichstadt und Heide mit ihren Schals und Fahnen und Jeanswesten voller Aufnäher zusteigen, finde ich ja total super. Papa erklärt mir, dass die Westen „Kutten" heißen. Woher er das wieder weiß! Aber Papa hin oder her, wenn mal jemand gefährlich ist, dann ja wohl diese HSV-Rocker! So viel steht schon mal fest. Die laufen mit HSV-Schal, -Fahne, und -Kutte und Plastiktüten voller Bier und Schnaps durch den Zug und trinken Dosenbier und rauchen. Stark! Und ich stehe an der Abteiltür und denke so bei mir: einmal in meinem Leben mit HSV-Schal, -Fahne, -Kutte und Dosenbier rauchend durch den Zug laufen, und dann gucken die kleinen Jungs aus ihren Abteilen voller Angst aus der Wäsche! Die würden dann weiter in ihren Lucky Lukes blättern und an ihren Capri-Sonnen nuckeln, während ich Dosenbier trinke und rauche und durch den Zug gehen würde.

So geht die Bahnfahrt weiter. Irgendwo zwischen Heide und Itzehoe weigert sich Papa zwar endgültig, mit mir auch ein drittes Mal an den HSV-Rockern vorbei zur Toilette zu gehen, aber nach so ungefähr einer Stunde stelle ich mich dann doch schon einmal vorsichtshalber auf den Flur, um die Flutlichtmasten des Hamburger Volksparkstadions auch ja nicht zu verpassen, denn die kann man von der Strecke Westerland Hamburg Altona gut sehen. Meine Schwester behauptet zwar immer, dass die links sind, aber ich weiß das besser, bin ja Fachmann, was ich mit einem hysterischen Schreikrampf, einem lautem „Das Stadion ist reeeechts!" und lautem Weinen und Fluchen unterstreiche.

Knapp vierundfünfzig Minuten später liegen sie dann vor mir auf der, wer hat's denn gesagt, rechten Seite: die vier Flutlichtmasten vom Hamburger Volksparkstadion. Es ist ganz einfach zum Verrücktwerden: Wir sitzen in einem Zug mit den härtesten HSV-Rockern überhaupt und ich habe schon von Weitem das Volksparkstadion gesehen und gleich geht's zum Bundesliga-Topspiel HSV gegen VfL Bochum! Wie super ist das bloß alles?!

Nach bummelig zwei Stunden Fahrt kommen wir mit unserem D-Zug in Hamburg-Altona an, wo es gleich erst mal zu McDonald's reingeht. Den Laden kenne ich bisher eigentlich nur von Maik, meinem besten Kumpel und Nachbarn von Nordstrand. Der war schon mit seinen Eltern drinne und schockt damit schon seit Längerem total rum. Klaro, schließlich haben wir auf Nordstrand überhaupt gar nichts, das so ist wie McDonald's, außer vielleicht Hans Wurst. Jeden Sonntag fahren wir mit unserem von Papa frisch gewaschenen Auto mit Tempo 20 über die Insel rüber, hören Radio und kehren dann irgendwann auf eine Pommes bei Hans Wurst ein. Der Imbiss heißt Hans Wurst, weil der Besitzer Hans heißt. Hans ist übrigens einmal mit sei-

nem Imbiss in der Fernsehprogrammzeitschrift Hörzu gewesen. Die Hörzu gehört bei uns genauso dazu wie HSV und SPD. Hör mir auf mit TV Hören und Sehen, Bayern oder CDU. Bei uns zu Hause ist die Welt noch in Ordnung. Zumindest, wenn das um Hörzu, HSV, SPD und Hans Wurst geht.

Bei McDonald's steht am Eingang „Hamburger Schnellrestaurant" dran, was endgültig beweist, wie super der Tag heute ist: Wir fahren mit der Deutschen Bundesbahn, gehen ins Stadion und vorher noch in ein Restaurant! Dem Ganzen die Krone aufsetzen tut, dass da nicht nur die HSV-Rocker von gerade eben aus dem Zug drinne sind, sondern überhaupt ein ganzer Sack voller gefährlicher HSV-Rocker, die sich vor dem großen Spiel mit einer Apfeltasche, einem Erdbeer-Milchshake und einer kleinen Tüte Pommes stärken. Für mich ist das ein Gefühl, als wenn ich mitten in der HSV-Fankurve stünde, mitten in der Westkurve, und zwar nicht so außen, in Block A oder B, sondern richtig in Block E, wo das voll schocken und zur Sache gehen soll. Papa sagt nämlich immer: „In Block E kommst du nicht rein! Viel zu gefährlich, mit den ganzen Rockern!" Tja, hat Papa gesagt, und nun bin ich schon fast in Block E, ob Papa mir das erlaubt oder nicht. Zwar nur bei McDonald's und nicht im Stadion, aber immerhin! Wie ich so an meiner Cola schlürfe, denke ich heimlich, lass Papa man quatschen, irgendwann gehe ich auch rein in Block E. Und da ist es ja nur gut, dass ich meine bald-besten Freunde hier schon mal unter die Lupe nehmen kann.

In der S-Bahn Richtung Stellingen-Volksparkstadion sitzen und stehen bestimmt Tausende von Fußballfans um Mama und Papa und meine Schwester und mich rum, und überall sind Aufnäher und Schals und Dosenbier und es ist ein einziges Rülpsen, Fluchen und „HSV"-Bölken – sowas von 1a! Ganz im Gegensatz zum Spiel. Ich hab das Gefühl, dass HSV nicht ein einziges Mal auf das Tor schießt, nicht ein einziges Mal kommt HSV-Mittelstürmer Hrubesch – der wegen seiner super Kopfbälle übrigens Kopfballungeheuer

William Hartwig

genannt wird – mit dem Kopf an eine Flanke von HSV-Verteidiger Kaltz – der wird wegen seiner guten, krummen Flanken übrigens Bananen-Manni genannt – ran und da ist es ja nur logisch, dass die ganze Schose 0:0 ausgeht. Mein Papa ist ja sowieso schnell „mit den Nerven zu Fuß" und wohl auch darum total sauer und pöbelt HSV-Mittelfeldspieler Hartwig an: „Beweg dich mal, Jimmy!" Ich weine ein bisschen, weil erst Papa Hartwig anschreit und dann Mama Papa, weil: „Was schreist du hier so rum!"

Meine Schwester, die geht mit mir dann auf der Südtribüne ein wenig spazieren, und irgendwann stehen wir zwei unten am Zaun und ich wedele wie bekloppt mit meiner kleinen HSV-Fahne rum. Ich muss schon sagen, 0:0 hin oder 0:0 her, aber wenn ich an den ersten Blick auf den grünen Rasen denke und an die vielen Zuschauer, immerhin sind hier 17.000 auf einem Haufen, fast so viele, wie Husum Einwohner hat, dann frag ich mich nur eines: Wann ist das nächste HSV-Heimspiel?

Auf dem Fußmarsch vom Stadion zurück zur S-Bahn-Station Stellingen schaue ich mir, während Papa noch immer über das „primitive Spiel" und die „brotlose Kunst" rumpöbelt und Mama mit Papa wegen des ganzen Rumgepöbels schimpft und meine Schwester mit ihrem neuen Walkman beschäftigt ist, die ganzen Aufnäher auf den Kutten der HSV-Rocker an. Und im Zug nach Hause habe ich – ein Glück, dass Mama immer Papier und Stifte zum Malen dabei hat – nichts anderes zu tun, als HSV-Kutten noch und nöcher zu malen, mit den härtesten Rocker-Aufnähern weit und breit drauf: „HSV-Fan-Club Dragons" oder „Mighty HSV!" oder „Westkurven-Power" oder „Number One HSV", um hier nur die härtesten zu nennen und ohne zu wissen, was „mighty" heißt oder „Number One" bedeutet. Ist ja auch egal, denn ich weiß jetzt, dass ich bestimmt schon bald wieder zum HSV fahre und dass das Beste, was mir jemals in meinem ganzen Leben passieren kann, eine HSV-Jacke mit solchen Aufnähern drauf ist!

25. Mai 1983
HSV – Juventus Turin 1:0

Ich hab den ganzen Tag draußen Fußball gespielt und mich auf heute Abend gefreut, denn ich darf länger aufbleiben, weil: HSV spielt gegen Juventus Turin im Europapokal-Endspiel! Also flitze ich, nachdem Maik und ich sämtliche Siegesvariationen schon einmal auf dem Nordstrander Fußballplatz vorgespielt haben, schnell nach Hause, springe in die Badewanne rein, spiele noch etwas mit dem Playmobil-Piratenschiff, springe aus der Badewanne raus, ziehe den Bademantel an, Puschen an, Bademantel aus, Schlafanzug an, HSV-Trikot drüber, Mütze auf, gehe noch mal pieschen, greife mir den großen HSV-Schlumpf, den ich neulich beim Husumer Jahrmarkt beim Entenangeln gewonnen habe, und ab geht's nach unten.

Mein Onkel aus Schweden ist übrigens zu Besuch. Er ist eigentlich gar kein Schwede, sondern nur vor vielen Jahren dahin ausgewandert. Er und Papa sind noch mal kurz zum Angeln, um uns „einen ordentlichen Fisch aus der Nordsee zu ziehen", meint Mama. Mein Onkel aus Schweden und mein Papa sind super.

Die Nachrichten laufen schon und von meinem Onkel aus Schweden und Papa ist noch nichts zu sehen. Ich hab aber schon einen Mordshunger.

„Mama, darf ich Würmer und Cola?", frag ich Mama. Mama hat eigentlich die Kartoffeln schon auf dem Herd, schließlich kommen mein Onkel aus Schweden und Papa ja gleich.

„Nimm dir, was du willst", sagt sie. Mama ist super. Nur frage ich mich, warum sie so komisch dabei guckt. Ich *hab* doch gebadet! Was will die denn noch?

Es ist nun schon fast acht Uhr und gleich geht das Spiel los.

„Mannomann, die beiden haben bestimmt einen Mordsfisch an der Angel, was, Mama?!", ruf ich Mama in der Küche vom Sofa aus zu. „Mama!?"

Mama antwortet nicht, aber das ist ja auch nicht so schlimm, schließlich hab ich ja meine Würmer und Cola und gleich gibt es auch noch frischen Fisch, wenn mein Onkel aus Schweden und Papa mit ihrem Mordsfisch nach Hause kommen. Würmer und Cola und dann auch noch ein Mordsfisch und dann auch noch HSV – was für ein Abend!

Das Spiel läuft jetzt und ich vergesse so ein bisschen Würmer, Cola und den Mordsfisch.

„Heute verliert HSV bestimmt, Mama!", sage ich zu meiner Mama.

„Die verlieren nicht!", versucht sie mich zu beruhigen.

„Doch!", rufe ich. Ich will mich nicht beruhigen lassen.

„Nein, tun sie nicht!" Mama nun wieder.

„Doch", versuche ich sie zu überzeugen.

„Okay, dann verlieren sie heute eben, wenn du das so genau weißt!", meint meine Mama, was mich nun wieder völlig schockiert. Wie kann Mama davon ausgehen, dass HSV dieses wichtige Spiel verlieren könnte!? Ich fange ein bisschen an zu weinen und frage mich, warum Mama plötzlich kein HSV-Fan mehr ist.

Mama kommt rein und beruhigt mich, sie hätte es nicht so gemeint. „HSV gewinnt!" Puh! Mama ist super. Und HSV gewinnt. Und dann darf heute auch noch der große HSV-Schlumpf ausnahmsweise neben mir auf dem Sofa sitzen statt, wie sonst immer, in der Ecke neben dem Fernseher. Hat Mama mir erlaubt, was ich erst nicht so ganz verstehe: „Und wo sollen dann die beiden Angler sitzen, wenn die gleich kommen?", frag ich Mama.

„Die können stehen."

Was meint Mama nun wieder damit? Ist ja auch egal. Hauptsache, der Schlumpf hat das schön bequem!

Ich drück mir grad bestimmt zwanzig Würmer auf einmal rein und spül die salzigen Dinger mit Cola runter, da knallt Felix Magath – der wird übrigens, weil er so gut Fußball spielen kann, Mittelfeld-Regisseur genannt – mal voll drauf und schon steht es 1:0 für HSV. Ich und der Schlumpf, der von mir ein paar Mal hoch in die Luft geworfen wird, wir flippen ein bisschen aus vor lauter Freude, und Mama, die flippt in der Küche auch aus, denn auch von da kann ich lautes Geschrei hören. Die hört wohl HSV im Radio.

„Mensch, Mama, du machst ja ganz schön Stimmung in der Küche! Wir hier aber auch! Vielleicht bringen die beiden Superangler ja eine schöne Scholle mit, was, Mama?!", ruf ich Mama zu, damit die in der Küche mit ihren Kartoffeln und dem Radio nicht so alleine ist. Und dann bölken der Schlumpf und ich auch schon wieder rum: „HSV! HSV!" Als Felix Magath schon wieder so einen „Super-Pass in die Spitze" spielt, wie der Mann im Fernseher sagt, da rufe ich in Richtung Küche: „Mama! Magath hat schon wieder so einen Super-Pass gespielt! Total geil!"

Nun guckt Mama plötzlich böse um die Wohnzimmer-Ecke. „Geil? Was sind das denn hier für Ausdrücke?!"

Uiuiui. Dann lass ich das mal lieber bleiben. Dabei hat mir Maik das Wort „geil" gerade erst beigebracht.

So läuft das Spiel vor sich hin. Und ich und der Schlumpf sitzen auf dem Sofa. Und Mama steht in der Küche. Und irgendwann sind nur noch zehn Minuten zu spielen. Gerade, als ich da so sitze und immer doller die Daumen drücke für HSV, da klopft es an der Tür und das nicht grade leise und wer kommt reinspaziert? Mein Onkel aus Schweden und Papa. Endlich sind sie da. Das Erste, was ich von den beiden mitbekomme, ist ein ganz schön lautes Rülpsen – Papa fragt Mama später, was sie denn an einem beherzten Rülpsen auszusetzen habe – von meinem Onkel aus Schweden, das bestimmt noch bei Maik und denen in der Nachbarwohnung zu hören ist.

Jetzt sind nur noch einige Minuten zu spielen und gleich ist HSV Europapokalsieger – juchhu! Ich halt es vor Spannung nicht mehr aus, da kommen mein Onkel aus Schweden und Papa endgültig ins Wohnzimmer reingestürzt. Von einem Mordsfisch ist weit und breit nichts zu sehen und die beiden sind so super-merkwürdig. Papa ruft irgendwas von wegen „Ausziehen! Alle Mann!", während mein Onkel aus Schweden andauernd rülpst und wie am Spieß „Ja, dann is Danz op de Deel, Danz op de Deel, jümmers noch een Mal, quer so dörch den Saal!!" schreit und dann auch noch am Fernsehgerät rumspielt und plötzlich, als sei das nicht alles schon schlimm genug, UM-SCHALTET! HSV gewinnt gleich und Juventus Turin drückt auf den Ausgleich und mein Onkel aus Schweden schaltet um.

Ich frag Mama, warum die beiden so komisch sind.

„Du, wenn dein Onkel aus Schweden kommt, ist hier Saufen offenbar Pflicht", meint Mama und sie erzählt mir, dass sich die beiden dann immer benehmen würden „wie die allerletzten Zyklopen". Ich will Mama eigentlich gerade fragen, was ein Zyklop ist, weil, das hört sich eigentlich ganz lustig an, „Zyklop", und ich wäre auch gerne einer, aber da hat mein Onkel aus Schweden mich schon am Wickel, hebt mich hoch, knutscht mich ab und schleudert mich herum. Papa singt: „Wo de Nordseewellen trekken an de Strand, wo de geelen Blomen blöhn in't gröne Land!"

Ich würde so gerne wissen, ob HSV tatsächlich gewonnen hat, aber vor lauter Durch-die-Luft-geworfen-und-geschleudert-Werden und Rumgegröle und -gesinge kann ich an gar nichts mehr denken, außer daran, dass ich lieber doch kein Zyklop sein möchte. Im Wohnzimmer herrscht mittlerweile das absolute Chaos. Nur der HSV-Schlumpf sitzt ruhig und alleine auf dem Sofa, guckt aber auch irgendwie traurig aus der Wäsche.

Mittlerweile finde ich meinen Onkel aus Schweden und Papa so richtig scheiße und außerdem kommt mir vom lauter Durch-die-Luft-geworfen-und-geschleudert-Werden langsam aber sicher die Tüte Würmer hoch, als plötzlich Maik in der Tür steht. Schon aus dem Flur kann ich ihn rufen hören: „Yeah! Hast du das gesehen!? HSV hat es geschafft!" Doch als er uns vier so fast ineinander verkeilt im Wohnzimmer sieht, da dreht Maik sich um und sagt noch im Rausgehen: „Äh, ich muss auch mal wieder rüber. Du kannst dich ja morgen mal bei mir melden…"

Als Maik längst verschwunden ist und ich oben im Bett endlich meine Ruhe habe, da denke ich: Zum Glück gewinnt HSV nächstes Jahr wieder den Europapokal. Und dann gucke ich mir das Endspiel aber in Ruhe bei Maik zu Hause an, hundertpro!

28. Juli 1983
HSV – 1. FC Kaiserslautern 5:1
(nicht „in echt", sondern „im Spiel")

Maik kommt vorbei und wir laufen sofort los und rauf auf den Fußballplatz. Der liegt eigentlich direkt bei uns im Garten, naja, zumindest fast. Wir wohnen nämlich gleich bei der Schule, was ja eigentlich
so super wie nur was ist. Für Mama, weil, die ist Lehrerin an genau
der Schule, und für mich na klaro auch, weil: Wenn das zur ersten
Stunde klingelt, dann schiebe ich mir noch schnell ein Mettwurstbrot
in den Mund rein, greife mir meinen Scout-Ranzen und düse los, zur
Schule. Ich muss nicht lange Bus fahren, nicht groß auf das Fahrrad rauf, ich muss einfach aus der Haustür raus und quer über den
Schulhof, rein in die Schule. Obwohl: Die schöne Grundschulzeit ist
nun leider bald vorbei. Nach den Sommerferien muss ich in Husum
zur Schule. Mama und Papa meinen wohl, ich bin neunmalschlau
und darum geh ich zum Gymnasium hin oder, wie Maik immer sagt,
„zum Gumminasium", was auch immer er damit meint.

Kann na klaro auch sein, dass Mama bloß keine Lust hat, mich an
der Realschule selber zu unterrichten und mich darum auf eine andere Schule schickt. Ich habe in meiner ganzen Grundschulzeit nur
ein einziges Mal Unterricht bei Mama gehabt. Wir hatten Mama als
Vertretung in Sport, und da dachte ich, na klaro, dass es jetzt ganz
sicher für mich läuft, aber als wir dann gar kein Fußball, sondern dieses verfluchte Handball spielten, da habe ich ein bisschen geschrien
und geweint und da musste ich die ganze restliche Stunde am Rand
auf der Bank sitzen und zugucken, während die anderen ziemlich
viel Spaß hatten und mir immer wieder, wenn sie an meiner Bank
vorbeikamen, zuriefen: „Sport bei deiner Mama ist super!"

Pah! Fußball ist viel superer als Handball! Ein Glück, dass ich Maik
hab! Der kommt also vorbei und wir düsen los. „Ich rieche schon den
Rasen", ruf ich und ich könnte verrückt werden, so viel Bock hab ich
auf Fußball! Wir bolzen die Pille schon Richtung Fußballplatz, als
der – kein Wunder bei all den Hagebuttensträuchern drum herum –
noch gar nicht zu sehen ist. Rumms! Das schockt!

Der Platzwart vom TSV Nordstrand heißt auf Plattdeutsch, was bei uns in Nordfriesland viel gesprochen wird, Fiete Oog, was auf Hochdeutsch so viel heißt wie Friedrich Auge, was so viel heißt wie: Der Platzwart schielt. Und nicht zu knapp, was jedes Wochenende aufs Neue die gekreideten Außenlinien auf dem Fußballplatz beweisen. Das ist einem als Fan der ersten Herren des TSV jedes Mal ein bisschen peinlich, wenn die Linien bei den Spielen so schief sind. Die gegnerischen Mannschaften müssen ja denken, dass die sonst wo gelandet sind, wenn sie auf Nordstrand spielen müssen. Mit Fiete Oog ist auch sonst nicht zu spaßen, so nimmt er zum Beispiel nach den Spielen immer schnellstmöglich die Tornetze ab, damit uns Jungs Fußballspielen auch ja keinen Spaß bringt und keiner auf die Idee kommt, auf dem Fußballplatz Fußball zu spielen. Außer die richtigen Fußballer vom TSV, die Erwachsenen, mit denen sich Fiete Oog nicht anzulegen traut, die dürfen Fußball auf Tore mit Netzen spielen, was ja wenigstens was ist, wenn man sich die schiefen Linien einmal anschaut.

Heute haben wir Glück. Gestern war im TSV-Clubheim offenbar noch bös was los, so dass Fiete Oog noch nicht aus den Federn gekommen ist und darum eines der kleinen Tore tatsächlich und ausnahmsweise mal ein Netz draufhat, und los geht das. Einer von uns beiden geht ins Tor. Der andere spielt draußen Bundesliga und kommentiert nebenbei die Spiele und das bin na klaro ich, schließlich rufe ich gleich bei uns zu Hause, bevor wir losrennen: „Erster Draußenspieler ohne Streit!" Fußballspiele ohne Kommentator schocken überhaupt nicht, das geht bestimmt jedem vernünftigen Fußballfan so. Ganz genauso wie im Fernsehen, in der Sportschau, muss das bei uns laufen. Und während ich mir selber die Bälle zuspiele und herumgrätsche und Einwürfe mache und Freistöße schieße und bei Schiedsrichter-Fehlentscheidungen die Hände in die Luft werfe, kommentiere ich die Szenen, die ich fleißig vor mich hinspiele: „Anpfiff am Mönchengladbacher – *oder hieß das Mönchengladbach?* – Bökelberg." Und ich lege mir den Ball ein bisschen vor und renne hinterher. „Und hier ist Winfried Hannes, der Libero, am Ball und…" Ich schieße aufs Tor, der Ball fliegt jedoch weit drüber, rein in die

Hagebuttenbüsche. „....whoooooooooooooaaaaaaaaaaaaa! – *das sind die Fans* – drüber!"

Maik kriecht in den Hagenbuttenbusch, in dem der Ball liegt, flucht ein bisschen, holt ihn raus, wirft ihn mir zu und ich bin schon wieder unterwegs. „Nun treibt Ata Lameck – *was ist Ata bloß für ein 1a-Vorname* – den Ball für den VfL Bochum nach vorne!"

Und ich will schon wieder abziehen, da drehe ich mich mit dem Ball am Fuß vom Tor weg und schiebe den Ball ein wenig zur Seite, denn bei so einem richtigen Fußball-Bundesligaspiel, da kann es natürlich nicht immer nur rauf und runter gehen, da sind auch mal schwächere Phasen dabei: „Schön den Ball erobert, aber was ist das jetzt für ein Mittelfeldgeplänkel der Gladbacher Borussen?!" Wie auch immer das Spiel läuft: Im Kommentieren bin ich ziemlich gut.

Das findet auch Maik, der, während ich nun Fortuna Düsseldorf gegen Bayern München spiele, laut jubelt: „Geil, dass Bayern 0:3 zurückliegt. Aber jetzt kann doch auch Atli Edvaldsson noch ein Tor machen, oder? Ich werf dir den Ball zu und Kopfball und 4:0 für Fortuna Düsseldorf!"

„Geile Idee!"

Und ich krieg den Ball auf den Kopf und Maik bewegt sich extra ein bisschen langsamer in die Ecke und – „whhhhoooooaaaaaaaaa! – 4:0 für Fortuna Düsseldorf! Wenn das so weitergeht, meine Damen und Herren, dann löst der HSV den FC Bayern nach diesem Spieltag als neuer Tabellenführer ab." Ich quatsche ja echt zu gerne das nach, was die Radiofritzen immer so rumreden, und diesen Schnack von wegen „Wenn das so weitergeht...", den hab ich erst neulich bei NDR2 am Samstagnachmittag gehört.

Wobei ja eigentlich die Saison noch gar nicht angefangen hat. Das schockt übrigens echt am meisten, sich vor der Saison mit dem Kicker-Sonderheft aus der vorigen Saison zu überlegen, welche Spieler zu welchen Vereinen wechseln könnten. Maik und ich liegen dann den ganzen lieben langen Tag zwischen Schafkötteln und Touristen am Deich, also direkt an der Nordsee rum, baden aber nicht, wie auch, dafür haben wir schließlich gar keine Zeit, wir haben wichtige Transfergeschäfte abzuwickeln! Wir lesen also das alte Kicker-Sonderheft und lernen die Kader der Mannschaften auswendig und machen Transferlisten und überlegen uns, was solche Spieler wie Bodo Mattern von Darmstadt 98 kosten, wenn die zum Beispiel zum VfB Stuttgart wechseln würden. Bayern und Werder und Köln kaufen immer die größten Krampen zusammen und für HSV haben wir – na klaro – immer die supersten ausländischen Starspieler in petto, am liebsten die geilsten Spieler aus England und die schlagen dann regelmäßig wie die allergrößten Bomben ein, schießen an den ersten Spieltagen prompt mindestens zwei Tore und werden von uns auf dem Nordstrander Fußballplatz mit Ehrenrunden um die Hagebuttenbüsche gefeiert: „Und da läuft Steve Archibald jubelnd in die Westkurve und bedankt sich bei seinen Fans!"

Das geht dann meistens so lange, bis die supersten ausländischen Starspieler dann am nächsten Tag wieder langweilig werden und wir uns neue ausländische Starspieler ausdenken, die für HSV spielen könnten und die dann am ersten Spieltag wieder gleich zwei Tore machen und von uns dann mit Ehrenrunden um die Hagebuttenbüsche gefeiert werden, und so geht das dann, bis wir wieder an der Nordsee liegen, und so weiter und so fort.

Und zwischen diesem ganzen Geschacher um neue Spieler spielen Maik und ich – na klaro – Fußball und das schockt dann erst so richtig! Borussia Mönchengladbach trennt sich am ersten Spieltag vom VfL Bochum mit 1:1. Fortuna Düsseldorf gewinnt mit 4:0 gegen Bayern München, die für 1,2 Millionen Mark Peter Loontiens von Bayer 05 Uerdingen gekauft haben, wobei der allerdings „überhaupt nicht eingeschlagen" hat, wie Maik nach dem Spiel meint. „Ich hätte von dem ja echt mehr erwartet."

So stehen wir herum, trinken einen Schluck gelbe Brause und schnauben mal durch.

„Jetzt wird's aber mal Zeit für das HSV-Spiel!"

Das finde ich – na klaro – auch: „Geile Idee!"

Und dann geht's los.

Mit dem Diskutieren. Maik findet nämlich, wahrscheinlich nicht ganz zu Unrecht: „Du hast schon zwei Spiele gespielt. Jetzt bin ich aber mal Draußenspieler."

Wir wollen ja beide, dass HSV gewinnt, aber Maik wird immer so schnell fickerig, wenn das in der – sagen wir mal – 80. Minute noch nicht 1:0 für HSV steht. Ich dagegen mag ja auch gerne mal ein 1:1 oder so, weil nämlich: „Das ist viel realistischer!" Was Maik ganz anders sieht: „Du immer mit deinem ‚realistisch'!" Womit er allerdings wahrscheinlich schon wieder gar nicht mal so Unrecht hat, denn ein klarer Sieg im ersten Spiel – klaro zu Hause, im Volksparkstadion – würde HSV nun echt gut zu Gesicht stehen, das weiß auch ich, und so steht es nach – na klaro von mir gespielten – siebzig Minuten dann etwas überraschenderweise 5:0 für HSV und die Torschützen heißen Dieter Schatzschneider – der ist tatsächlich gerade für Horst Hrubesch gekommen und macht bei uns gleich in seinem ersten Spiel für HSV drei Tore! Was für ein Einstand! – und Manfred Kaltz mit Elfmeter – nach Foul an Schatzschneider, anders ist der ja auch gar nicht zu bremsen – und Charly Nicholas – so ein englischer Spieler, von dem Maik im Kicker gelesen hat – mit einem „Flatterball", das meint zumindest Torwart Maik.

Es ist kurz vor Schluss beim Spiel HSV gegen Kaiserslautern und ich spiele mir selber den Ball so ein bisschen lässig hin und her und spiele mal zurück zum Torwart, weil, auch Maik meint: „Kaiserslautern ist ja sowieso noch gut bedient mit dem 0:5!"

Doch jetzt geht das Affentheater erst richtig los.

„Und Kaiserslautern im Angriff."

„Was soll das denn jetzt? Müsste doch schon längst Schluss sein!"

Maik ist entsetzt.

„Und Torbjörn Nilsson – *das ist der schwedische Mittelstürmer von Kaiserslautern und der heißt wirklich so* – müsste schießen!"

Maik versucht zu retten, was zu retten ist: „Aber pass auf, nicht so doll!"

„Und er schießt!"

Und Maik hält. „Aber Uli Stein hält!"

Maik strahlt erleichtert. „Den hat Uli aber in echt richtig gut gehalten. Das wäre beinahe in die Hose gegangen!"

MAiK = SUPERTORWART (MEISTENS!)

24

„Ja. Hast recht. Aber einen Freistoß kriegt Kaiserslautern noch!"

Und das ist für Maik dann wirklich zu viel. Er droht: „Wenn der reingeht, dann bist du überhaupt gar kein richtiger Fan."

„Bin ich doch!"

„Bist du nicht! Warum lässt du HSV nicht einfach mal zu null gewinnen? So ein Zu-null-Spiel wäre doch für Uli Stein auch mal gut!"

Ich will hier nicht lange rumquatschen, sondern schieße flach ins Eck, wobei Maik so dermaßen mit Schimpfen beschäftigt ist, dass er den eher schwach geschossenen Ball durchlässt. „Und das 5:1 für Kaiserslautern durch Axel Brummer! Und, meine Damen und Herren, hier ist auch schon der Schlusspfiff."

Ich gehe zum Tor, um mir meine Trainingsjacke anzuziehen.

„Ich muss jetzt auch nach Hause."

Maik zieht seine Torwarthandschuhe aus, holt den Ball aus dem Netz und klingt ziemlich sauer. „Ich auch. Ich glaube, wir essen jetzt sowieso Abendbrot."

„Wir auch. Kommst du morgen wieder vorbei?"

„Meinetwegen. Aber dann bin *ich* HSV!"

29. Juli 1983
HSV – Werder Bremen 2:0 (nach nur wenigen Minuten und auch nicht „in echt", sondern nur „im Spiel")

Einen Tag später regnet es schon den ganzen Tag, aber dann ruft Papa, der heute Spätschicht hat und darum nachmittags zu Hause ist, von unten hoch: „Maik ist da!"

Ich lese gerade in meinem Lieblingsbuch „Donald vor, noch ein Tor", und wie ich Papa rufen höre, da lege ich das Lustige Taschenbuch zur Seite, freue mich und renne runter, um Maik zu begrüßen.

„Wollen wir drinnen spielen?"

„Super! Dann können wir ja wieder Kassetten aufnehmen mit Fußball-Bundesliga-Reportagen."

Und schon sind wir unterwegs in das Zimmer meiner Schwester, die mal wieder nicht zu Hause ist. Wir borgen uns eine von ihren Aufnehmkassetten aus, schmeißen die in den alten Kassettenrekorder aus der Küche rein und hören erst mal, was drauf ist: „Och, das ist ja nur Chris de Burgh", winke ich ab und Maik bewertet genauso fachmännisch: „Alter Hut!" Und schon wenig später heißt es bei uns beiden: „Aufnahme läuft!"

Wie immer starten wir mit dem Bundesligazug, der auch beim NDR wöchentlich die Samstagnachmittagsbundesligasendung einläutet und den wir gekonnt und laut in das kleine Radiomikrofon hineinschmettern: „Düüüüü-düdel-düdel-düdel-düdel-düüüü – *runter mit der Stimme!* – DÜDÜ! – *rauf mit der Stimme!* – Düüüüü-düdel-düdel-düdel-düdel-düüüü – *rauf mit der Stimme!* – DÜDÜ! – *nochmal rauf mit der Stimme!* ..." Und so weiter, und während im Hintergrund Maik immer weiter, nun aber leiser, „düdel dü" summen muss, melde ich mich direkt aus dem Studio: „Ja, meine Damen und Herren, der Bundesligazug, er rollt wieder! Herzlich willkommen zum ersten Spieltag der Fußball-Bundesliga. Mein Name ist Günther Maletzko!" Den finde ich ja besonders stark, weil er immer so super aus der Nase raus kommentiert. Und durch die Nase kündige ich auch die, wie es bei uns Fachmännern heißt, „Bundesliga-Paarungen" an: „HSV gegen Werder, Bayern gegen Bielefeld..." und so weiter und so fort. Aber bevor das mit den „Bundesliga-Paarungen" losgehen kann, spielen wir „erst mal etwas Musik, meine Damen und Herren!".

Das machen die im Radio in echt auch immer, weiß der Teufel, warum, schließlich wollen wir und alle anderen Fußballfans, die samstagnachmittags Fußball im Radio hören, ja sowieso nur Fußball hören und nicht Musik, aber weil die das in echt auch immer tun, müssen wir das auch machen, „sonst ist das nicht realistisch". Doof ist das für uns nur immer dann, wenn ausgerechnet an der Stelle, an der Maik und ich „eine kleine Musikpause zum Durchpusten" einlegen wollen, gerade überhaupt keine Musik ist, weil nämlich auf der Kassette, die meine Schwester aufgenommen hat, gerade da eine Liedpause ist. Maik findet das überhaupt nicht komisch und geht mit meiner Schwester hart ins Gericht: „Deine Schwester ist echt bescheuert. Warum hat die da kein Lied drauf?" Zwar kommt dann meistens doch noch irgendeine Schnulze, aber die Pause ist – na klaro – trotzdem drauf und „die hört sich scheiße an". Sagt Maik. Und wo er recht hat, hat er recht.

Aber es muss ja weitergehen: „Wir gehen rüber nach Hamburg, zu Kurt Emmerich!"

Und nun ist Maik dran. Er darf heute alle Bundesligaspiele kommentieren, während ich als Günther Maletzko im Funkhaus den Überblick behalte. „Ja, meine Damen und Herren, hier steht es schon 1:0 für den HSV, durch Jürgen Groh…"

Und ich kann nicht anders und unterbreche Maik. „Wieso steht das schon 1:0? Da sind doch erst 5 Minuten gespielt!"

„Ja, und? Ist das verboten, dass HSV ein Tor schießt, oder was? Was bist du eigentlich für ein Fan!?"

„Zumindest bin ich nicht so ein ,1:0-nach-fünf-Minuten-Fan' wie du!"

„Pah!" Maik lässt sich nicht beirren: „Jürgen Groh ist da alleine durch die Bremer Abwehr gegangen und hat einfach mal trocken abgezogen und Dieter Burdenski keine Chance gelassen! Hier ist eine Riesenstimmung im Hamburger Volksparkstadion! Ich gebe zurück in die angeschlossenen Funkhäuser!"

„Ja, meine Damen und Herren – *die Ansage ,Meine Damen und Herren' gehört immer dazu, das machen die im Radio in echt auch immer* – das war Kurt Emmerich und was höre ich? Da ist irgendwo ein Tor gefallen?"

„Jooo, hierrr ist Gerrrd Rrrrubenbauer. Und die Bayern-Sprrrechchöre sind verstummt. Es steht 1:0 für die Arrrminia aus Bielefeld und Torschütze in der siebten Spielminute war Grrrregorrr Grrrillermeier. Ich gebe zurrrrück in die angeschlossenen Funkhäuser, oder ist da noch irrrgendwo etwas passiert?"

„Elfmeter in Hamburg!" (Maik nun wieder!) „Elfmeter für Werder!" (???) „Eine umstrittene Entscheidung von Walter Eschweiler. Und Uwe Reinders tritt an und – WOOOOOOAAAAHHHHHHH! – *die Fans rasten aus!* – Gehalten!" (!!!) „Uli Stein hält den Elfmeter! Es bleibt beim 1:0 für den HSV!"

Und nun geht es drunter und drüber: „TOOR für die Eintracht aus Braunschweig! 1:0 durch Ronny Worm! Dieser nahm eine Flanke von…"

„Und TOOOOR in Hamburg! WOOOOA-AHHHHHHHHHHH! 2:0 für den HSV! Nach 14 Minuten schießt Lars Bastrup das 2:0. Ein eleganter Heber!"

Dann ist ja alles wieder in Ordnung in Hamburg. Das findet Maik auch. Und strahlt. HSV führt nach nur wenigen Minuten mit 2:0.

„Morgen bin ich aber mal wieder dran mit Reporter sein, okay?"

„Okay, aber nur, wenn's regnet!"

19. Mai 1984
HSV – Eintracht Frankfurt 0:2

Wir spielen heute mit der TSV-Nordstrand-Fußballjugend bei Frisia Husum, wobei wir uns überhaupt nicht richtig auf unser Spiel kon-

zentrieren können, weil, wir denken eigentlich die ganze Zeit nur an HSV. Heute ist nämlich vorletzter Bundesligaspieltag, und HSV spielt gegen Eintracht Frankfurt, die ja nun wirklich richtig schlecht sind, und das sollte ja nun eigentlich überhaupt kein Problem sein. Bei einem Sieg wäre HSV fast schon wieder Deutscher Meister, und wie super ist das bitteschön! Seit ich HSV-Fan bin, wird HSV nur noch Meister, zum dritten Mal schon hintereinander!

Wie wir selber spielen, ist uns also total schnuppe, Hauptsache, Maik und ich haben unsere HSV-Pudelmützen im Spiel auf, die bringen nämlich Glück. Nur mein Papa, der uns hinge-fahren hat, steht draußen am Spielfeldrand und schimpft die ganze Zeit nur rum.

„Los, Jungs! Bewegt euch mal!"

Papa tut manchmal echt so, als ob er unser Trainer wäre. Okay, wir spielen echt schlecht und verlieren mit 0:6 und bewegen tun wir uns eigentlich auch erst so richtig, als

Maik und ich nach dem Abpfiff schnell vom Platz rennen, weil wir doch unbedingt und schnell nach Hause wollen, damit wir in der Sportschau auch ja noch sehen können, wer die ganzen HSV-Tore zur Meisterschaft geschossen hat.

Auf der Rückfahrt nach Nordstrand hält Papa uns so eine richtige kleine Gardinenpredigt, die wir gelassen über uns ergehen lassen. „Lass den man reden", flüstere ich Maik auf der Rückbank gerade ins Ohr, als Papa plötzlich nebenbei am Radio rumfummelt. Nun greifen wir von hinten aber doch mal ein, schließlich wollen wir uns die Spannung bis zur Sportschau erhalten.

„Radio aus!", rufen wir wie aus einem Mund. Und tatsächlich, Papa macht das Radio aus. Aber er muss ja auch was zu tun haben, die Fahrt dauert schließlich fast zwanzig Minuten, also geht es weiter mit seiner Spielanalyse: „Ihr müsst euch einfach mehr bewegen." Und er erzählt allerlei Zeug, das wir nicht kapieren, wie zum Beispiel: „Da müsst ihr vorne auch mal pressen!" Oder: „Die Abseitsfalle muss zuschnappen, Jungs! Zuschnappen muss sie!" Am besten finden wir aber den Spruch hier, ohne dass wir wüssten, was er damit meint: „Im Deckungsverbund müsst ihr sicherer stehen!"

Wir nicken artig mit den Köpfen und sagen in regelmäßigen Abständen „Jaja" und so ein Zeug, und – wer sagt es denn – schon nach kurzer Zeit fahren wir bei uns zu Hause auf die Auffahrt rauf.

Es ist schon fast 18 Uhr und gleich fängt die Sportschau an. Benny Hill hab ich heute ja leider verpasst. Das ist so eine Quatschsendung, die immer vor der Sportschau läuft und mir wegen der Aufregung, die sich nun immer doller bei mir breitmacht, jetzt doch ganz gut getan hätte. Maik flitzt schnell rüber zu sich nach Hause und auch ich renne rein, halte mir die Ohren zu und summe laut vor mich hin, damit ich das Radio in der Küche auch ja nicht höre, damit die Spannung nicht schon weg ist, wenn ich hoffentlich, vielleicht, höchstwahrscheinlich höre, wie HSV in Hamburg schon als Meister mit einem Bus durch die Straßen fährt und eine Riesensause macht.

Doch kaum läuft die Sportschau, ist die Ernüchterung groß. HSV hat 0:2 verloren! Zu Hause! Gegen Eintracht Frankfurt! Und ich sitze auf dem Sofa und kann das gar nicht so richtig glauben, weil, jetzt müsste HSV am letzten Spieltag in Stuttgart schon mit 5:0 gewinnen, um noch Meister zu werden! Das wird doch eh nichts und ist so was von – wenn das Mama lesen würde – scheiße, dass ich erst mal weine und Mama verfluche, weil, die hatte schließlich das Radio schon wieder an, als ich nach Hause gekommen bin, und dabei weiß sie doch, dass ich das nicht mag, wenn ich nach Hause komme und das HSV-Ergebnis noch nicht kenne. Und Papa hat das Radio im Auto auch kurz angehabt. Der hat also genauso Schuld! So kann man ja auch gar nicht Meister werden, wenn die eigenen Eltern so dermaßen nachlässig sind, und das wird dann ja mal wieder so eine richtige Blamage, wenn ich nächste Woche zu Maik zum Geburtstag soll und Maiks Papa mich die ganze Zeit mit der HSV-Niederlage von heute aufzieht, was fast noch schlimmer ist, als wenn mein Papa über „Opa Kaltz" und „diese brotlose Kunst" meckert und wieder alles und jeden beim HSV „so was von primitiv" findet…

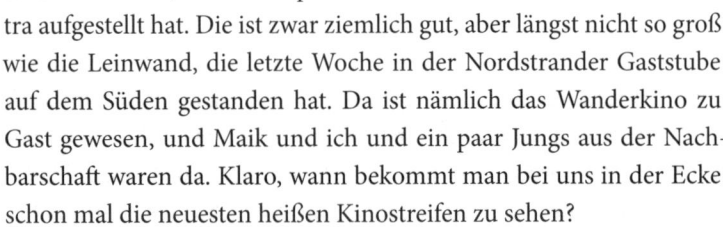

26. Mai 1984
VfB Stuttgart – HSV 0:1

Maik feiert seinen Geburtstag und wir gucken bei ihm die besten „Tom und Jerry"-Streiche auf so einer Leinwand, die sein Papa zu Hause extra aufgestellt hat. Die ist zwar ziemlich gut, aber längst nicht so groß wie die Leinwand, die letzte Woche in der Nordstrander Gaststube auf dem Süden gestanden hat. Da ist nämlich das Wanderkino zu Gast gewesen, und Maik und ich und ein paar Jungs aus der Nachbarschaft waren da. Klaro, wann bekommt man bei uns in der Ecke schon mal die neuesten heißen Kinostreifen zu sehen?

Wir hatten also unsere letzten Kröten zusammengesammelt und fünf Mark bezahlt und Colawassereis und Pepsi-Cola für noch mal fünf Mark gekauft und dann gab's unsere Helden Bud Spencer und Terence Hill in Aktion. Bud Spencer ist echt so super wie nur was. Der fackelt nicht lange, der haut immer gleich auf die Rübe drauf!

Den könnten wir uns stundenlang angucken und dann auch noch im Wanderkino!

Nach der Vorstellung sind Maik und ich und ein paar andere zu dem Chef von dem Wanderkino gegangen. Der stand neben so einem Transporter und Maik meinte noch: „Was für eine Rostlaube! Wenn ich mal Chef von einem Wanderkino bin, dann fahre ich BMW!"

Der Typ packte die Leinwand ein und wollte grad anfangen mit Geldzählen, da fragte ihn Maik: „Du, wie geht der Film eigentlich aus?" Was eine berechtigte Frage war, weil nämlich, wir kriegten nur so ein paar Szenen zu sehen, nicht den ganzen Film.

Ein Junge aus der Nachbarschaft hatte uns kurz davor erklärt, dass die Filmrollen zu groß für den ollen, kleinen Projektor seien. „Darum sehen wir immer nur ein paar Stellen."

Wir wollten das aber genau wissen und wie wir so den Chef von dem Wanderkino persönlich gefragt hatten, da machte der große Augen, drehte sich nach links und nach rechts um und fragte uns hinter vorgehaltener Hand, ob wir übergeschnappt seien.

„Wieso?"

„Na, ihr wollt euch doch nicht die Spannung verderben! Ich komme bald wieder nach Norddeich…"

Ich korrigierte ihn: „Nordstrand!"

Und der Wanderkinoheini klärte uns weiter auf: „… ja ja, Nordstrand, ist ja auch egal, na ja, ich komm auf jeden Fall irgendwann wieder und dann zeig ich euch das Ende vom Film!"

Und wir guckten uns strahlend an und umarmten uns und jubelten: „Hurra!"

Bei Maik gibt es keinen Bud Spencer und auch keinen Terence Hill – Maiks Papa meint, das wäre zu brutal für uns – aber Tom und Jerry sind auch ganz okay und dazu gibt es ja auch noch Würmer und Wackelpudding und alles ist so super wie nur was, wenn bloß HSV nicht wäre. Und Maik sein Papa. Der ist nämlich – das hab ich ja schon geschrieben – mindestens genauso schlimm, wenn das um HSV geht, wie mein Papa und hört überhaupt gar nicht damit auf, die ganze Zeit, während er den Film einstellt, mich zu veräppeln.

„Du, wie hat HSV eigentlich letzte Woche gespielt?"

Mit „du" meint er mich und ich lächle ein bisschen und denke mir, vielleicht hört er dann ja damit auf, wenn ich lächle. Das hab ich mal irgendwo aufgeschnappt, dass man so tun soll, als ob man das gar nicht so schlimm findet, wenn einen jemand ärgert. Man soll dann einfach lächeln und der hört dann auf.

Aber Maik sein Papa hört nicht auf.

„Wird HSV heute in Stuttgart eigentlich Meister? Die gewinnen bestimmt 5:0, was? Mindestens!"

Die ganze übrige Bande hält sich die Bäuche vor lauter Lachen über Tom und Jerry, während ich kaum was von den Filmen mitbekomme, weil ich die ganze Zeit versuche, Maiks Papa nicht aus den Augen zu verlieren. Immer wieder zerzaust er mir von hinten die Haare, wenn er an mir vorbeigeht. „Ich glaub, es steht schon 4:0 für den HSV!"

Und er starrt mich fast ein bisschen verrückt an und lacht dabei so laut wie dieser Pirat, den ich letztens im Fernsehen gesehen hab: „Harhar!" Und immer wenn die Flurtür ein Geräusch macht, zucke ich zusammen, weil, da kommt er schon wieder! Kann der nicht mal wen anders ärgern?

So geht das bestimmt eine Stunde, aber irgendwann kommt er rein, ohne mir groß die Haare zu zerzausen, und verrät, schon nicht mehr so verrückt wie zuvor, das Ergebnis. „HSV hat tatsächlich 1:0 gewonnen, aber Meister sind sie nicht geworden."

Nun hab ich das also fast schriftlich, dass HSV kein Meister geworden ist. Einen kurzen Augenblick denke ich, dass Maik sein Papa mich bestimmt angelogen hat. Zutrauen kann man dem das.

Naja. Nächstes Jahr wird HSV sowieso wieder Meister und dann wollen wir doch mal sehen, wer wem die Haare zerzaust!

3. April 1985
HSV – Werder Bremen 2:0

Ich bin so was von aufgeregt. Heute ist Mittwoch, morgen haben wir schulfrei, HSV spielt gegen Werder, Maik schläft bei mir und wir werden lange aufbleiben und Chips essen und Radio hören und die

Zusammenfassung im Fernsehen gucken und dann die ganze Nacht Scheiße bauen, bis Mama reinkommt und sagt: „Jungs, nun ist aber mal gut." Und wir werden sagen: „Jaa-ha!" Und Mama wird sich wieder schlafen legen und ein paar Minuten später wieder in der Tür stehen, weil wir nicht aufhören können mit Scheißebauen, und sie wird uns noch einmal ermahnen und sich hinlegen und dann werden wir wieder zu laut sein und so weiter.

Ich bin schon die ganze Nacht vorher so was von aufgeregt wie nur was. Erstens ist HSV-Torwart Uli Stein verletzt, was bedeutet, dass Ersatztorwart Uwe Hain ins Tor muss, was allein schon wegen seiner Dauerwelle, die fast genauso aussieht wie die von Mama, merkwürdig ist und dann auch noch ausgerechnet gegen Werder! Wenn das man gutgeht. Vor allem aber bin ich aufgeregt, weil, immer wenn Maik bei mir schläft oder ich bei ihm, dann tun wir die ganze Zeit so, als wären wir HSV-Spieler und schlafen im Hotel. Als wir noch klein waren, spielten wir immer die beiden Superstürmer Horst Hrubesch und Lars Bastrup und mit den Fernbedienungen, die wir irgendwo in der Wohnung gefunden hatten, telefonierten wir immer mit unseren Spielerfrauen und fragten, was unsere Spielerkinder denn so trieben und wie es beim Frisör gewesen war und was der Hund so machte und ob überhaupt zu Hause alles in Butter war, während wir auf Tour mit dem HSV waren. Und mit dem Softball haben wir im Hotelzimmer dann „Pfeilrückzieher" geübt, ganz genauso wie es Hrubesch und Bastrup in ihrem Hotelzimmer bestimmt auch gemacht haben, in echt.

Nun sind Hrubesch und Bastrup allerdings schon längst weg, und seitdem läuft es auch nicht mehr so gut beim HSV. Mal wieder ist eine Saison schon fast rum und schon wieder gibt es neue Spieler. Dieses Jahr spielen wir am liebsten Mark McGhee und Gerard Plessers. Mark McGhee ist ein schottischer Mittelstürmer, den HSV vom FC Aberdeen geholt hat. Mark McGhee ist super. Er kann zwar nicht so gut Fußball spielen wie Horst Hrubesch, aber er scheint voll nett zu sein und das ist doch ein super Anlass, Englisch zu sprechen. Englisch sprechen kann ich nämlich jetzt, denn ich habe Englisch in der Schule. Gerard Plessers spricht mit Mark McGhee bestimmt auch Englisch. Dann passt das ja, dass die beiden zusammen auf einem Hotelzimmer liegen und mit ihren Frauen telefonieren und sich mit einem Softball ein bisschen warmspielen für das Bundesligaspiel am nächsten Tag. Gerard Plessers ist ein belgischer Libero, den HSV von Standard Lüttich geholt hat, und das Geilste bei Gerard Plessers ist, dass er immer die supersten Rückpässe zu Uli Stein spielt. Er steht dann ungefähr an der Mittellinie und immer, wenn er nicht weiß, wohin mit dem Ball, knackt er ihn halt zurück zu Uli Stein und zwar mit vollem Karacho! Soll Uli doch sehen, wohin mit dem Ball! Gerard Plessers ist super.

Und Uli Stein ist verletzt und ich habe die ganze Nacht nicht geschlafen, weil ich so aufgeregt bin. Ein Glück, Maik kommt schon früh am Nachmittag und wir können den ganzen Tag McGhee und Plessers spielen. Abends hören wir dann das Spiel im Radio. Werder kommt

angeblich gar nicht groß vor das HSV-Tor und wenn, dann ist Uwe Hain da und hält den Ball. Ein Glück! HSV gewinnt mit 2:0, wobei das zweite Tor Thomas von Heesen schießt, von dem Papa später auf dem Sofa sagt, während wir alle die Zusammenfassung im Fernsehen sehen: „Was hat der denn für ein Vogelnest auf dem Kopf? Unmögliche Frisur!"

Papa soll sich mit seiner Frisur gerade melden! Ich finde ja sowieso, dass es am HSV überhaupt gar nichts auszusetzen gibt, schon gar nicht von Papa, der alten Meckerziege!

HAMBURGER SPORT-VEREIN

THOMAS
VON HEESEN

20. April 1985
HSV – Bayern München 2:1

HSV spielt gegen Bayern, und Papa und ich fahren mal wieder mit dem D-Zug von Husum nach Hamburg, allerdings nicht ohne uns von Mama, bevor wir losfahren und sie uns einige belegte Brote einpackt, noch sagen lassen zu müssen, dass wir schön aufpassen sollen, wenn wir in Hamburg sind.

Wenn man mit Papa Fußball guckt, wird es meistens ein bisschen anstrengend und schon auf der Hinfahrt ist Papa, während ich mit dem Lüftungsgitter in der Abteiltür herumspiele, nur am Quaken, was Mark McGhee doch für eine Pflaume sei, und ich denke, wenn hier heute einer aufpassen muss, dann ja wohl Papa, so ein loses Mundwerk, wie der hat. Der soll man im Stadion nicht an den Falschen geraten, mit seinem ewigen Gemecker. Okay, HSV hat letzte Woche bei Bayer Uerdingen verloren, aber was Papa hier so alles vom Stapel lässt, geht doch zu weit. McGhee ist eine Pflaume? Dann kann Papa ja nachher mal nach unten auf den Rasen gehen und mitspielen und dann kann er mal sehen, wo er bleibt! Selber Pflaume!

Und überhaupt soll der sich melden! Das Stadion ist heute nämlich dermaßen ratzeputzevoll, dass Papa nur noch Karten für die Ostkurve bekommen hat. Nicht zu fassen! HSV spielt gegen Bayern und wir stehen in der Ostkurve! Aber groß am Meckern! Während die Westkurve auf der anderen Seite heute besonders super aussieht, stehen wir also mit ein paar Bayern-Fans und Rentnern und Vätern mit ihren Kindern in der Ostkurve und ich gucke genervt rüber zu Papa und denke nur: „Mannmannmann!"

Das Spiel wird angepfiffen und mein Papa hört gar nicht mehr auf mit Meckern gegen McGhee. Ich überlege mir, dass ich nun langsam alt genug sein müsste, bald mal alleine ins Stadion zu gehen. Und ich male mir aus, wo ich später mein Dosenbier kaufen kann und wie ich über die Kinder lachen werde, die mit ihren Vätern in der Ostkurve stehen, da rauscht ein Schuss von Mark McGhee vom Strafraumeck aufs Bayern-Tor und drin ist er! 1:0! Papa und ich umarmen uns und Papa brüllt mir ins Ohr: „Das war ja echt ein Supertor von McGhee!" Und ich gucke Papa das ganze Spiel über von der Seite an und bin richtig stolz und freue mich, dass er McGhee jetzt auch super findet. Genauso wie ich!

es gibt
nur
einen
Mark
McGhee!

Als wir abends wieder zu Hause sind und gemütlich mit Mama und meiner Schwester auf dem Sofa hocken, da sagen sie im Aktuellen Sportstudio im ZDF, dass McGhee eigentlich flanken wollte und nicht schießen, und weil der Wind so doll war, ist der Ball „aus Versehen" im Bayern-Tor gelandet, so dass das Tor nur „Windtor" genannt wird. Klar, dass mein Vater nun auch noch seinen Senf dazugeben muss: „Kein Wunder. Ohne den Wind hätte McGhee in zehn kalten Wintern kein Tor geschossen. Die Pflaume." Und ich Blödmann dachte, Papa ist jetzt auch McGhee-Fan. Ich hätte das besser wissen müssen…

3. August 1986
Rot-Weiß Niebüll – HSV 1:8

Heute spielt HSV bei uns, fast um die Ecke, in Niebüll. Klar, dass Papa und ich da hinmüssen. Zumindest ich. „Fahren wir nun da hin, Papa? Fahren wir nun da hin?", nerve ich so lange rum, bis der irgendwann nachgibt. „Ja, wenn's denn unbedingt sein muss, dann fahren wir da eben hin!"

Ich jubele laut los und bin den ganzen Tag damit beschäftigt, das Auto für das große Spiel schön herzurichten. Für das Spiel Rot-Weiß Niebüll gegen HSV! Soll ja jeder sehen, dass wir zum HSV fahren, und so ziehe ich meinem HSV-Schlumpf den Schal, die Mütze, den Pulswärmer aus und außerdem hab ich noch die Bettwäsche von oben geholt und dann hab ich alles schön sauber auf die Rückbank von unserem neuen Opel Rekord gelegt.

Leider hat Papa den Blumenkranz, den unsere Nachbarn an die Stoßstange geflochten haben, schon abgenommen. Wir sind letzte Woche, glaube ich, jeden Tag auf sämtlichen Straßen kreuz und quer über Nordstrand gefahren, damit auch alle sehen, was wir für eine neue Karre haben. Und dann sind wir irgendwann tatsächlich an Maik vorbeigefahren und ich hab schön das Fenster runtergekurbelt und den Arm locker raushängen lassen und dann gerufen: „Ey, Maik! Geile Karre, was!?" Der hat vielleicht Augen gemacht!

Eintrittskarte
Preis siehe Anschlag
Nicht übertragbar
Aufbewahren und auf
Verlangen vorzeigen.
42153

Wir kommen nach einer Stunde Fahrt und – die Aufregung – zwei Pinkelpausen in Niebüll an, wo Papa für mich und für sich bezahlt und – na klaro – nicht vergisst, kräftig über diese „total wahnsinnigen Eintrittspreise" von knapp fünf Mark zu fluchen: „Beim TSV Nordstrand kommt man noch für 'n Appel und 'n Ei rein, Leute! Für 'n Appel und 'n Ei!", und er guckt zu mir rüber und sagt mit ernstem Blick: „Diese Halsabschneider!"

Für mich ist das, was so alles passiert, unfassbar. Ich sehe die ganzen HSV-Stars von Nahem und hole mir von fast allen – bis auf Manfred Kaltz, den ich noch gar nicht gesehen habe – Autogramme. Irgendwann warten alle auf den Einlauf der Mannschaften und ich stehe vor den Kabinen rum, wo ich ein wenig Smalltalk mache, wie man unter den Erwachsenen sagt, und zwar mit den jungen HSV-Dachsen – das sagt mein Zweitlieblingsradioreporter Günther Koch immer zu jungen Spielern – wie Bernd Bressem und Jens Duve.

Die Spieler sind echt nett und werden von mir über allerhand Weltbewegendes befragt, weil nämlich, ich will doch wirklich mal aus erster Hand wissen, ob Uli Stein eigentlich auch so nett ist und die WM in Mexiko und das ganze Trara mit dem Rauswurf durch Teamchef Beckenbauer gut überstanden hat und warum Mark McGhee eigentlich verkauft worden ist, mein Lieblingsspieler – was ich ihnen allerdings lieber nicht sage, sonst sind die noch traurig, dass sie nicht auch meine Lieblingsspieler sind. Schließlich frage ich noch, ob die beiden den Schnauzbart von Heinz Gründel auch so gut finden wie ich, ob Jakobs sich in der Kabine rasiert und was Kaltz so von zu Hause erzählt: „Ist das mit Manni und seiner Frau wieder alles roger, Leute? Man hat da ja in der Presse so einiges gelesen!" Also ehrlich, ich fühle mich einfach super, wie ich hier so stehe und tatsächlich mit HSV-Spielern rede!

Dann kommt's aber ganz dicke, echt jetzt, weil, plötzlich spaziert Manfred Kaltz – *der* Manfred Kaltz! – aus der Kabine und will an mir vorbei. Ich fall fast in Ohnmacht, so unglaublich, wie ich das finde. „Manfred Kaltz will an *mir* vorbei", denke ich noch, da guckt mir der superste Außenverteidiger aller Zeiten auch schon in die Augen, berührt mich ein bisschen mit seiner Hand und ich denke noch: Wie super ist das denn? Manfred Kaltz berührt mich! Doch dann sagt Kaltz laut: „Ey! Hau ab, du Klotz!"

Ich dreh mich schnell um und frage mich empört, was für ein frecher Fettwanst da Manfred Kaltz – *dem* Manfred Kaltz! – den Weg versperren will, aber da steht niemand anderes. Manfred Kaltz meint mich. Oh Mann. Ich fang gleich damit an, mich zu entschuldigen, weil, das wollte ich ja nun nicht, Manfred Kaltz den Weg versperren. Der winkt nur genervt ab und ich find das noch voll nett, dass Kaltz nicht noch weiter rumpöbelt, und bin dann zu Papa hin, um ihm aufgeregt zu erzählen: „Papa! Papa! Ich hab Kaltz den Weg versperrt! Ich hab Kaltz den Weg versperrt!"

Papa scheint wenig beeindruckt zu sein.

„Und, was hat er gesagt?"

„Hau ab, du Klotz!"

Was Papa überhaupt nicht lustig zu finden scheint: „Was für ein Riesenarschloch ist das denn bitte? Na warte, der kann was erleben!"

Und schon ist Papa unterwegs, Richtung Spielfeldrand.

Das Spiel hat längst begonnen und als Manfred Kaltz einige Minuten später an Papa vorbeitrabt, da kann ich Papa laut rufen hören: „Kaltz, du Opa, was bist du bloß für ein Arsch! Kannst das ja mal mit mir aufnehmen, falls du dich traust!"

Papa lässt auch noch einiges mehr vom Stapel. 45 Minuten lang macht mein Papa ein Riesenspektakel an der Außenlinie und ich denke: Was Papa an Beleidigungen draufhat, einfach stark, bleibe aber doch lieber weiter hinten stehen, was wohl besser so ist, nicht, dass Kaltz mich neben meinem Papa stehen sieht und dann noch saurer auf mich wird, und wenn ich dann noch daran denke, was meine Mama zu den ganzen Ausdrücken hier sagen würde, wenn sie das mitbekommen würde, dann aber Prost Mahlzeit!

Als ich abends im Bett liege und die HSV-Tor-
schützen vom 8:1-Sieg aufschreibe und notiere,
dass Kaltz gleich die ersten beiden Tore gemacht
hat, da denke ich: Kaltz hat das bestimmt nicht
so gemeint. Und so liege ich in meinem Bett
und denke noch ein bisschen an HSV, als Papa
zum Gutenachtsagen nach oben kommt und wir
noch ein bisschen über das Spiel sprechen. Ich
frage Papa, ob er glaubt, dass HSV mit der jungen Truppe, die wir heute gesehen haben, mal
wieder ganz oben in der Tabelle landen kann
und ob er den Schnauzbart von Heinz Gründel
auch so super findet wie ich und ob er denkt,
dass Kaltz jetzt sauer auf mich und auf ihn ist, weil wir ihm ja schließlich erst den Weg versperrt und ihn dann auch noch wie nichts Gutes
angepöbelt haben, und wie ich so frage und frage, da kommt Papa
ein bisschen weiter runter zu mir und sagt: „Junge, merk dir eins…"

Und ich denk noch, wie lieb ich Papa trotz all seinem Fußballge-
mecker habe, und dann hat er jetzt auch noch einen guten Ratschlag
für mich! Papa ist vielleicht 1a! Er beugt sich zu mir runter und sagt:
„Junge, merk dir eins: Kaltz ist und bleibt ein Riesenarschloch!"

28. März 1987
HSV – Bayern München 1:2

Endlich ist HSV mal wieder Zweiter und vielleicht werden sie Meister, vielleicht aber auch nicht, denn Bayern ist mal wieder Erster und
nun spielt also der Zweite gegen den Ersten und Papa und ich fahren
schon wieder mit der Bahn zum Bundesligaspitzenspiel. So langsam
traut selbst meine Mama der ganzen Sache mit dem Stadion offenbar über den Weg und sagt zwar kurz: „Passt auf euch auf!", aber das
war's dann auch schon, und sie macht dabei längst nicht so ein be-
sorgtes Gesicht wie noch beim letzten HSV-Spiel, zu dem Papa und
ich gefahren sind. Wie man also sieht, ich werde langsam erwachsen
und kann bestimmt schon bald alleine nach Hamburg hin. Ich bin

jetzt fünfzehn Jahre alt, da muss man sich um mich nun wirklich keine Sorgen mehr machen!

Und alles ist super und wie immer: Ich steh während der Bahnfahrt die ganze Fahrt im Flur rum, denn „gleich kommen die Flutlichtmasten" und keine Schwester nervt rum, dass die auf der anderen Seite zu sehen wären.

Kaum in Hamburg-Altona angekommen, gehen wir dann zu McDonald's und steigen anschließend in die proppevolle S-Bahn, in der es nochmal deutlich ruppiger zugeht als bei meinen bisherigen HSV-Heimspielbesuchen. Das Spiel heute ist scheinbar noch ausverkaufter als sonst gegen Bayern. Kein Wunder. Es geht ja auch um die Deutsche Meisterschaft.

In Stellingen steigen wir aus und sind froh, endlich wieder ein bisschen Luft zu bekommen, allerdings nur kurz, denn auch hier ist alles ein einziges Gedrängel und Gezerre und Gerülpse und Gebrülle und Geschubse, aber ich finde das alles trotzdem so super, dass ich gar nichts anderes mehr machen möchte, als nach Hamburg zu fahren und in Stellingen mit drängelnden und zerrenden und rülpsenden und brüllenden und schubsenden Leuten rumzulaufen und mich gemeinsam mit denen auf HSV zu freuen, am liebsten jeden Tag!

Während ich das denke, gehen wir in den langen Tunnel rein, der von der S-Bahn-Station – unter den Schienen und der Autobahn entlang – zum Stadion führt. Papa ermahnt mich immer wieder, dass ich nicht zu weit weggehen und in seiner Nähe bleiben soll. „Ich bin so was von mit den Nerven zu Fuß, bleib schön dicht bei mir!!"

Ich denke noch, dass ich kein Baby bin, und wir also rein in den Tunnel und wir sind grad so richtig mittendrin, da rennen von vorne die Leute plötzlich gegen den Strom und voll in unsere Richtung, zurück zur S-Bahn, was wirklich ziemlich gefährlich aussieht. Papa hat zum Glück sofort den totalen Durchblick: „Komm, wir stellen uns an die Seite!", ruft er mir zu und zieht mich mit sich.

Wir stehen also an der Seite und wollen die rennende Masse an uns vorbeirennen lassen, weil, wie heißt es doch so richtig, „keine Panik auf der Titanic", doch gerade als wir denken, wir wären so was von clever und alles sei in schöner Ordnung, reibt sich Papa die Augen und schreit mir ins Ohr: „Da ist Tränengas im Spiel, die Schweine!"

Wir rennen also genauso wie alle anderen Richtung S-Bahn zurück und aus dem Tunnel raus. Kaum habe ich das Wort „Tränengas" gehört, da tränen mir die Augen auch schon und tränen von da an den ganzen Tag und das ganze Spiel über, das später auch noch 1:2 für Bayern ausgehen wird. Wie passend eigentlich, dass einem schon vor und während des Spiels die Augen getränt haben, da muss man wenigstens nach dem Spiel nicht mehr groß weinen.

Zum ersten Mal in meinem Leben haben wir übrigens Karten für die berüchtigte Westkurve, wobei Papa wegen „dieser verdammten Fußballkrawalle" mit den Nerven so dermaßen „zu Fuß" sei, wie er sagt, dass ich mir meinen ersten Westkurven-Besuch ohne Papa wohl erst mal von der Backe schmieren kann. Er lässt mich während der ganzen 90 Minuten nicht aus den Augen und fummelt ständig an mir rum und hier „Achtung!" und da „Vorsicht!".

Ich kann mir richtig vorstellen, was die harten HSV-Rocker neben uns, die Bier mit ins Stadion reingeschmuggelt haben und die leeren Dosen später einfach immer in die Menschenmenge reinwerfen und sich dafür von meinem Papa gehörig was anhören dürfen, zu mir sagen, wenn ich in ein paar Jahren alleine ins Stadion gehe: „Ey, bist du nicht der Dödel mit dem Vater, der uns 1987 gegen Bayern krumm angemacht hat, als wir die leeren Dosenbiere in die Menschenmenge geworfen haben?!"

1988 – 1992

VOLKSPARK RAUS

23. Juni 1988

Es ist zum AUSFLIPPEN! Nicht genug, dass HSV schon lange nicht mehr Meister geworden ist. Jetzt – ohne Supertrainer Happel und Supertorwart Stein und stattdessen mit Superpflaumentrainer Skoblar und Superpflaumentorwart Pralija – haben sie es nicht mal mehr in den UEFA-Cup geschafft, was diesem totalen Scheißejahr 1988 echt die Krone aufsetzt! Meine Eltern streiten sich nur noch und in der Schule bleibe ich, na klaro, auch sitzen, weil ich einfach zu doof bin, um Physik und Mathematik zu kapieren. Ich hab ja schon im Halbjahreszeugnis so an die acht Fünfen gehabt und mich kräftig angestrengt, davon runterzukommen. In sechs Fächern hat das auch geklappt. In Französisch hat Mama über Nacht sogar diese blöde Lektüre für mich gelesen, damit ich morgens wenigstens weiß, wer diese komische Person da auf dem Titelbild ist und was der Name des Buches überhaupt bedeutet und mein Referat darüber halten kann. Aber all meine Mühe bringt dann doch nichts: Ich bleib auf meinen und wegen meiner zwei Fünfen in Mathe und Physik kleben. Ich kapiere es einfach nicht. Doof bleibt doof. Da helfen keine Pillen. Denkt wohl auch mein Mathelehrer, der mir schon kurz vor den Sommerferien verklickert: „Für dich geht das um nichts mehr. Mach dir bis zu den Sommerferien doch wenigstens noch ein paar gemütliche Tage und konzentrier dich aufs Fußballspielen." Na, wenn er meint, werde ich mich nach den anstrengenden Versuchen der letzten Wochen, meinen persönlichen Abstieg zu verhindern, wieder mehr meinem Kumpel Maik widmen.

Also hänge ich vor den Ferien nachmittags nur rum und bau mit Maik Scheiße und meinen allgemeinen Frust ab, statt mich um die Schule

zu kümmern. Direkt neben dem Gemüsegarten vom Schul-Hausmeister
sehen wir die große Planierwalze,
mit der eigentlich immer der Fußballplatz vom TSV Nordstrand
gewalzt wird. Und weil Maik
und ich so große Langeweile
haben, weil uns Fußballspie-

1A - PLANIERWALZE!

len im Moment echt zu anstrengend und uncool ist, machen wir uns
an die Arbeit. Maik zieht von vorne und ich drücke von hinten. Der
Gemüsegarten von Fiete Oog nebenan kann eine Rundumplanie-
rung sicherlich gut gebrauchen, denken wir. „So eine Rundumpla-
nierung steht dem Gemüsegarten von Fiete Oog bestimmt gut zu
Gesicht!", meint Maik dann auch und ich nicke heftig: „Wo du recht
hast, hast du recht. Keine Tornetze, keine Blumen!"

Und wir planieren und planieren, bis wir komplett kraftlos über
der Walze hängen. Wir sind fertig mit dem Planieren und haben es
tatsächlich geschafft, den ganzen Garten und sämtliches Gemüse
und alle Blumen plattzuwalzen.

Als ich später nach Hause komme und Mama mich so verschwitzt
und dreckig sieht, da sagt sie: „Mensch, das find ich ja gut, dass du
endlich wieder mehr Fußball spielst, anstatt nur rumzuhängen und
Blödsinn zu machen. Du siehst richtig toll abgekämpft aus…" Wenn
die wüsste, was für einen asozialen Sohn sie hat…

12. August 1988

Die Schule fängt an und wenn ich nur einen Wunsch frei hab, dann
doch wohl ganz sicher den, dass ich nicht in die Klasse von diesem
Schnösel Barnaby reinkomme. Das soll ja der schlimmste Klapskalli
an der Schule sein. Wenn ich zu *dem* in die Klasse komme, dann aber
Arschlecken! Der soll ja richtig austeilen und gar kein Benehmen
haben, hat man mir gesagt und, mal ganz ehrlich: Ich bin zu dick,
ich bin ziemlich dumm, mein einziger Freund ist Maik, meine Eltern vertragen sich immer weniger und ich bin HSV-Fan. Wen, wenn

nicht mich, kann man besser fertigmachen? Und – wer sagt es denn, das Pech klebt im Moment halt an mir dran – tatsächlich komm ich zu diesem schrägen Typen in die Klasse, wozu mir nur eines einfällt: Herzlichen Glückwunsch! Ab sofort bin ich an der Schule also Freiwild und zum Abschuss freigegeben.

Entsprechend genervt geh ich in meine neue Klasse rein und irgendwie ist mir von vornherein hier schon mal alles egal. Vernünftige Plätze sind eh nicht mehr frei, da kann ich mich also getrost gleich auf den Deppenplatz neben der Bohnenstange, die ganz vorne sitzt, setzen. Das macht die Sache leichter, denke ich, sich gleich mit dem Schlimmsten arrangieren und das Schicksal mit Würde tragen. Vielleicht liegt hier ja noch irgendwo eine Narrenkappe rum, die könnte ich doch auch noch prima aufsetzen.

Es ist die erste Unterrichtsstunde in meiner neuen Klasse und es läuft irgend so eine Gruppenarbeit. Ich dreh mich aus Versehen um und – na klaro – Barnaby guckt so komisch. Was führt der nur im Schilde? Jetzt steht er auf. Hätte ich mir denken können. Wenigstens hab ich es gleich hinter mir. Er wird mich bepöbeln, sich über mich lustig machen und dann ist gut. Wie sang schon Stephan Remmler, der früher bei *Trio* gesungen hat, die es jetzt leider nicht mehr gibt: „Einer ist immer der Loser, einer ist immer der Arsch!" Eine ganz große Nummer, wie ich finde, und die passt dann auch noch so gut. Nun denn. Notfalls kann ich gleich immer noch auf Klo rennen und weinen und in Selbstmitleid baden. Gut zu wissen. Selbstmitleid wird sowieso total unterschätzt! Ich finde, das ist die allerbeste Möglichkeit, mit Erniedrigung und Schmerz umzugehen. Sich grundanständig verkriechen und weinen und alles und jeden verfluchen. Warum immer ich?!

Barnaby steht nun neben mir. Ich halte die Luft an und versuche, ihm wenigstens halbwegs entschlossen in die Augen zu schauen.

„Hi. Ich bin Barnaby. Aber sag das ja nie zu mir! Für *dich* bin ich Barny."

„Schon klar."

„Wir haben gleich 'ne Freistunde. Kommst du mit, Billard spielen?"

Ich weiß ja nicht, welche Taktik das nun wieder sein soll, aber ich weiß, dass es jetzt ein bisschen unpassend wäre, wenn ich mich auf Klo verziehen und weinen und in Selbstmitleid baden würde, also sage ich zu: „Da bin ich dabei. Klar." Was bleibt mir schon anderes übrig?

Wir gehen also Billardspielen und es fällt mir schwer, den Haken an der ganzen Sache zu finden. Im Gegenteil, die Freistunde schockt total, schon allein, weil wir die einzigen Jugendlichen in dem Laden sind. Sonst hängen da nur Arbeitslose mit Fetthaar und irgendwelche Nutten nach der Nachtschicht rum. Sagt Barny. Und außerdem meint er, dass er es voll cool fände, dass ich Fußballfan sei und immer mit HSV-Schal rumlaufe. „Du", sagt er, „das ist richtig geil, dass du auf dem Gymnasium wie der letzte Penner rumläufst, so mit Fußball-schal und asozialer Jeans und so. Echt geil."

Ich weiß zwar nicht, was er mit „asozialer Jeans" meint, aber als er sagt, dass er morgen auch mal mit HSV-Schal zur Schule kommen will, da hab ich so richtig das Gefühl, dass er das wirklich ernst meint. Und schon brüllt Barny laut durch den Billardsalon: „Ich hab schon jetzt voll die Latte, wenn ich daran denke, wie wir morgen zu zweit wie die totalen Asis mit HSV-Schals und billigen Jeans durch die Schule schlendern!"

2. September 1988

Es läuft – was ich ja echt nicht gedacht hätte – in der Schule gar nicht mal so schlecht. Ich komme im Unterricht halbwegs mit und keiner hänselt mich, im Gegenteil, ich gehöre fast so ein bisschen zu den Coolen, seit ich immer kräftig mit Billard spiele in den Freistunden. Mein neuer Kumpel Barny will außerdem, dass ich bald mal mitkomme nach Hattstedt, in dieses kleine Dorf vor Husum, zum TSV, wo er selber Fußball spielt, zumindest sporadisch. Das passt ja gut, finde ich, ein bisschen mehr Sport kann mir nicht schaden, und nachdem ich irgendwann tatsächlich mein Kommen angekündigt habe, guckt Barny an mir runter und meint: „Super, so einen Ramm-bock wie dich können wir vorne drin sowieso noch gut gebrauchen!"

Ich grummel ein bisschen rum und denke, dass ich lieber ein wie-selflinker Stürmer wie mein aktueller Lieblingsspieler Jan Furtok wäre, aber okay, Horst Hrubesch war Anfang der achtziger Jahre auch ein Rammbock, und wenn das fürs Erste meine Aufgabe ist, dann soll das wohl so sein. Gibt Schlimmeres.

Mama und Papa streiten sich zwar nicht mehr so oft wie sonst, aber zu sagen haben die beiden sich auch nichts mehr. Das ist zwar total scheiße und immer, wenn ich zu viel Zeit zum Nachdenken hab, dann verzieh ich mich in mein Zimmer und höre eine englische Gitarrenband, die The Smiths heißt und wunderbar traurige Songs auf Lager hat. Ich bade dazu einfach zu gerne im Selbstmitleid, auch wenn es außer der Mama-Papa-Schose im Moment gar keine gro-ßen Anlässe für Selbstmitleid gibt. Ich konzentriere mich jetzt gerade nämlich einfach mal auf Freunde und Fußball und HSV und so ein bisschen auch auf Schule und genieße, dass ich im Moment fast so etwas wie einen Lauf habe. Hat ja lang genug gedauert.

Am liebsten verbringe ich meine Zeit mit Barny, der vor wirklich kaum einer Scheiße zurückschreckt und mir erst neulich gesagt hat, dass ich ihn gut mal mit ins Stadion nehmen kann. Er meint, er sei auch volle Pulle HSV-Fan, zwar „nicht so schlimm" wie ich, aber das wird schon noch, sage ich. Er sei noch nicht so oft da gewesen, aber auch das wird schon noch, beruhige ich ihn. Bis es so weit ist, muss ich ihm immer genau sagen, wie das so ist, in der Westkurve. Und ich erzähle ihm – na klaro – immer haargenau, wie die neuesten Schlachtrufe gehen, wo die ganz harten Macker in der Kurve ste-hen und so weiter und so fort. Ich bin ja schließlich auch fast schon einer von den ganz Harten, seitdem ich jetzt Barny kenne und immer Billard spiele, und als Barny und ich letztens in der Stadt gewesen sind, da haben wir einen Typen mit langen Haaren und einer AC/DC- und HSV-Kutte gesehen und da hat Barny erst mal gar nichts gesagt, außer: „Boah! Voll cool!"

Barny ist echt witzig, und so hab ich mir jetzt – mit Mamas Hilfe – auch eine kleine HSV-Kutte zurechtgeschneidert und mir von Mama auch schon ein paar Aufnäher, wie „Bayern, nein danke!" und „Mighty HSV" und eine Kordel und den großen Aufnäher „Westkurve, Block E"

hinten drauf nähen lassen, genau rechtzeitig, würd ich mal sagen, weil, morgen
spielt HSV gegen St. Pauli, diesen anderen Verein aus Hamburg, der gerade erst
in die Bundesliga aufgestiegen ist.

Ich habe nichts gegen dieses St.
Pauli, im Gegenteil, ist ja eh nur ein to-
tal harmloser Stadtteilverein, der zu allem Überfluss das letzte Spiel
gegen HSV, im Pokal, gleich mit 0:6 verloren hat, was ja so super wie
nur was ist, weil man sich wegen denen offensichtlich nun wirklich
keine Sorgen machen muss, und zwei sichere Siege mehr in der Saison kann man ja immer gut gebrauchen. Ich meine, ich hab ja bisher
überhaupt noch nie ein Spiel von St. Pauli live gesehen und weiß von
denen auch fast gar nichts. Früher haben Maik und ich höchstens
mal ein bisschen was im Radio aufgeschnappt, wenn am Sonntagnachmittag die Ergebnisse der Oberliga Nord durchgesagt wurden:
Wie hat der VfL Wolfsburg gegen den TSV Havelse gespielt? Und Ol-
denburg gegen Lurup? Und St. Pauli gegen Holstein Kiel?

Papa hat mir außerdem letztens gesagt, dass das ja auch ein Hamburger Verein sei und von daher sollte man nicht nur HSV, sondern
auch St. Pauli unterstützen. Maik hat zwar letztens, als ich ihn zufällig
mal wieder gesehen habe, gesagt, dass er überhaupt keinen anderen
Verein als HSV unterstützen will und sehr wohl was gegen St. Pauli
hat, da er das Gefühl nicht los wird, dass die HSV in Sachen Zuschauern gefährlich werden könnten, aber kann auch sein, dass er einfach
beleidigt ist, dass ich jetzt erstens kaum noch Zeit für ihn habe und
lieber mit Barny und so rumhänge, und er zweitens im Moment nicht
mal aus dem Haus darf, weil seine Mama das mit der Planierwalze
und dem Garten von Fiete Oog spitzgekriegt hat. Ein Glück, Maik
hat nicht gepetzt, dass ich auch dabei gewesen bin. Das hätte ja echt
was gegeben zu Hause!

Ich gehe also alleine zum Bahnhof und sicher mir für morgen
mein Ticket, das mir Mama spendiert hat, weil es gerade so gut läuft
mit mir und der Schule. Ich werde morgen schön im Raucherabteil
sitzen, damit ich möglichst nah bei den harten HSV-Rockern sitzen
kann. Muss ich Mama ja nun nicht gleich erzählen.

Nur schade, dass Barny nicht mit nach Hamburg kommt, weil er selber ein Fußballspiel hat, aber er erzählt mir mit breitem Grinsen, „schon fürs nächste Mal", dass das örtliche Busunternehmen Feddersen mehrmals in der Saison nach Hamburg zum HSV fährt, wovon ich noch gar nichts wusste. Er meint, dass wir bald mal mit denen mitfahren müssen, weil, „dann saufen wir mal einen", was ich natürlich total stark finde, schließlich hab ich das noch nie so richtig gemacht. Das wird super, endlich mal einen saufen!

3. September 1988
HSV – FC St. Pauli 1:1

So eine Katastrophe! Das erste Mal fahre ich alleine mit dem Zug nach Hamburg und kein richtig harter HSV-Rocker fährt in dem Zug mit, nur so ein paar Babys, höchstens sechzehn Jahre alt, die wohl zum ersten Mal alleine hinfahren. Ich langweile mich also im Zug, und erst kurz bevor die Flutlichtmasten des Volksparkstadions zu sehen sind, werde ich ganz kribbelig und fickerig und stelle mich auf den Flur, um mal nach dem Rechten zu sehen. Als die ganzen Babys sich zu mir stellen, um auch zu gucken und „Volksparkstadion, schalalalala" zu singen, gehe ich aber gleich wieder in mein Raucherabteil rein, ich will ja nicht mit diesem Kleingemüse gesehen werden.

Im Bahnhof Hamburg-Altona angekommen, gehe ich – wie es der alte Familienbrauch so will – noch kurz auf eine Pommes zu McDonald's rein und steige kurz darauf dann in die S-Bahn Richtung Stellingen, wo ich mich schon wundere, warum so viele Leute braunweiße Mützen und Schals tragen. Was soll bloß so was?

Im Stadion stelle mich in der Westkurve zum ersten Mal in den harten Fan-Block E rein, allerdings erst mal lieber ganz außen, an der Seite, schön hinter einen Wellenbrecher, wie Mama mir das empfohlen – oder eher befohlen – hat, damit, wenn alle nach einem Tor vor lauter Freude hinfallen, ich nicht auch hinfalle, weil, ich stehe dann ja hinter dem Wellenbrecher, und „es wird bestimmt nicht selten passieren, dass ein HSV-Tor fallen wird", hat Mama gesagt.

Ich dagegen stehe nun hier und hab so ein bisschen das Gefühl, dass das heute komisch im Stadion ist und vielleicht gar nicht so ein Spaziergang wird, wie ich gedacht habe. Man sieht beim Blick auf Haupt- und Südtribüne und die Ostkurve kaum HSV-Fahnen und fast nur St.-Pauli-Kram, und selbst in der Westkurve sind um mich rum alle irgendwie nur mit HSV am Schimpfen. Als Torwart Heinz-Josef Koitka einen St.-Pauli-Ball sicher fängt, rufe ich, wie echte Westkurvenfans das sonst ja immer tun und auch, um mal ein bisschen Stimmung in die Bude zu bringen: „Onkel Jupp, Onkel Jupp, Onkel Jupp! Onkel Jupp, Onkel Jupp, Onkel Juhupp! Onkel Jupp, Onkel Jupp, Onkel Jupp! Onkel Juhupp, On-kel Jupp!" Das ist sein Spitzname, aber höchstens zehn andere Fans singen mit.

So läuft das Spiel vor sich hin und von HSV-Überlegenheit ist nicht viel zu merken, bis Manfred Kaltz spät in der zweiten Halbzeit das 1:0 für HSV macht, und ich jubele hinter meinem Wellenbrecher und – hat Mama mal wieder recht gehabt – falle nicht hin und freue mich mal wieder über meine Kutte, die ich anhab. Hab erst gestern bei Rothgordt in Husum noch einen neuen Aufnäher gekauft, den Mama mir abends, während Aktenzeichen XY, extra noch draufgenäht hat: „Ich bin stolz, ein echter HSV-Fan zu sein!"

Worauf du einen lassen kannst, denke ich, als ich an Mama und die Kutte und den Aufnäher denke und weiterjubele. Und tatsächlich sieht es so aus, als ob jetzt alles gut wird, und HSV stürmt weiter und sogar HSV-Ersatzstürmer Oliver Bierhoff macht fast ein Tor und das 2:0, doch er knackt die Kirsche freistehend drüber, während auf der anderen Seite Onkel Jupp plötzlich keine Chance hat und kurz vor Abpfiff doch noch der Ausgleich für St. Pauli fällt. Wie aus heiterem

Himmel schießt St. Pauli, das noch vor Kurzem gegen Holstein Kiel und so weiter gebolzt hat, das 1:1 und, was soll ich da noch groß zu sagen, es kommt mir so vor, als ob das ganze Stadion jubelt. Sogar in der Westkurve, sogar in Block D und F wird gejubelt. Nur Block E, also die ganz Harten, die stehen wie angewurzelt da, wie bestellt und nicht abgeholt. Und ich stehe mittendrin und denke, dass St. Pauli sofort wieder absteigen und mich und HSV in Ruhe lassen soll und außerdem ein ziemlich großes Arschloch zu sein scheint.

7. September 1988

Als wenn das neulich noch nicht gereicht hätte. Ich treffe in der Pausenhalle den Jungen aus der Parallelklasse, der immer mit Iron-Maiden-T-Shirt in die Schule kommt und mich wie immer freundlich grüßt und auf mich zukommt und mir dann stolz erzählt: „Du bist doch HSV-Fan. Und weißt du was? Ich bin St. Pauli-Fan."

Und er erzählt, dass er auch in Hamburg beim Spiel gewesen wäre, „eigentlich rein zufällig", weil „so Freunde" von ihm „so ein paar Typen kennen", die seit Neuestem „zu St. Pauli" gingen und da sei er dann mal mit, weil, er meinte, „das könnte doch mal ganz lustig werden".

Ich frage ihn, was daran lustig sein soll und was er überhaupt unter „ganz lustig" verstünde und ob er überhaupt irgendeine Ahnung von Fußball hätte, und da meint der Junge aus der Parallelklasse, der immer mit Iron-Maiden-T-Shirt in die Schule kommt und mich immer freundlich grüßt: „Ja, nicht immer nur saufen und grölen, meckern und rülpsen, sondern ganz zivilisiert Spaß haben. Halt nicht so typisch fußballmäßig und asig, du weißt schon."

Aber ich weiß gar nichts, weil, ich habe Fußball noch nie anders erlebt, als dass da alle am Saufen, Grölen, Meckern und Rülpsen und grundsätzlich total asig sind, also erzählt er mir von seinen Erlebnissen in der Ostkurve des Hamburger Volksparkstadions und wie cool er die ganzen St. Pauli-Fans fand, die in schwarz und „nicht so typisch fußballmäßig" rumliefen und „total peacig drauf und nicht so gewalttätig" waren und „einige von denen haben sogar gekifft", und wie ich noch denke, warum Kiffen besser als Saufen sein soll, erzählt er, dass er jetzt regelmäßig zum Fußballgucken nach St. Pauli wolle, und ich denke, dass er wohl eher zum St.-Pauli-Fans-Gucken und nicht zum St.-Pauli-Fußballgucken da hin und woher er wissen will, dass Fußballfans sonst immer gewalttätig seien und nicht kiffen und nicht schwarze Klamotten tragen würden? Vielleicht sollte ich ihn mal mit in die Westkurve nehmen, da kann er sich ja mal selber ein Bild von den typischen Fußballfans machen und seine Vorurteile überprüfen. Ich werde ihn vorher aber bitten, eine St.-Pauli-Mütze anzuziehen, das würde sicher helfen, seine Vorurteile zu bestätigen.

Jetzt juckt mich das dann aber doch wie 'ne Tüte Mücken und ich frage ihn, während es längst zur Stunde geklingelt hat, warum er mir hier früh am Morgen einen vom Pferd und von St. Pauli erzählt, und stelle gleich mal eines klar: „Weißt du was? Du hast doch keine Ahnung. Gehst einmal zum Fußball und spielst dich hier auf."

Er soll, so nett er ja sonst sein mag, ruhig merken, dass ich, bei all den Sachen, die ich vielleicht nicht gut kann, zumindest eines gut kann und keine Lust habe, mir das streitig machen zu lassen: Fußballgucken. Er soll ruhig wissen, dass er sich auf falschem Gebiet befindet, dass er sich lieber wieder zurück in seine Heavy Metal-, schwarze Klamotten- und Kiffer-Ecke verdrücken und mich in meiner Fußballecke alleine lassen darf.

„Warum quatschst du mich überhaupt an?"

„Na, weil ich mit dir über Fußball reden und dann auch noch wissen wollte, wann St. Pauli das nächste Mal spielt und gegen wen. Und wo ist noch mal genau das Stadion von denen?"

„Also, erstens haben wir hier noch nicht eine Sekunde über Fußball geredet. Und zweitens, warum fragst du ausgerechnet mich, wo das Stadion ist und gegen wen die spielen? Woher soll ich das denn wissen?"

„Weiß man so was nicht, als HSV-Fan?"

„Nö."

Und so gehe ich in Richtung Klassenraum, wo ich als Erstes den Kicker von heute aus meinem Rucksack hole und lese, dass St. Pauli am Freitag zu Hause gegen Kaiserslautern spielt. Dass die am Millerntor spielen und dass das in der Nähe der Reeperbahn liegt, das weiß selbst ich. So langsam wird mir dieser Verein wirklich lästig…

23. März 1989
FC St. Pauli – HSV 1:2

St.Pauli = doof!
und zwar total!

Barny und ich sind nun wirklich die allerbesten Freunde und zusammen hecken wir nicht nur allerlei Streiche aus und beschmieren die Tische der Theodor-Storm-Schule mit „HSV" und „HSV ist super" und „HSV? Genau!" und so einem Quatsch und ärgern alle Lehrer mit unserem Rumgeprolle, oh nein, wir sind auch die Einzigen, die sich an unserer Schule klamottentechnisch als Fußballfans zu erkennen geben. Barny treibt das Ganze auf die Spitze, indem er sich an seine Jeansjacke einen HSV-Rückenaufnäher mit einem Adler mit ausgebreiteten Flügeln draufgenäht hat. Und ich hab immer noch meinen Schal um, der allen anderen Schülern jeden Tag aufs Neue versichert: „HSV, die Macht von der Elbe". Und irgendwann gehe ich auch mal mit meiner Kutte in die Schule, vielleicht.

Wir sind also totale Außenseiter im Intellektuellenlager, was wir so super wie nur was finden, und seitdem ich Barny erzählt hab, wie ich immer alleine nach Hamburg fahre, will Barny nur noch eines, nur nach Hamburg hin, weil, da spielt am Donnerstag nämlich HSV. Und gegen wen? Mal wieder gegen St. Pauli, und mir reicht das jetzt endgültig mit denen, weil, immer noch reden alle nur noch von St. Pauli und wie toll die angeblich sind und keiner redet mehr von HSV. Bis auf uns. Und vor allem Barny kriegt sich vor lauter Vorfreude auf das HSV-St.Pauli-Spiel nicht mehr ein: „Alter, ich hab jetzt schon wieder dermaßen voll die Latte, wenn ich an Donnerstag denk! St. Pauli kriegt so was von den Arsch voll! Da träumst du von, Alter!"

Wir rufen schon seit Tagen in jeder kleinen und großen Pause bei Reisedienst Feddersen hier in Husum an und nerven rum und versuchen, die weichzukochen, doch auf jeden Fall zum Spiel gegen St. Pauli zu fahren. Ständig fragen wir: „Fahrt ihr zum Spiel nach Hamburg?", und immer wieder bekommen wir die gleiche Antwort: „Wir haben euch doch schon mehrfach gesagt, dass wir mindestens zwanzig feste Anmeldungen brauchen, bevor wir einen Bus losschicken!"

Also haben wir noch einiges zu tun. Der nächste Spieltag wartet schon und wir sind erst zu dritt, Maik mit eingerechnet, denn Maik meinte neulich völlig überraschender und superer Weise am Telefon: „Also, ich finde, wir können gut mal wieder zusammen los." Und das, obwohl ihm „die Typen vom Gumminasium", mich eingeschlossen, offensichtlich immer noch nicht so ganz geheuer sind.

Ein paar Tage später stehen wir nun also zu zehnt am Husumer Zentralen Omnibus Bahnhof, dem ZOB, wie es so schön heißt, und warten auf die restlichen zehn Fußballfans, die sich genauso für die Fahrt zum Spiel in Hamburg angemeldet haben sollen. Das behauptet zumindest Barny: „Null Problemo, Leute. Wir werden voll, ich hab mich drum gekümmert." Sagt er zumindest, denn von den Typen, die „gleich kommen, keine Sorge!", ist noch nichts zu sehen.

So vergeht die Zeit und so langsam werden wir und der Busfahrer ungeduldig. „Kann das jetzt mal losgehen oder kann das jetzt mal losgehen?", fragt einer den Busfahrer. Der heißt August, das hat er uns gleich am Anfang gesagt. Und wir haben gleich mal „August! August!" gerufen, zum einen, weil man das so macht, wenn man zum Fußball fährt und der Busfahrer August heißt, und zum anderen, damit er das auch ja gut mit uns meint, und prompt hat er gelächelt und gesagt, dass wir gerne Kassetten nach vorne geben dürfen, und dann hat er noch gesagt, dass wir uns trotzdem ruhig verhalten und uns benehmen sollen.

Wir gehen also rein in den Bus und sind insgesamt zu zehnt. Nach ein paar Minuten, Maik meint schon, während er genervt in seiner „Hamburger Morgenpost" blättert, dass wir nie loskommen, geht Barny nach hinten zu den beiden älteren HSV-Rockern, die in der letzten Reihe eine Flasche Oldesloer Korn am Wickel haben, und ich frage mich noch, was er mit denen zu bequatschen hat und dass ich mich das wohl nicht trauen würde, da bölken die schon rum: „Los August, fahr ab hier, sonst geht hier gleich mal was ganz anderes ab, hier!" Und August fährt los. Mit zehn HSV-Fans im dicksten Reisebus nach Hamburg.

Wir haben also richtig viel Platz und mümmeln uns mal so richtig gemütlich in die Bänke rein, zumindest bis August dann und wann mal, natürlich nur uns und nicht die beiden harten HSV-Rocker, die sich in der letzten Reihe jetzt ihrem Holsten Dosenbier widmen, anraunzt: „Ey, Jungs, benehmt euch mal!" oder „Ordentlich hinsetzen da!" oder „Wollt ihr hier aussteigen, oder was?!" Von Augusts guter Laune ist schnell nicht mehr viel übrig und die Kassette, die Barny nach vorne gegeben hat, hat er auch schon, nach nur wenigen Sekunden Laufzeit, wieder zurückbekommen: „So ein Krach kommt mir nicht in den Bus."

Wir unterhalten uns also leise – ohne Musikbegleitung – und freuen uns auf das Spiel und trinken still die beiden Dosen Bier, die wir uns kurz vor Abfahrt noch am Bahnhofskiosk gekauft haben. Ich denke noch darüber nach, dass ich ja eigentlich dem Jungen aus der Parallelklasse, der immer mit Iron-Maiden-T-Shirt in die Schule kommt und mich immer freundlich grüßt und neulich auf mich zukam und mir dann stolz erzählt hat: „Du bist doch HSV-Fan. Und weißt du was? Ich bin St. Pauli-Fan", hätte Bescheid sagen können, dass wir mit dem Bus nach Hamburg hinfahren und ob er nicht auch mit will. Da dröhnt es aus der letzten Reihe: „Scheiß St.Pauli, scheiß St.Pauli – hey, hey!"

Auf der anderen Seite wäre das vielleicht doch nicht so richtig was geworden mit ihm und den beiden HSV-Rockern in der letzten Reihe, denke ich.

August fährt am Volkspark raus und wir kommen erst kurz vor Anpfiff am Stadion an, weil wir vorher an jeder Teekanne halten mussten, weil Barny mit seiner Blase mal wieder keine zehn Minuten ohne Pinkelpause überstanden hat, oh Mann! Wenn auch knapp, so schaffen wir es doch noch gerade rechtzeitig, uns in den völlig überfüllten Block E reinzuquetschen, nachdem wir fast ausgerastet sind, als wir die letzten Stufen zum Block hochgerannt sind und dann das Flutlicht und die ganzen Zuschauer und die orangefarbene Rauchbombe sehen, die gerade unten in der Westkurve gezündet worden ist. Das ist Fußball! Und darum strahlen wir auch um die Wette und Barny schreit mir ins Ohr, dass er schon wieder „Voll die Latte" hätte, „so geil ist das hier!", und gemeinsam rufen wir „Fußball! Fußball!", was zwar keiner mitsingt, aber wir freuen uns trotzdem, weil, wir sind mittendrin im Block E, was ja die Hauptsache ist. Barny stimmt gleich mal an, was die älteren HSV-Rocker aus dem Bus kurz vor Ankunft am Parkplatz braun angestimmt haben: „Die Scheiße kommt vom Millerntor, du dei, du dei! Die Scheiße kommt vom Millerntor, du dei, du dei dey!" Und nachdem ganz viele mitsingen, guckt Barny stolz rüber zu Maik und mir, zeigt mit dem Daumen auf sich selber und grinst.

Das Spiel geht von Beginn an richtig ab, und diesmal wirkt es zum Glück nicht so, als ob nur St.-Pauli-Fans im Stadion wären, was wohl auch daran liegt, dass HSV bislang eine ganz vernünftige Saison spielt. Trotzdem führt St. Pauli schnell durch ein Wahnsinnstor – Rüdiger Wenzel trifft mit der Hacke aus, sagen wir mal, 30 Metern –, das wahrscheinlich nur fällt, um mich mal wieder zu ärgern, denn eigentlich kann so ein Ball gar nicht im Tor landen. Die HSV-Fans um uns herum sind giftig und rufen allerlei Nichtjugendfreies und überall ist Rauch und es ist dunkel und bedrohlich und der Duft und Qualm der Rauchbomben hängt während des ganzen Spiels über der Westkurve. Ich denke kurz an Mama und dass die sich jetzt bestimmt gerade Sorgen macht, aber dann denke ich, dass ich kein Baby mehr bin, ganz im Gegenteil. Ich bin HSV-Fan!

Und während ich entschlossen rumbölke und HSV nach vorne treibe, macht Thomas von Heesen den Ausgleich und spätestens als auch noch das 2:1 durch Jan Furtok fällt, sind alle um uns herum am Ausflippen. Man merkt, wie wichtig allen HSV-Fans dieser Sieg ist, „haben wir es den Zecken endlich mal wieder gezeigt", höre ich neben mir, und dann ist Schluss und wir kämpfen uns bis nach unten an den Zaun, wo ich glaube, ausgerechnet Jan Furtok, den Siegtorschützen, der so einen super Schnurrbart hat und dazu auch noch eine Vornekurz-hinten-lang-Lockenfrisur – bei ihm kommt wirklich alles zusammen – berührt zu haben. Vielleicht war das aber auch nur einer der beiden älteren HSV-Fans von der letzten Bank aus unserem Bus. Den sehe ich nämlich auch da irgendwo rumstehen und jubeln.

Auf der Rückreise, da bin ich erst mal ziemlich kaputt und glücklich und will mich mal so richtig langmachen, da setzt sich mein guter, alter Freund Barny neben mich und nimmt mich fast schon väterlich in den Arm, was ich richtig gut finde, manchmal sollten Männer sich auch mal umarmen, vor allem wenn HSV gegen St.Pauli gewonnen hat.

„Was für ein Glück, dass wir doch noch losgekommen sind, was?"

„Ja, schon", wundere ich mich, „aber wo sind denn bloß die zehn Leute geblieben, die noch angemeldet waren?"

„Du stellst Fragen", sagt Barny und schaut aus dem Fenster.

20. September 1989
HSV – Werder Bremen 4:0

Was auch immer nun mit der DDR wird, ist mir egal. Mauerfall – na und? Hauptsache, wir kommen rechtzeitig los nach Hamburg. HSV spielt gegen Werder und Mama hat versprochen, uns hinzufahren. „Einfach so. Ich mach das gerne für euch."

Barny hat ja eigentlich erst vorgehabt, einen Bus zu chartern, weil er ist jetzt „so richtig auf den Geschmack gekommen", meint er. Aber nach dem Reinfall gegen St. Pauli hat Reisedienst Feddersen offenbar kalte Füße bekommen und keinen Bus nach Hamburg geschickt. Barny meint, die hätten ihm wörtlich gesagt: „Wir sind da vor ein paar Monaten so einem Riesenarschloch auf den Leim gegangen. Der hat uns total zum Narren gehalten. Nix mehr mit HSV, wir machen nur noch Kaffeefahrten."

Mit ihrem neuen Wagen fährt Mama Barny und Maik und mich nach Hamburg, und wie wir so über die Landstraße Richtung Heide rumpeln, freue ich mich so richtig, dass mein Schulkumpel Barny und mein alter HSV-Kumpel Maik sich gut verstehen, auch wenn ich schon das Gefühl habe, dass zwischen Maik und mir nicht so alles in Butter ist, aber immerhin, spätestens als wir auf der A23 fahren und unsere neue Lieblingsgruppe Danzig hören, ist die Stimmung

bei uns dreien am Überkochen. Unseren Lieb-
lingshit „Mother" – was ja auch irgendwie zur
heutigen Tour passt, finde ich – hören wir bestimmt eine halbe Stunde am Stück, und als
Mama – passendes Lied hin oder her – schon
leise grummelt, da rutscht mir, wahrscheinlich bin ich einfach so duselig von dem ganzen

Headbangen, vom Beifahrersitz in Richtung Mama folgender Satz
raus: „Mama, die Musik ist so geil, dazu könnte ich abspritzen!"

Keine Reaktion von Mama. Betretene Gesichter bei Barny und
Maik. Die Musik röhrt unverdrossen weiter „Mother, tell your children not to walk my way, tell
your children not to hear my words, what they
mean, what they say, mother". Mama schaltet
das Kassettenteil aus und macht dafür Radio
an, RSH, und Tina Turner singt „You're sim-
ply the best! Better than all the rest!" und wir
gucken aus den Fenstern.

Zum Glück kommen wir schon kurz darauf in Hamburg an. Mama
fährt am Volkspark raus und uns bis ganz nah ans Stadion ran und
ich frage mich ernsthaft, was Mama denn nun, so alleine, wie sie ist,
überhaupt vorhat, während wir uns beim Fußball vergnügen.

„Och, mach dir um mich man keine Sorgen!"

„Okay! Bis nachher!", rufe ich noch ins Auto rein und – mache
mir Sorgen. Ich mache mir eigentlich immer Sorgen, kein Wunder,
schließlich haben Mama und Papa sich nun endgültig getrennt, und
wenn es auch vielleicht das Beste ist und Mama richtig aufblüht, so
tue ich mir fast schon wieder ein bisschen selber leid, um nicht zu
sagen, ich nehme jetzt wieder öfter abends ein richtig entspanntes
Vollbad im Selbstmitleid mit passender Musik von The Smiths und
allem Pipapo. Es ist doch irgendwie komisch, dass Papa nicht mehr
zu Hause wohnt.

Auch für HSV läuft es in der Bundesliga im Moment überhaupt nicht
gut, dazu regnet und regnet und regnet es, was es eigentlich immer

tut, wenn HSV spielt, zumindest fast, und es sind mal wieder nur 14.000 Zuschauer da und das beim Nordderby gegen Werder, die allerdings auch nicht sonderlich viele Fans zur kümmerlichen Kulisse beitragen, wenn man die paar Grün-Weißen in der Ostkurve stehen sieht. Und das als Deutscher Meister! Wir stehen dagegen natürlich in der Westkurve, in Block E, wie sich das gehört, und so stimmen wir sofort „HSV! HSV! HSV!" an, wie sich das gehört, und als so um und bei zehn Leute mitrufen, da guckt Barny zu mir rüber und hebt den Daumen. „Wer kann, der kann!", ruft er.

Das Spiel fängt an und es läuft sofort so, wie ich es befürchtet hab, weil es eigentlich immer so läuft: Der Gegner stürmt und schon nach ein paar Minuten schießt Werder auf das HSV-Tor. Vorstopper Ditmar Jakobs springt mit wie immer letztem Einsatz hinterher, grätscht den Ball von der Linie und verhindert das sichere 0:1, was wir mit begeisterten „Dit-mar Ja-kobs"-Sprechchören bejubeln. Der steht allerdings nicht – wie sonst – gleich wieder auf und grätscht weiter kompromisslos herum, sondern bleibt im Tornetz liegen. HSV-Masseur Hermann Rieger kommt auf den Rasen gerannt und wir rufen „Her-mann! Her-mann!", was wir immer rufen, wenn HSV-Masseur Hermann Rieger auf den Rasen läuft. Ansonsten wissen wir in der Westkurve aber nicht, was da gerade los ist und warum das alles so lange dauert.

Ditmar Jakobs

„Sieht Jakobs gar nicht ähnlich", sagt irgendwann ein älterer Mann hinter uns mit ernstem Gesicht, und wir gucken uns an und machen große Augen und uns Sorgen. Selbst die Anzeigetafel wünscht dem verletzten HSV-Kapitän – auch wenn sie ihn Dietmar mit „ie" statt Ditmar mit nur einem „i" nennt, eine nette Geste, finde ich – gute Besserung und irgendwann fährt sogar ein Krankenwagen über den Rasen und transportiert Jakobs nach elendig langer Fummelei und Warterei aus dem Stadion.

Als das Spiel wieder angepfiffen und für Jakobs ein junger Spieler – der Ralph Jester heißt und den außer mir bestimmt keiner im Stadion kennt, außer vielleicht seine eigene Mutter, die jetzt vielleicht auch im Stadion und die Einzige ist, die sich über die Einwechslung von Ralph Jester freut – eingewechselt wird, da wird jeder Ballkontakt von Werder mit „Mörder! Mörder!"-Rufen kommentiert. Ich meine, auch wenn kein Werder-Spieler in der Nähe von Jakobs gewesen ist, während er da in das Tor reingrätschte und sich verletzte, ein völlig berechtigtes Vorgehen der Westkurve! Warum auch immer, plötzlich spielt HSV richtig gut und gewinnt gegen die Jakobs-Mörder mit 4:0.

Als wir nach dem Schlusspfiff und ein bisschen Am-Zaun-Feiern meine Mama auf dem Parkplatz stehen sehen, rennen wir gleich hin, schließlich haben wir eine Menge zu erzählen und ich denke noch: Wenn auch Jakobs verletzt ist, so ist doch wenigstens Mama heile wieder da.

Ich reiße die Tür auf und will gerade einen vom Pferd und vom Sieg und von Jakobs erzählen, da sehe ich Mama im Auto mit HSV-Schal sitzen. Sie strahlt: „4:0! Tolles Spiel, was? Ich stand in der Westkurve."

„Und der HSV-Schal?"

„Ach ja, den HSV-Schal, den hab ich deinem Schlumpf abgenommen und dir das lieber nicht gesagt, sonst wärst du ja nur noch nervöser geworden."

Typisch Mama! Ich meine, denkt die wirklich, dass ich immer noch so abergläubisch bin, dass ich glaube, HSV würde ohne meinen vollständig geschmückten HSV-Schlumpf nicht gewinnen können? Ich bin doch kein kleines Kind mehr!

Am nächsten Tag steht im Videotext, dass Ditmar Jakobs in einen Karabinerhaken reingerutscht sei und der sich verhakt hätte und darum da jetzt ein Nerv oder so durchtrennt sei und es auf jeden Fall so aussähe, als ob er seine Karriere beenden müsse.

So ein Mist. Ich denke mir, dass ich Mama diese Nachricht lieber nicht direkt weiterleite, sonst denkt sie noch, das läge alles an ihr, schließlich hat sie ja dem HSV-Schlumpf den Schal abgenommen…

3. März 1990
1. FC Kaiserslautern – HSV 1:3

Heute ist mein Geburtstag und ich werde achtzehn. Ich feier bei uns zu Hause eine Riesenfete und als ich Mama erzähle, dass ich sechzig Leute eingeladen hab, da hat sie mich offenbar nicht so richtig verstanden und schlägt die Hände über dem Kopf zusammen und klagt: „Sechzehn Leute bei uns in der kleinen Bude?!"

Sechzig Leute sind also eingeladen, was ja auch ein bisschen heißt, dass es nach wie vor ganz gut läuft für mich, und sogar ein paar nette Mädchen werden kommen, wobei das eher Freundinnen von Freunden sind, weil ich, so gut es auch sonst läuft, nicht sonderlich Schmiss bei den Girls hab. Zwar hab ich letztes Jahr an Silvester das erste Mal von einem Mädchen – deren Namen ich nicht kannte und die ich seit dem Zunge-in-den-Hals-Stecken auch nicht mehr gesehen habe – ohne großes Vorgeplänkel die Zunge in den Hals gesteckt bekommen, aber so richtig funken tut das nicht zwischen mir und den Mädels.

Was für ein Glück, dass ich HSV hab und HSV seit Neuestem mal wieder einen neuen Spieler, nämlich den Brasilianer Fernando Perreira de Pinho, genannt Nando, der Mittelstürmer ist und letzte Woche bei seinem ersten HSV-Einsatz, dem 6:0 gegen Bayer 05 Uerdingen, gleich zweimal getroffen hat. Das ist doch schon mal was. Gegen Bayer 05 Uerdingen muss man auch erst mal gewinnen.

Heute Nachmittag spielt HSV zur Feier des Tages in Kaiserslautern und, wer sagt das denn, wieder gewinnt HSV, wieder schießt Nando ein Tor, und wie hat Barny schon gestern Abend am Telefon gesagt, während er zu Hause mit Maik schon mal vorgeglüht hat – „damit wir morgen bei dir auf die Sekunde topfit sind, Alter!" –, während ich noch aufräumen und rumregeln musste? „Mit dem werden wir noch Deutscher Meister, ganz sicher!" Na, wenn Barny das sagt! Sind ja auch nur noch knappe zwanzig Punkte Rückstand.

Während HSV also den Betzenberg stürmt, müssen wir mit dem TSV Hattstedt gegen Frisia Husum spielen. Das tun Maik und ich übrigens mittlerweile gemeinsam mit Barny, weil Nordstrand keine A-Jugend mehr zusammenbekommt, was ja kein Wunder ist, weil ja schließlich – Fiete Oog sei Dank – niemand Lust hat, in seiner Freizeit auf Tore ohne Netze zu bolzen und dann lieber gleich zum Handball abwanderte. Ich würde das niemals tun und spiele heute Mittelstürmer, genauso wie Nando. Das trifft sich gut, will ich meinen, da muss man nicht so viel laufen und kann seine Kraft für den Abend sparen. Trotzdem gewinnen wir mit 2:1 und wollen nach dem großen Sieg in der Kabine grundanständig feiern, besonders ich.

„Leute, ich hab Geburtstag und wir gewinnen, darauf eine Cola! Und Rum!"

Doch kaum wollen wir rein in die Kabine, um uns die von mir mitgebrachte Flasche Hansen-Präsident zum Halse zu führen, da stoppt uns die graue Eminenz des Vereins, Kuddel Popp, ungefähr 60 Jahre alt, sicher 150 Kilo Lebendgewicht und Platzwart, was ja die Krone der Schöpfung ist. Kuddel bölkt uns rüde an: „Schuhe aus, Kids!"

Wir maulen ein bisschen herum, weil, wir und „Kids", aber nun gut, wenn das sonst nichts ist: „Machen wir. Aber nur, weil du das bist, Kuddel."

„Jaja, verarschen kann ich mich selber. Hört auf zu schnacken, Schuhe aus!"

Kuddel Popp lade ich sicher nicht zu meinem Geburtstag ein, denke ich. Und ich muss ein bisschen grinsen, wenn ich mir Kuddel Popp auf meiner Geburtstagsparty vorstelle. Das gäbe ja was, wenn er den ganzen Abend bei uns in der Eingangstür stünde und jeden

Besucher mit einem harschen „Schuhe aus!" begrüßen oder Anweisungen am Kühlschrank geben würde: „Erst die Bierflasche ganz austrinken, dann eine neue holen!" Oder in meinem Zimmer, während ich kurz davor wäre, das erste Mal mit meiner heimlichen Flamme Lisbeth rumzuknutschen und gerade ein bisschen an ihr rumfummeln täte und er reinkäme und riefe: „Mensch Kids, die Klamotten gehören an den Kleiderhaken, nicht auf das Bett! Und saut da nicht so rum!" Das muss man sich mal vorstellen: Ich und Lisbeth im Bett und dann kommt Kuddel rein. Ich ziehe mich doch schneller um als ursprünglich geplant und sehe zu, dass ich nach Hause komme, nicht dass Kuddel Popp noch fragt, ob er auch kommen darf, heute Abend, zu meinem großen Fest.

Nachdem ich hier und da noch ein paar Knabbereien in der Wohnung verteilt, ein paar von Mamas Frikadellen probiert und mit Papa telefoniert hab, trinke ich zur Beruhigung ein erstes Bier. Mama legt sich dagegen schon lieber gleich pro forma zu Bett, „um nicht zu nerven", die Gute, da kommen auch schon die ersten Gäste und es dauert nicht lange, da kommt auch Lisbeth, was ja so super wie nur was ist, weil, Lisbeth schockt wirklich, schon allein deswegen, weil es manchmal so scheint, als würde sie mich gar nicht mal scheiße finden, aber bei so was kann man sich ja auch täuschen. Lisbeth ist also auch da und Kuddel Popp dagegen nicht, zum Glück, dann kann ich ja heute wirklich mal vorfühlen, wie das nun ist mit ihr und mir.

Ich trinke mir so über den Abend Mut an und bin mir sicher: Heute geht was mit Lisbeth. Wie ich dann allerdings gerade wirklich kurz davor bin, so zwei Stunden später, da sehe ich sie mit irgendwem anders reden und schließlich quatscht sie den ganzen lieben langen Abend mit irgendwelchen Typen, die sie heute Abend das erste Mal sehen, und dann muss man das ja offensichtlich ausnutzen, wenn so ein nettes Mädchen einmal auf einer Party auftaucht, und dann braucht man ja auch nicht Rücksicht auf den Gastgeber zu nehmen, der auch gerne mal mit Lisbeth reden würde und sich nicht nur von ihr anlächeln oder auslachen, wahrscheinlich Letzteres, lassen möchte, nein, im Gegenteil, man sollte dem Gastgeber die Last abnehmen, sich auch noch mit Lisbeth beschäftigen zu müssen, und versuchen, die Kleine so schnell wie möglich aus dem Verkehr zu ziehen und abzuschleppen. Na klaro nur zu meinem Besten!

Ich kann mir nicht helfen und bin ein bisschen beleidigt und gehe lieber hoch in mein Zimmer, um mal auf klare Gedanken zu kommen. Vielleicht werde ich auch ein bisschen weinen, mal sehen. Als ich dann aber in meinem Zimmer stehe, da, so kennt man das ja aus den billigen amerikanischen High-School-Filmen, knutschen schon zwei in meinem Bett rum, als gäbe das morgen keine Betten und kein Geknutsche mehr. Keine Ahnung, ob Lisbeth da auch mit rumliegt. Ist mir auch schon fast egal. Klappt eh nicht mit mir und den Mädels.

Ich gehe also nach unten, stoße kurz mit Maik auf den HSV-Sieg von heute an – wenigstens was – und treffe schließlich Barny, der gerade damit beschäftigt ist, wie er mir versichert, sämtliche The-Smiths-Platten durchzustöbern und auch zu spielen, was gut zu meiner Stimmungslage passt und unter Umständen dafür verantwortlich ist, dass die Tanzfläche, also unser Esszimmer, wie leergefegt ist und stattdessen alle Leute in der Küche, im Wohnzimmer und im Flur herumstehen. Ich lege Barny meinen Arm um die Schulter und grinse ihn an. „Du, oben muss mal ein bisschen aufgeräumt werden. Ein paar Kids machen Ärger. Du hast nicht zufällig die Nummer von Kuddel Popp dabei?"

24. März 1990
HSV – FC St. Pauli 0:0

Heute ist der wichtigste Tag im Jahr. HSV spielt gegen St. Pauli. Nur dass wir vorher noch Schule haben, nervt, und ich rege mich mal wieder lang und breit darüber auf, dass ich nicht auf die Hauptschule gehe, weil, die haben samstags keinen Unterricht und können schön ausschlafen.

Kalle Peters kann heute ausschlafen und wird uns dann nach Hamburg fahren. Kalle ist einer der wenigen, die ich kenne, die schon ein Auto haben. Einen gelben Opel Kadett, den „gelben Blitz", wie er immer so schön sagt – Kalle Peters aus Hattstedt. Außerdem

kommen noch meine HSV-Kumpels Maik und Barny und dann auch noch Kojak mit. Kojak kenne ich aus der Disco. Er ist der einzige lebende Bayer-Leverkusen-Fan, den ich kenne. Kojak hat irgendwie etwas Geheimnisvolles. Nicht nur, weil er Bayer-Leverkusen-Fan ist, sondern auch, weil er in der Disko Dornbusch in Mildstedt bei Husum der Einzige ist, der immer Bockbier trinkt, was ich nicht so ganz verstehe, weil das ja schließlich überhaupt nicht schmeckt, aber Kojak sagt immer, wenn ich sage, dass ich das komisch finde, dass er das trinkt, dass das ja mehr als doppelt so doll knallt „wie die ganze andere Bierscheiße", von daher hat er da vielleicht nicht so ganz Unrecht und vielleicht probier ich das bald auch mal aus, Bockbier zu trinken. Kojak kommt also auch mit.

Aber erst mal ist für Barny und mich Schule angesagt und in der letzten Stunde im Deutsch-Grundkurs bei Herrn Asmussen sind wir schon so Fußball-fickerig, dass wir unser extra bemaltes Bettlaken hinten im Raum gut sichtbar aufgehängt haben und drauf steht in riesigen Buchstaben: „SCHEIß ST. PAULI!"

Wie Herr Asmussen so reinkommt, da guckt er gleich nach hinten und runzelt die Stirn, und wir grinsen und sind ganz gespannt, was er da nun wieder zu sagen will und zu meckern hat. Aber er bleibt ganz entspannt, ist ja schließlich gleich Wochenende und meint nur: „Leute, Leute, Leute! In der Großschreibung gibt es doch gar

kein „ß". Wenn ihr groß schreibt, müsst ihr „SCHEIß" also mit Doppel-S, also „SCHEISS" schreiben. Das würde ich vor heute Nachmittag aber lieber noch korrigieren, Jungs, sonst blamiert ihr euch ja."

Wir fühlen uns ein bisschen verarscht, gucken betroffen erst zum Bettlaken und dann nach vorne und dann aus dem Fenster und versichern Herrn Asmussen, dass wir das spätestens vor dem Stadion noch beheben werden – schließlich wollen wir uns ja nicht blamieren – und dann ist die Stunde auch schon fast vorbei, nachdem Barny und ich für die letzte Reihe noch schnell eine Bundesliga-Tippspielrunde organisiert haben. Und ganz unten hat Barny noch draufgeschrieben: „Wer für St. Pauli tippt, kriegt eins in die Fresse. Von Herrn Asmussen!" Und wir lachen und Herr Asmussen guckt böse nach hinten und wir gucken betroffen aus dem Fenster und lachen leise in uns hinein. Heute spielt HSV gegen St. Pauli und wir fahren da hin und trinken Bier und überhaupt: Das Leben kann so super sein!

Nach der Deutschstunde reißt Barny zügig unser Bettlaken von der Wand und schnell geht's nach draußen zum Parkplatz, wo Kalle Peters, Maik und Kojak schon auf uns warten. Die drei haben – na klaro – erst schön ausgeschlafen und sind dann schön gemütlich – wie Kalle meint – „nach Aldi hin" und haben zwei Paletten Karlsquell-Dosen geholt. Für jeden macht das eine halbe Palette, also zwölf Dosen. Das sollte reichen. Erst mal. Kalle Peters, Maik und Kojak begrüßen uns mit offenem Kofferraum und lauter HSV-Musik, während um uns herum verstörte Sextaner von ihren Eltern in deren Mittel- und Oberklasse-Autos abgeholt werden und beim Anblick des gelben Blitzes große Augen machen. Maik prostet erst den vorbeilaufenden Kindern und dann uns schon von Weitem mit einem Bier in der Hand zu: „Hier regiert der HSV!", schallt er über den Schulparkplatz. Und mir ist das fast ein wenig peinlich, während Barny lautstark entgegnet: „Die Scheiße kommt vom Millerntor, du dei, du dei, die Scheiße kommt vom Millerntor, du dei, du dei dey!"

Wir sind mit Abstand die asigsten Typen bei uns am Gymnasium, so viel steht schon mal fest. Aber es ist ja Wochenende und HSV spielt. Was erwarten die Leute von einem eigentlich immer, wie man sich als Gymnasiast zu benehmen hat? Und überhaupt: Ob irgendwer von denen, die uns jetzt gerade schief angucken, heut Nachmittag was Besseres als HSV vorhat? Ganz sicher nicht!

Wir fahren also mit dem gelben Blitz und Tempo 110 über die A23 nach Hamburg hin, was Kalle offenbar reichlich peinlich zu sein scheint. „Mehr gibt der gelbe Blitz im Moment nicht her, Jungs! Aber was beschwert ihr euch? Da habt ihr wenigstens mehr Zeit zum Saufen!"

Wir sind weit davon entfernt, uns zu beschweren. Wir trinken Bier, reden über Weiber und Fußball, grölen rum und rülpsen und lachen und hören die Smiths, auf die wir uns immer alle einigen können, bis auf Kalle Peters, der die ganze Zeit darauf drängt, „Pump ab das Bier" zu hören, aber Kalle trinkt heute nicht und muss fahren – den „gelben Blitz" – und hat entsprechend nichts zu melden. Was wir begrüßen.

Alles ist also 1a. Bis das Spiel anfängt. Das endet – genauso wie das auch schon beschissene Hinspiel – 0:0 und ist so was von langweilig, außer dass am Anfang in der Westkurve eine St.-Pauli-Mütze auf einem Kunststoff-Lautsprecher verbrannt wird und der Lautsprecher das ganze müde Spiel über vor sich hin kokelt. Und während Holger Ballwanz, Armin Eck und Detlev Dammeier sich in armseligem Kleinklein gegen Fußballgrößen wie Dieter Schlindwein, Michael Dahms und Klaus Ottens verlieren, merkt Kojak in der ihm eigenen Seelen- oder besser Bierruhe an: „Ich will ja nicht nerven, Freunde, aber dieser Qualm ist nicht gerade gesundheitsfördernd."

Wir bedanken uns hustend bei Kojak für den freundlichen Ratschlag und der Kunststofflautsprecher schmilzt weiter langsam vor sich hin und qualmt minutenlang die gesamte HSV-Kurve mit giftigen Gasen voll. Der Qualm beißt dermaßen in den Augen, dass sich sogar die Nazideppen, die sich im unteren Teil von Block E leider Gottes immer wieder zusammenrotten, aus der Kurve verziehen. Kojak guckt denen hinterher und strahlt: „Ich meine, gesundheitsschädigend hin oder her, aber, Leute, wenn sich die Hohlköppe hier deswegen jedes Mal verpissen, sollten wir schon mal überlegen, wer beim nächsten Spiel eine St.-Pauli-Mütze zum Verbrennen organisiert…"

Nach dem Spiel wartet dann der eigentliche Höhepunkt des Tages, und für uns geht es fix in die Wohnung von Barnys Onkel auf der Sternschanze. Der ist übers Wochenende verreist und von der Weidenallee ist die Richtung für uns so was von klar: Reeperbahn! Zum ersten Mal richtig „drauflos auf die Großstadt-Weibers!", wie Kalle anmerkt, Kalle Peters aus Hattstedt.

Auf der Sexmeile angekommen gucken wir Jungs vom Dorf hier und gucken da und kriegen richtige Stielaugen, besonders Kalle, der mal wieder voll den Durchblick hat und vorschlägt: „Ich würde sagen, wir trennen uns. Da haben wir bessere Chancen bei den Frauen!"

In Wirklichkeit will er bloß noch mal und noch mal und noch mal durch die Herbertstraße laufen und sich die „hübschen Dingers" angucken, die uns fast völlig den Verstand rauben. Kalle meint beim ersten Durchgang dann auch: „Ich glaube, die haben was Besseres verdient, als hier in den Schaufenstern herumzusitzen." Und mit „was Besseres" meint er offenbar sich selber und geht an jedes Fenster ran und stellt sich vor und kommt ins Plaudern – „Moin Moin, Kalle Peters mein Name…" –, während wir im Hintergrund bleiben und genug damit zu tun haben, auf den Boden zu gucken und nicht Gefahr zu laufen, mit jemandem von den Mädchen ins Gespräch kommen zu müssen. Kalle stoppt uns immer wieder mit einem lauten „Wartet mal kurz, Jungs", und wir warten und gucken auf den Boden.

Bei jedem Fenster die gleiche Prozedur. Darum wohl auch dieser Vorschlag: Kalle will sich den Abend nicht von solch verschüchterten Spaßbremsen wie uns verderben lassen. Und während Kalle und Kojak sich zusammentun, um alleine ihres Weges zu gehen, machen Barny und Maik und ich erst einmal Station bei der Esso-Tankstelle und geben einen Großteil unseres Restgeldes für Dosenbier aus, weil, wir waren ja so schlau und haben unsere Karlsquell-Paletten in der Wohnung auf der Sternschanze gelassen, weil wir dachten, wir kommen ja noch mal wieder und dann muss man nicht so viel schleppen und es ist ja das reinste Glück, dass wir so schlau sind.

Wie wir später so über die Reeperbahn bummeln, da sprechen uns allerhand Türsteher an, von wegen: „Hier gibt's gleich 'ne richtig schöne kleine Fick-Show!" oder „Na, Jungs, wollt ihr mal lecker bei die Mädchen bei?" oder, noch besser, „Der Schäferhund hat zwar heute frei, aber zur Sache geht das hier trotzdem, Jungs! Das schwör ich euch!" Da bleiben wir drei – na klaro – dann doch mal kurz stehen.

„Schäferhund? Was macht der denn so?", fragt Maik und dieser Schmierlappen von Türsteher nimmt seine rechte Hand und spreizt Zeigefinger und Mittelfinger zu einem V und leckt mit seiner Zunge

SCHÄFER-
HUND =
HAT HEUTE FREI

zwischen den beiden Finger rum, bis wir uns umdrehen und dann doch lieber weitergehen.

Während wir so gehen, sagt keiner ein Wort. Nach zehn Minuten nachdenklichen Schlenderns meint Barny: „Eine Nachbarin von uns hatte auch mal einen Schäferhund."

Vor der Davidwache treffen wir Kalle und Kojak wieder, wie sie gerade ihre Köpfe ineinanderstecken, so als würden sie was ausbaldowern. Wir erschrecken sie ein bisschen und ich frage: „Was steckt ihr zwei denn so eure Köpfe zusammen, als würdet ihr was ausbaldowern?"

Die beiden machen zwar große Augen, freuen sich dann offenbar aber doch, uns zu sehen: „Moin Männer! Sagt mal, wie viel Kohle habt ihr noch?"

Wir leeren unsere Taschen und zeigen alles, was wir haben. Ich hab noch 5 Mark 30, Maik noch 7 Mark und Barny fummelt tatsächlich noch einen Blauen und etwas Kleingeld raus: 11 Mark 70. Wofür das auch immer sein soll, was auch immer Kalle nun schon wieder vorhat. Der schlägt die Hände über dem Kopf zusammen. „Seid ihr wahnsinnig!? Warum habt ihr denn kein Geld mehr?"

Wir erklären ihm die Sache mit dem Dosenbier und entschuldigen uns. Jetzt kramen auch Kalle und Kojak in ihren Taschen. Kalle hat noch 5 Mark und Kojak 4 Mark 10.

„So, nun mal alles Geld zu mir hier!" Kalle regelt das jetzt. Kalle Peters aus Hattstedt. Er zählt und zählt und zählt und verzählt sich ein- oder zweimal und dann sagt er schließlich: „Das sind hier round about 30 Flocken. Das muss doch möglich sein, hier heute für 30 Flocken noch zu ficken!"

Und plötzlich sind auch wir putzmunter, denn auf einen Schlag ist uns ist sonnenklar, einer von uns wird heute noch ficken! Und wir sehen uns erleichtert an und lachen und geben uns ‚Fünf' und umarmen uns. Heute Abend gilt's! Kalle übernimmt – na klaro – die Rolle des Wahlleiters: „So, ich hab hier ein paar Streichhölzer, und wer den ohne Kopf zieht, der darf heute Nacht direkt in den Liebeshimmel fliegen."

Barny drängelt sich vor und zieht zuerst: „Niete, Scheiße!"

Dann bin ich dran, während Barny nicht müde wird, vor lauter Enttäuschung theatralisch die Hände vors Gesicht zu schlagen.

„Niete."

Und ich atme ein bisschen auf, weil, ich hab noch nie gefickt und nun gleich mit einer Nutte durchstarten? Ich weiß ja nicht, ob das so das Richtige gewesen wäre.

Dann ist Maik dran und der verzichtet von vorneherein und sagt: „Nee, ohne mich."

So viel Schneid hätte ich ja auch gern gehabt, so ehrlich zu sein und zu den eigenen Bedenken zu stehen, obwohl, vielleicht auch nicht, weil nun nämlich Kalle erst mal Pause vom Streichholzziehen macht, um besonders Maik, aber auch Barny und mir eine gehörige Moralpredigt zu halten: „Sagt mal, seid ihr bescheuert? Ihr könnt hier heute mal so richtig schön ficken und alles, was ihr macht, ist Dosenbiertrinken und von Schäferhunden erzählen und dann den Schwanz einziehen? Leute, wir sind hier nicht auf einem Kindergeburtstag!"

Dann geht das weiter mit der Verlosung und wir alle gucken betroffen zu Boden, so ein bisschen nach dem Motto „Eigentlich hast du ja recht, Chef!". Kojak zieht auch eine Niete und dann öffnet Kalle seine Hand, da ist das Streichholz ohne Kopf. Wenn das kein Grund zum Feiern ist: „Geht ihr man schon nach Hause und trinkt euer Dosenbier, ihr Babys! Ich komme später nach!"

So trotten wir zurück Richtung Sternschanze. Eine halbe Stunde später kommen wir bei Barnys Onkel in der Wohnung an und hungrig wie die Räuber wollen wir uns über die essbaren Vorräte hermachen, wenn doch nur nicht die einzigen Vorräte ein paar Topjes – so Aldi-Erdnüsse mit Schokolade drum – wären, die wir uns hastig reindrücken. Unmut macht sich bei uns breit. „Wenn Kalle nicht unser ganzes Geld verfickt hätte, dann könnten wir uns auch noch was zu essen leisten", sagt Barny. Aus lauter Trauer trinken wir Bier, bis die Paletten alle sind. „Bloß schlafen jetzt, sonst flipp ich noch aus hier." Das war Maik. Dann klopft's an der Tür.

Kalle ist wieder da. Lächelnd kommt er rein und breitet seine Arme aus: „Hi Fans!" Er legt sich neben mich auf das einzige Bett und singt: „Eine Mark für Charly, denn Charly kann nicht zahlen. Wieder einmal Ebbe in seinem Portemonnaie!"

Versonnen fängt er an, meinen Kopf zu streicheln. „Leute, Leute, Leute. Die Kleine hatte Sachen drauf, da träumt ihr von!"

Ich hab die Schnauze gestrichen voll und außerdem Hunger und will auch nicht von Kalle gestreichelt werden.

„Kalle, halt die Schnauze! Du stinkst nach Nutte!"

Den stört das wenig: „Jungs, ich will hier nicht lange rumeiern. Nuttengestank hin oder her. Wir müssen wieder losen. Wir haben nämlich nur ein Bett!"

Also wird wieder gelost und man kann sich denken, wer das große Los zieht…

Kalle reckt kurz den Arm und spreizt seine Finger zum Victory-Zeichen, macht mit seiner Zunge noch eindeutige Anspielungen, legt sich ins Bett und schläft nur ein paar Minuten später selig ein. Wenn überhaupt irgendwann einmal Kalles Tag war, dann ja wohl heute. Und wir legen uns auf den Boden, in unsere Schlafsäcke rein und denken an HSV und Mädchen und was Anständiges zu essen und dass wir nächstes Mal sehen, wie wir anders nach Hamburg kommen, ohne Kalle Peters, aus Hattstedt.

9. März 1991
VfL Bochum – HSV 0:1

Es steht eine Erdkunde-Leistungs-kurs-Klausur auf dem Plan und ich habe überhaupt gar keine Ahnung, was ich drei lange Stunden über den „Ost-West-Konflikt" schreiben soll. Ich wäre wohl eher in der Lage, über einen Konflikt zwischen Ost- und Westkurve im Volksparkstadion beim Spiel St. Pauli gegen HSV zu berichten.

Wenn mal eines klar ist, dann das hier: Eine Stunde und keine Sekunde länger, dann gebe ich auf und ab. Das muss ganz einfach reichen für eine Klausur am Samstagmorgen und das bisschen, was ich zu dem Thema in der Rübe habe. Mein Zug nach Bochum fährt schließlich schon um neun Uhr und die Klausur fängt um 7:50 Uhr an. Bleiben also höchstens sechzig Minuten, wenn ich rechtzeitig beim Bahnhof sein und beim Kiosk auch noch ein paar Bier kaufen will.

Ich will jetzt endlich nicht nur zu Hause, sondern auch auswärts immer dabei sein, wenn HSV spielt, genauso wie das die ganz harten HSV-Rocker tun, und es ist allerhöchste Eisenbahn, damit anzufangen, finde ich. Seit Thomas Doll nicht mehr bei Dynamo Ost-Berlin, sondern beim HSV spielt, schockt das nicht nur auf der Tribüne, sondern auch sportlich endlich mal richtig und, mal ganz ehrlich, hat doch auch was mit Ost-West-Konflikt zu tun, hier heute. Doll aus dem Osten mit Hamburg tief im Westen, beim VfL Bochum. Na, wenn das nicht genügend Konfliktpotenzial hat! Vor allem, wenn Mama wüsste, dass ich die Erdkunde-Klausur im Vorbeigehen schreibe, und Papa spitzbekäme, dass saufende, rülpsende und grölende HSV-Horden – zumindest ich – seine geliebte Deutsche Bundesbahn – zumindest ein kleines bisschen – auseinandernehmen.

Ich schaffe es in knapp fünfzig Minuten, meinen kompletten Ost-West-Konflikt-Spickzettel in mein Klausurheft zu übertragen und jetzt bleib mir nur zu hoffen, dass die Fragen auch zu meinen Antworten passen. Sonst wäre die ganze Mühe ja auch noch umsonst gewesen.

Im Zug setze ich mich gleich so hin, dass alle, aber auch wirklich alle, die HSV-Fans sind und nach Bochum fahren, mich sofort sehen und sich zu mir setzen und mit mir einige Stunden nur über HSV sprechen können. Würde mich ja freuen, so alleine wie ich heute bin. Barny und Maik haben nämlich Besseres vor, meinen sie. Pah! Ich mache eine Dose Holsten auf und stärke mich mit den Broten, die Mama mir heute mit zur Schule gegeben hat: „Damit du während der drei Stunden Klausur gut versorgt bist, Bursche!" Bursche. Das sagt Mama immer, wenn sie zeigen möchte, dass sie mich lieb hat. Jetzt denke ich gerade daran und, typisch Mama, da habe ich doch gleich wieder ein schlechtes Gewissen. Nur weil ich zum Fußball fahre, statt im Klausurraum zu sitzen und meine Erdkunde-Klausur zu schreiben!

Nach fünf Stunden komme ich in Bochum an und mein Bier ist alle. Es hat sich niemand zu mir gesetzt, also hab ich mich darauf konzentriert, mein Dosenbier auszutrinken und mir mal Gedanken zu machen, welche Mädchen auf der Theodor-Storm-Schule neben Lisbeth – na klaro – eigentlich die hübschesten sind. Da bleibt bei dem ganzen Stress ja sonst eher keine Zeit für. Für den Fall, dass mich mal jemand fragt, wer die hübschesten Mädchen auf der Schule sind, habe ich zumindest, was das angeht, dann mal eine schnelle und gute Antwort parat, auch ohne Spickzettel.

Ich bummele ein bisschen durch den Bahnhofsbereich und jedes Mal, wenn ich HSV-Fans sehe, dann könnte ich fast verrückt werden vor Freude, weil, ich gehöre ja jetzt auch dazu und bin fern der Heimat dabei, HSV anzufeuern. Am Bahnhofskiosk kaufe ich mir gleich noch zwei weitere Biere, weil, „wir sind ja schließlich nicht zum Spaß hier". Das sagt Kalle Peters gerne, wenn er nach den Spielen mit der Hattstedter A-Jugend eine Büchse Bier aus der Sporttasche holt und sich erst mal erfrischt, auch wenn er die gesamten neunzig Minuten auf der Ersatzbank verbracht hat und eigentlich nicht der ist, der die Riesenerfrischung nötig hätte. Und eigentlich hat Kalle recht, denn von Spaß kann hier so alleine keine Rede sein. Es ist langweilig und wird Zeit, dass ich zum Ruhrstadion komme. Bochum ist keine Stadt, in die man reisen müsste, wenn nicht HSV hier spielen würde. Sag ich jetzt mal so, nachdem ich ja immerhin schon den Bahnhofsbereich ziemlich gut kennengelernt hab.

Im Stadion angekommen, kaufe ich mir gleich noch ein Bier und gehe auf die Stehtribüne hinter dem Tor, wo, wie ich finde, wahnsinnig viele HSV-Fans stehen, und ich trinke Bier und mache Fotos, Fotos, Fotos und spätestens, als die Mannschaft zum Warmmachen aufläuft, da kipp ich fast um, weil, allerspätestens jetzt gehören wir alle so richtig zusammen: Wir HSV-Fans und die Mannschaft. Ein super Gefühl und wir rufen „HSV! HSV!" Und die Spieler winken uns zu. Einfach super!

HSV-Mittelfeldspieler Armin Eck schießt in der ersten Halbzeit das 1:0 für uns. Einen Freistoß knackt er einfach an der Mauer vorbei flach rein ins Eck, wie sein Name das schon sagt, und das ganze übrige Spiel über kontert HSV brandgefährlich und eigentlich müsste das längst 5:0 stehen und in der letzten Minute noch mal Ecke für Bochum und Schuss und was für ein Glück, HSV-Torwart Richard Golz hält und Abpfiff und „Juchhu!": HSV hat 1:0 gewonnen.

Wieder kommt die Mannschaft in die Kurve, die hier eigentlich gar keine Kurve ist, um sich bei uns Fans für die super Unterstützung zu bedanken, und ich stehe am Zaun und gebe allen Spielern die Hand. Yeah! Es wird noch ein bisschen „HSV! HSV!" gerufen und die Spieler winken noch mal und dann verpieseln sie sich auch schon wieder und ich flitze aus dem Stadion raus, weil ich denke, ich muss ja auch bald mal wieder nach Hause und es kann ja nicht schaden, wenn ich rechtzeitig beim Bahnhof bin.

Draußen vor dem Stadion, da prügeln sich allerdings die Hooligans vom HSV mit den Hooligans aus Bochum und ich finde das ziemlich cool und hart. Ich hab mich noch nie geprügelt, weil ich ja immer denke, dass das ein bisschen weh tut, wenn man so Schläge auf die Fresse kriegt, aber Zugucken schockt dann doch, obwohl, irgendwie laufen die nur hin und her und treten sich mit den Füßen, fast so wie die Mädchen früher in der Grundschule auf Nordstrand beim Räuber-und-Gendarm-Spielen. Die haben uns Jungen, wenn wir denen an den Hintern gegangen waren, immer verfolgt und uns reichlich Arschtritte verpasst. Junge, Junge, mit denen war damals nicht zu spaßen und allein beim Gedanken daran brennt mir heute noch die Kimme! Für die wäre das hier ja auch fast noch was, denke ich, und will gerade in Richtung Bahnhof losdüsen, da höre ich Gejubel und „HSV! HSV!"-Rufe aus dem Stadion.

Ich gehe die Treppen zum Auswärtsblock noch einmal hoch und sehe auf dem Rasen, wie auch immer die da raufgekommen sind, um und bei zwanzig HSV-Fans feiern, und ich reibe mir die Augen und kann erkennen, dass doch tatsächlich auch die HSV-Spieler da unten auf dem Rasen sind, statt in der Kabine auf den Auswärtssieg anzustoßen und sich von Hermann Rieger massieren zu lassen. Schnell renne ich die Treppen vom Auswärtsblock runter und ein Ordner ist so nett, mir das Tor zum Rasen aufzumachen, und ich also rauf auf den Rasen

Ich und Super-Richie!

73

und so was von gerannt und da hab ich gleich Richard Golz umarmt und ihm, wie man das so macht, erst mal gratuliert: „Richie! Super gehalten!" Und dann bin ich zu Doll hin und hab auch ihm, wie man das so macht, gratuliert: „Dolli! Super gespielt!" Und so weiter. Wir machen die Welle und die Fans singen und die Spieler, die sich ja eigentlich ein bisschen auslaufen sollen, damit die morgen nicht mit Muskelkater aufwachen, die sitzen auf ihren vier Buchstaben und schütteln ein bisschen die Beine aus und freuen sich, dass wir so schön für sie singen. HSV ist einfach spitze!

Die ganze liebe lange Rückfahrt nach Husum gucke ich aus dem Fenster und denke darüber nach, wie super es wäre, wenn HSV doch bloß einen UEFA-Cup-Platz erreichen würde, und ich studiere den Bundesliga-Spielplan und mache schon wieder Pläne. HSV spielt Freitag in zwei Wochen in Mönchengladbach. Ein Glück, dass am Samstag darauf keine Schule ist, das wäre nämlich verdammt knapp geworden, mit dem Rechtzeitig-zum-Unterrichtsbeginn-Nachhause-kommen.

2. Oktober 1991
Gornik Zabrze – HSV 1:1

Wie kann man besser in den ersten Jahrestag der Deutschen Einheit reinfeiern, als schön mit einer HSV-Reisegruppe im proppenvollen Bus zum Erstrundenauswärts-spiel im UEFA-Cup zu fahren?

Morgens ist noch Schule, aber nur kurz, schließlich muss ich zuse-hen, dass ich rechtzeitig abends in Hamburg beim Zentralen Omni-busbahnhof bin, von wo der Bus fahren soll. Ich hab nach der erfolg-reichen letzten Saison die ganze Sommerpause davon geträumt, mit HSV nach Mailand, Madrid oder wenigstens Amsterdam oder so zu fahren, bis die Spiele ausgelost wurden und uns der Hammergegner schlechthin zugelost wurde, Gornik Zabrze, und jetzt ist es so weit, auf nach Polen! Ich kann den Gegner zwar nicht mal buchstabieren und schon gar nicht weiß ich, wo dieses Zabrze genau liegt, was ich aber weiß, ist, dass ich beim ersten HSV-Europapokalauswärtsspiel dabei bin und somit dazu gehöre. Im Bus sitzen „nur die ganz Guten“, wie hinter mir einer zum anderen sagt, und ich mache große Augen und denke stolz: Alter Knabe, du hast es endgültig geschafft. In dem Moment tickt mir der eine auf die Schulter.

„Ey, Alder, dich habe ich noch nie gesehen. Wo kommst du überhaupt her?“

Na klasse! Ich habe zwar seit Bochum viele Auswärtsspiele besucht, aber meistens sind Barny und ich ja doch eher alleine gefahren, mit dem Zug na klaro, weil Papa ja immer noch bei der Bahn und das natürlich mehr als bequem und günstig für mich ist, während Barny von seinen „Alten genug Kohle hinten reingeblasen“ kriegt und ihm die Bahnwucherpreise nichts ausmachen.

Zum Glück fällt mir schnell was ein: „Och, ich bin immer dabei. Ich hab dich aber auch noch nicht gesehen.“ Was – na klaro – stimmt, weil, von „immer dabei“ kann ja nun auch nicht so richtig die Rede sein und tatsächlich lässt der hinter mir nicht locker und nörgelt weiter rum: „Ich glaube, ich habe dich echt noch nie gesehen, bist du überhaupt schon mal auswärts gefahren?“

Und wie ich so langsam ins Schwitzen komme, schließlich will ich mir hier nicht gleich meinen Ruf, zu den „ganz Guten“ dazuzugehören, wieder verderben, da tickt es bei dem Typen auf der Schulter und irgendwer verpasst dem eine kräftige Bierdusche, und wie ich noch so überlege, ob der mich gleich wieder anspricht, da flimmert vorne beim Busfahrer auch schon ein Pornofilm über den Bildschirm, was der Typ hinter mir sieht, und schon ruft er laut durch den ganzen Bus: „Ey, Alder, geil! Da läuft 'n Porno!“

Stunden später wird im Fernsehen immer noch gehühnert, und während die Hälfte der „ganz Guten“ schon am Einnicken ist, starrt mein Hintermann immer noch auf den Bildschirm, trinkt immer noch Bier und singt zwischendurch immer mal wieder Lieder der Kategorie „Eine kleine Nymphomanin FIECKEN! Eine kleine geile Sau! SAU! Das ist alles, was wir brauchen: FIECKEN, SAUFEN, HA ES VAU!“. Das Lied wird mit der Melodie von „Eisgekühlter Bommerlunder“ von den Toten Hosen beherzt vorgetragen und sofort, wenn mein Kollege von hinten das anstimmt, sind mindestens zehn andere

Fans, so müde sie auch sein mögen, gleich dabei. Das nenne ich Zusammenhalt.

Barny und ich halten auch zusammen und hören uns die versauten Lieder ganz genau an, nur bei einigen anderen hören wir lieber weg, zumindest ich, denn Barny strahlt über beide Backen. Bei uns an der Schule kann man nämlich gut damit angeben, wenn man versaute Lieder kennt und damit zeigt, dass man in echt ein voll harter Knochen ist und nicht so ein Weichspüler wie die anderen Gymnasiasten, die sich lieber mit Büchern, Musik, Mädchen oder, noch schlimmer, neuerdings mit St. Pauli beschäftigen, weil das ja ach so angesagt ist, Abstieg in die zweite Liga hin oder her.

Da HSV im Hinspiel nur ein 1:1 geschafft hat, reicht heute noch nicht einmal ein 0:0, wir müssen also gewinnen und so sind wir, als wir Zabrze endlich erreichen, erst einmal schrecklich nervös, unter anderem auch, weil die Mopo und die Bild gestern geschrieben haben, dass das Spiel restlos ausverkauft sei und auf gar keinen Fall ohne Karten nach Polen gefahren werden soll und wir so ganz nebenbei keine Karten haben, weil der Typ, der den Bus organisiert hat, uns damals versicherte: „Karten gibt das in Zabrze am Stadion noch SATT, nun macht euch man nicht ins Hemd."

Und tatsächlich, kaum steigen wir aus dem Bus, kriegen wir auch schon Eintrittskarten angeboten und freuen uns über den Spottpreis von nur zehn Mark pro Karte und schlagen sofort zu. „Ha! Was sind das hier bloß für Idioten!" Barny jubelt laut und klatscht mit mir ab. „Da haben wir ja noch genug Geld für Bier und so einen Schnickschnack über." Wir strahlen über beide Backen – so kann's weitergehen – und wir glauben fest an einen HSV-Sieg und an leckeres Bier und so zuckeln wir los.

Nach ein paar Minuten finden wir eine Kneipe und schnell merken wir, woher der Wind weht, kostet das Bier hier doch umgerechnet nur ein paar lausige Pfennige und – wann, wenn nicht hier und jetzt – so schmeißen wir grundanständig eine Lokalrunde. Das hab ich mir schon immer mal gewünscht, auf dicke Hose machen und mit den Dollars und den Lokalrunden nur so um mich schmeißen. So eine kostet uns umgerechnet weniger als eine Mark, weil, was gut ist, in der Kneipe sind nur sieben HSV-Fans drin. Sonst niemand. Beim zweiten Bier, das wir natürlich nicht mehr per Lokalrunde ausgeben, schließlich sind jetzt schon ein paar mehr Fans angekommen und wir sind ja nun auch nicht Krösus, treffen wir einen enorm dicken HSV-Fan, den wir vom Sehen aus unserem Bus kennen. Ihm erzählen wir von unserem Glück mit der Eintrittkarte für zehn Schleifen, worauf er seine Hände über dem Kopf zusammenschlägt. „Seid ihr total bescheuert? Die Karten kosten hier an jeder Ecke zwei Mark, höchstens!"

Im Stadion angekommen, kann von „ausverkauftem Haus" tatsächlich nicht die Rede sein. Höchstens zur Hälfte ist die Bruchbude gefüllt und wir hätten die Tickets bestimmt auch ganz umsonst kriegen können, aber – immerhin – sportlich läuft es rund und HSV macht kurzen Prozess und gewinnt 3:0 und, mal ganz ehrlich, nachdem Thomas von Heesen sein zweites Tor gemacht hat und das Ding eingetütet ist, da denke ich schon ein bisschen, wie ich so durch das halbleere Etwas gucke: So richtig wie der Europapokal, den ich bislang immer nur im Fernsehen gesehen habe, sieht das hier nun wirklich nicht aus. Und dafür bangt man nun eine Saison lang um die UEFA-Cup-Teilnahme…

Auf der Rückfahrt ist die ganze Bande, nach kurzem Unanständige-Lieder-Gesinge, nur am Pennen, während nebenbei, obwohl keiner draufguckt, wieder der Pornofilm läuft, den ich schon von der Hinfahrt in- und auswendig kenne. Am Grenzübergang halten wir ewig, weil irgendeiner im Halbschlaf irgendwelche Beleidigungen gegen die Grenzbeamten abgelassen hat, und als wir endlich in Hamburg ankommen, da verpassen wir wegen der Verzögerung an der Grenze unseren Anschlusszug nach Husum.

Wir sitzen also müde am Bahnhof Altona rum und ich komme so ein bisschen ins Träumen. Schade, dass wir heute Wiedervereinigungstag und keine Schule haben. An der Theodor-Storm-Schule wäre ich heute ja wohl so was von der King gewesen, wenn ich in der Pause mal meine ganzen Geschichten vom Stapel gelassen hätte, wie ich einen Pornofilm eingeschmissen, ein Ticket für umsonst ergattert, unanständige Lieder gesungen und noch reichlich Ärger mit

den Grenzbeamten angezettelt hab. Na ja. Ich rufe nachher mal bei
Maik an, den interessiert das bestimmt. Und was die Schule angeht:
Morgen ist auch noch ein Tag!

22. März 1992
TSV Goldebek – TSV Nordstrand 1:3

In der Zeit zwischen schriftlichen und mündlichen Abiturprüfungen
läuft an der Schule wenig bis gar nichts und so haben wir eine Menge
Zeit, Blödsinn zu machen, also haben Barny und ich uns mal vorgenommen, auf lokaler Ebene ein kleines bisschen Fußballkrawalle
zu machen und Hooligans zu spielen. Beim TSV Nordstrand in der
Kreisklasse Nordfriesland Süd B, also wirklich ganz unten, da geht's
besonders gut, auch wenn das manchmal etwas anstrengend ist, sich
sonntagmorgens um halb elf aus dem Bett zu prügeln, nur um auf
irgendeinem Rübenacker irgendwelchen Stolperfritzen beim Gera-
deauslaufen zuzugucken und rumzurandalieren.

Aber der Aufwand lohnt sich meistens doch, schon allein, weil die
Spieler immer alle ein ziemlich superes Gesicht machen, wenn sie
uns Chaoten sehen, und wir wieder tolle Versuche mit Kaliumper-
manganat, oder wie das Zeug heißt, machen. Ich bin ja kein Physiker,
was ich aber dank Barny weiß, ist, dass das Pulver aus der Apotheke
für schöne Rauchbomben genau das Richtige ist.

Heute spielt der TSV in irgend so einem Kuhdorf namens Goldebek und wir haben es doch tatsächlich geschafft, knapp dreißig
Freunde auf die Beine zu stellen, die pünktlich zur Frühstückszeit alle
voll bis Oberkante Unterlippe sind. Wir geben uns zu allem Überfluss
auch noch Tarnnamen, genauso wie das die richtigen Hooligans in
diesem Hooligan-Fachblatt „Fan-Treff" immer tun, wahrscheinlich,
um nach ihren angeblichen Schandtaten nicht von der Polizei hops-
genommen werden zu können. Barny ist „Snake", Maik „Zimbo, die
Wurst" und ich bin „Beppo Brehm".

Wir unterstützen das Team, indem wir die gesamte Spieldauer
über alles, was wir von Silvester noch über haben oder anderweitig
ergattern oder basteln konnten, abfackeln: Rauchbomben, China-

böller, Heuler, Knallfrösche, Piepmanscher, Knallerbsen – das ganze Programm halt, bis der Platz, der irgendwo am Arsch der Heide liegt, fast völlig in den Nebelschwaden verschwindet und TSV-Kapitän Ralle vom Schiedsrichter ermahnt wird, uns „Fans" zu beruhigen, und er baut sich tatsächlich vor uns auf und fleht professionell: „Jungs! Begeisterung ja, Randale nein!"

Wie geil ist das denn hier bitte?

In der Halbzeitpause des Spiels marschieren wir rauchbombenzündenderweise durch das verschlafene Nest, das eigentlich nur aus sagen wir mal zehn Bauernhöfen, einer Bushaltestelle – in der die Dorfjugend auf ihren Puch-Mofas sitzt und hofft, dass was passiert, und ziemlich sparsam aus der Edwin-Jeans guckt, als sie uns sieht –, vier normalen Häusern, einem abgelegenen Sportplatz, einer Dorfstraße und einem Dorfkrug besteht, und vor genau diesem Dorfkrug blasen sich gerade zirka dreißig Jäger schön einen zurecht, und in deren Mitte liegen um und bei fünfzig tote Füchse. Der Kenner merkt also gleich: Die kommen von der Fuchsjagd.

Gerade als wir vorbeikommen, da hält so ein Jägeroberschlaumeier auf Plattdeutsch eine Rede, die wir mir nichts dir nichts unterbrechen, indem wir, so laut wir können, singen: „Fuchs, du hast die Gans gestohlen, gib sie wieder her, gib sie wieder her, sonst wird dich der Jäger holen mit dem Schießgeweheher, sonst wird dich der Jäger holen, mit dem Schießgewehr!"

Wir lachen uns halb schlapp und gerade, als einer von uns eine erneute Rauchbombe zünden will, „damit die Jägers mal sehen, was wir so drauf haben", laden zwei oder drei der „Jägers" ihre Flinte durch und richten ihre Knarren auf uns.

Wir heben alle unsere Hände hoch, so wie im Wilden Westen, wenn die Räuber vom Sheriff gefangen genommen werden, oder wie, wenn der Sheriff von den Räubern gefangen genommen wird, je nachdem, wie die Schose eben ausgeht und was für ein guter Sheriff das ist.

Mit den Händen oben verlassen wir im Rückwärtsgang den Dorfkrug-Parkplatz. Snake, also Barny, versucht, die Lage zu entspannen: „Schön cool bleiben, Jungs! Schön cool bleiben!"

Gott sei Dank, wir kommen lebend und klein mit Hut vom Parkplatz, und als Barny an einer in der Nähe des Sportplatzes geparkten Karre einen Jagdaufkleber sieht, da weiß er doch gleich, wo er seine Blase erleichtern kann: „Rache ist Blutwurst, Leute! Rache ist Blutwurst!"

Wir anderen gehen schon mal weiter, weil schließlich, die zweite Halbzeit müsste längst angefangen haben.

Immer noch führt Goldebek mit 1:0 gegen „Unsere", was Mama immer sagt, wenn sie von HSV oder dem TSV Nordstrand spricht. Mama. Ich habe jetzt echt kein Bock auf schlechtes Gewissen, und zum Glück begrüßt uns unser Torwart, der nicht gerade das ist, was man eine Leuchte oder sogar einen guten Torwart nennt, erleichtert: „Na endlich, Leute! Knallt doch mal weiter rum hier, vielleicht macht das die anderen ja nervös!"

Und sein Wunsch ist Barny gleich wieder Befehl: Aus allen Rohren wird geknallt und geballert und – wer sagt es denn – Nordstrand gleicht aus und unser Torwart winkt uns begeistert zu und macht den Daumen so nach oben dabei.

Nordstrand hat die ganze Saison höchstens eine Handvoll Spiele gewonnen, aber nun wird auch auf dem Rasen echt Druck gemacht und es ist nur noch eine Frage der Zeit, bis der Siegtreffer fällt, und Tatsache, schon stürmt der Nordstrander Stürmer, dessen Namen ich nicht kenne, der aber so lange Zottelhaare hat, von der Mittellinie alleine auf das Tor des Gegners zu, und wir Fans rennen alle, halb auf dem Feld, halb daneben, mit, und in dem Moment, wo er den Torwart ausspielt, sind wir längst im Strafraum drin, alle Mann. Der Ball rollt ins Tor und wir flippen völlig aus. Die reinste Pitch Invasion, ein Platzsturm, der die härtesten Hooligans der Welt blass vor Neid werden ließe, würde ich mal sagen.

Nordstrand gewinnt am Ende sogar noch 3:1, Barny hat „gut und gerne hundert Mark verballert", Maik immer noch „'n büschen

Schiss wegen die Jägers", und das nächste Auswärtsspiel in Goldebek sollten wir vielleicht besser mal ausfallen lassen. Als wir nämlich am Dorfkrug vorbeirauschen in unseren von unseren Eltern geliehenen Autos, da rollt schon der Dorfsheriff in seinem Trecker auf den Parkplatz. Barny – „logen kann ich noch fahren" – sitzt am Steuer, hebt die Hände, als wollte er sich ergeben, und wir alle singen nochmal das schöne Lied von dem Fuchs und der Gans und den Jägern.

Während wir an den grünen Gestalten mit ihren Knarren vorbeirauschen, wird mir irgendwie schon ganz schlecht, nicht wegen der ganzen Biere, sondern weil, in zwei Wochen sehe ich mindestens genauso scheiße aus, weil, ich muss zum Bund.

6. November 1992
FC St. Pauli – HSV 1:2

Ich habe in meinem Leben schon eine Menge getrunken und da waren auch ein paar alkoholische Erfrischungsgetränke dabei, aber was Barny, Maik und ich in der Bahn nach Hamburg so alles wegschlabbern, „das ist ganz großer Sport, ganz, ganz großer Sport", wie Barny nicht müde wird, zu betonen. „Ich bin wirklich stolz auf euch, Jungs!" Und er macht noch ein Bier auf, das er mit scharfem Blick anschaut: „Du alter Verrücktmacher, du!"

Es ist später Freitagnachmittag, also Wochenende, und ich bin endlich mal wieder raus aus der Kaserne und heute Abend spielt auch noch HSV zum ersten Mal seit ewigen Zeiten und zum allerersten Mal für mich und uns beim FC St. Pauli am Millerntor im Rahmen eines Freundschaftsspiels, auch wenn der Begriff in diesem Zusammenhang ungefähr so passend ist, wie wenn drei Volltrunkene auf einem gemütlichen Sit-in, auf dem alle stocknüchtern Kirsch-Bananen-Saft trinken und Brettspiele spielen, erst mit HSV-Gesängen reinplatzen, um dann schnellstmöglich in der Speisekammer des Gastgebers zu verschwinden, alle Einmachgläser aufzuschrauben, anschließend in der Küche ohne Ende rumzusauen und eine ganze grobe Mettwurst an die Wand zu nageln.

Nach einigen weiteren Bieren und Kobras – Korn-Brause-Mischungen in Barnys Fachjargon – kommen wir auf St. Pauli an und es ist schon eine Menge los in der Gästekurve. Wenn auch nicht alles, was wir an HSV-Volk sehen und hören, schön anzusehen und zu hören ist, so haben wir – voll wie wir sind – doch gute Laune und Barny zeigt sogleich die Richtung an. Er ruft „Richtung Nord, und an Bord!", und schon stehen wir drei an einem Bierstand, der, wenn es eine Bierstand-Schule gäbe, sicher Klassenbester wäre. Der Mann hinter dem Tresen, der hat offenbar wegen der ganzen durstigen HSV-Primaten an und um seinem Bierstand schon zirka hundert Bierbecher halbvoll gefüllt, sich also bestens vorbereitet. Nun muss er nur noch den Becher voll machen und abkassieren und Tschüssikowski und „Hehehe, was bin doch bloß für'n schlauer Fuchs!?".

Allerdings hat er die Kasse, was er wohl obendrein für neunmalschlau hält, damit ihm auch niemand Kohle rausgreift, nach hinten in seinem Bierstand deponiert, so dass er immer vorne das Bier fertig zapft, um dann das Geld entgegenzunehmen, sich umzudrehen, das Wechselgeld zu holen, sich wieder umzudrehen und den nächsten Kunden bzw. HSV-Spacken abzufrühstücken. Wir, zumindest zwei Drittel von uns, sind ja Gymnasiasten und darum extrem schlau und darum bestellen wir also immer gemütlich ein Bier, bezahlen mit großem Schein, räumen in der Zwischenzeit fünf bis vierzehn halbfertig gezapfte Bier ab und geben die nach links und rechts weiter und dann „Prohost" und dann das eine volle Bier noch mitgenommen und „bis gleich, Chef!", wobei Barny es sich nicht nehmen lässt, den Bierstandtypen zu der ganzen dreisten Scheiße auch noch ewig lange zu belatschern, von wegen „Das Bier hast du gar nicht ganz voll gemacht. Komm, da geht noch 'ne Rutsche drauf!".

Und das ganze Drama geht so um und bei eine Stunde, bis das Spiel endlich anfängt und Barny resümiert: „Da hat der Fußball grad eben wieder seine hässliche Fratze gezeigt!"

Wir versuchen uns auf das Spiel zu konzentrieren, aber ich schaffe es beim besten Willen nicht mehr, den Ball auf dem Spielfeld zu finden. Trotz allergrößter Anstrengung und Hingabe können auch Barny und Maik dem Kick nicht mehr folgen und so beschließen wir, dem

„Chef" noch einen Besuch abzustatten. „Aber erst mal eine Wurst, Leute!", beschließt Barny, der, kaum an der Fritten- und Bratwurstbude angekommen, mit der da rumstehenden Senftube rumsaut. Da lass ich mich – na klaro – nicht lange bitten, bin eh längst von allen guten Geistern verlassen, und wie wir so gerade eine kleine Senf-Schnitzeljagd machen wollen, so mit Senfpfeilen auf dem Boden und „Du machst die Augen zu und zählst bis zehn und ich mache Pfeile und du musst mich suchen!", da kommt ein Polizist bei uns längs und verpasst uns erst mal eine schöne Reise: „Ey! Was soll der Scheiß hier, häh!?"

Der Polizist dreht sich zu mir und meint: „Pass mal ein bisschen auf deinen Kollegen auf, der sitzt sonst gleich in der Zelle. Wir machen hier heute nicht groß Federlesen!"

Und ich gucke so schuldbewusst, wie es mir noch möglich ist, und presse mir ein „Geht klar, Chef! Ich pass auf!" durch die Lippen.

Vor allem passe ich auf, dass ich jetzt, wo der Polizist wieder Richtung Gästeblock abrückt, auch mal die Senftube abkriege. Und schon geht es los mit dem Rumgespritze und ich mache hier einen Pfeil und da einen Pfeil und ohne, dass ich davon groß was mitbekäme, stehe ich im Gästeblock. HSV führt 1:0. Von Barny und Maik ist nichts zu sehen, wahrscheinlich, weil ich offenbar blindlings in den größten HSV-Schlägerblock gestolpert bin. Alle kurzgeschoren, alle stiernackig und wahrscheinlich, wenn ich sie jetzt noch fragen könnte, gewaltbereit. Und ich weiß auch nicht, warum und wieso, aber plötzlich nehme ich diese blöde Senftube, die ich immer noch in meiner Hand halte und schmeiße das Teil Richtung Spielfeld. Ist sowieso Scheiße im Quadrat, ich weiß, aber noch beschissener ist, dass es gerade Ecke vor dem HSV-Block gibt und ich den Schiedsrichter nur knapp verfehle. Ich will mich gerade umdrehen, um wieder nach Barny und Maik zu gucken, da drückt mich schon jemand zu Boden. Es ist die Polizei mit mehreren Mann.

Ich bin auf den Schlag stocknüchtern und weiß genau, das war es jetzt für mich, warum bin ich auch nur so ein Riesenpfosten? Abstreiten bringt auch nichts, das mit dem halben Kilo Senf auf meiner Jeans spricht nicht gerade für mich. Ja, ja. Jetzt bekomme ich die gerechte Strafe für all die Scheiße, die ich nicht nur heute verzapft habe. Man denke nur an den Gemüsegarten von Fiete Oog, den ich mit Maik zusammen mit der großen Walze planiert habe. Oh no!

Nur kurze Zeit später sitze ich im Polizeitransporter, gemeinsam mit anderen – oder sagen wir ruhig – richtigen Hools. Die können im Gegensatz zu mir, der sich am liebsten erst mal förmlich bei allen Beteiligten entschuldigen und sich im Anschluss für zwei Jahre verbuddeln würde, gar nicht schnell genug raus aus der Polizeiwanne. Einer ruft laut: „Scheiß auf die Cops! Wer ist nachher dabei, wenn's auf dem Kiez weitergeht?" Und alle um mich herum grölen und heben ihre Arme, also tue ich das auch. Ich habe hier nun wirklich genug Ärger am Arsch, da will ich mich nicht auch noch mit meinen neuen „Freunden" anlegen…

Eine Stunde später, das Spiel ist längst vorbei. Der Wagen ist jetzt rappelvoll mit um und bei zwanzig HSV-Schlägern. Als er sich in Bewegung setzt, kommt lautes Gejohle auf. Ich johle auch ein bisschen mit. Das kommt wohl besser an, als – was ich viel lieber täte – hier herumzuweinen und zu rufen: „Lasst mich raus, ihr asigen Schlägerproleten! Ich bin doch eigentlich ein total lieber Kerl!"

Um ungefähr drei Uhr morgens werde ich aus der Ausnüchterungszelle entlassen. Ich bin mir nicht so sicher, was jetzt mit mir passiert: Jugendstrafe, Einzelhaft, Militärakademie. Keine Ahnung. Fürs Erste weiß ich nur, dass ich einen Mordshunger habe, und so sammle ich meine Siebensachen zusammen und nicke ein paar Mal mit dem Kopf, als ein Polizeibeamter mit mir spricht, und irre im Anschluss ziellos auf der Suche nach einer Dönerbude herum, ohne überhaupt zu wissen, in welchem Stadtteil Hamburgs ich mich befinde.

Nach einiger Zeit des Herumstolperns finde ich einen türkischen Imbiss und bestelle eine grundanständige Fleischtasche, wie immer: „Bitte keinen Salat, nur Fleisch!" In der schmierigen Auslage des Ladens steht ein altes Transistorradio, und nachdem das eine Zeit lang herumgedudelt hat, gibt es Nachrichten und es wird doch tatsächlich vom HSV gesprochen. Es wird erzählt, dass der HSV das Spiel am Millerntor mit 2:1 gewonnen hätte, und ich freue mich, allerdings heimlich, schließlich ist mir aufgegangen, dass ich mich scheinbar schon wieder mitten auf St. Pauli befinde, haben einige der Gäste hier doch allerlei St.-Pauli-Zeugs auf dem Kopf, um den Hals oder sonst wo. Als das Radio dann auch noch entrüstet erzählt, dass um und bei dreißig HSV-Hooligans wegen schwerer Randale im und ums Stadion festgenommen worden sind, da ergreift einer der St.-Pauli-mäßig dekorierten Typen, Typ Hafenarbeiter mit 'ner Schwäche für „Immer rein in die Fresse!",

das Wort: „Wenn ich auch nur einen von diesen Arschlöchern in die Finger krieg, ich schwör, dann gibt das Fratzengeballer! Richtig Fratzengeballer! Ich schwör das euch, echt!"

Da ich ja inzwischen knapp neunzig Prozent der heute Abend Festgenommenen quasi per Handschlag kenne, fühle ich mich fast ein bisschen persönlich angegriffen, schließlich weiß ich ja, was für nette Typen das eigentlich sind, zumindest einer.

„Sag mal…", fange ich an und denke gleich darauf: „Heilige Scheiße, warum kannst du nicht einmal deine vorlaute Fresse halten!?"

Dem Hafenarbeiter scheint das ähnlich zu gehen: „Ey, Keule, was hast du hier eigentlich für'n Auftrag?!"

Hier jetzt rumdiskutieren wäre ja irgendwie die schlechteste Idee, die ich seit dem Senftubenwurf gehabt hätte.

„Ey, Keule! Ich rede mit dir! Wohl HSV-Fan, oder was?"

Ich denke: Wann ist denn endlich dieser verfluchte Döner fertig? Das kann doch nicht so lange dauern, Fleisch in Brot reinzutun!? Der Hafenarbeiter kommt langsam auf mich zu. Die anderen Gäste haben „Keule" jetzt auch auf dem Kieker. Der Dönermann fragt mich von der Seite: „Wirklich kein Salat?"

„NEIN! NUR FLEISCH! NUR FLEISCH, BITTE!" Ich habe das Gefühl, dass ich hysterisch werde.

„Okay", sagt der kleine Mann mit Schnauzbart hinter dem Tresen in aller Seelenruhe und beginnt erst mal kommodig – was bei uns „op Dörp" so viel heißt wie gemütlich – das Fleisch zu salzen. Der Hafenarbeiter erscheint mir inzwischen deutlich näher als mein Döner und sieht gar nicht so unmotiviert aus, nun bald mit dem Fratzengeballer loszulegen. Offenbar hält er mich allerdings für festgewachsen und schätzt meine Fluchtgefahr als äußerst gering ein, sonst würde der sich doch viel mehr beeilen, denke ich noch, als mir der Dönermann die Fleischtasche endlich vors Gesicht hält. Ich reiß das Ding an mich, schrei noch mal mutig „HSV!" in den Laden rein und renne und renne und renne. Nach gut und gerne zwei Minuten höre ich auf zu rennen. Ich drehe mich um. Hier laufen einige Menschen rum, aber keine Typen, die aussehen, wie Hafenarbeiter mit Hang zu Fratzengeballer. Ich atme tief durch und beiße in meinen Döner und denke: „Was bin ich bloß für eine arme Wurst…"

Ich glaube, dass Barny und Maik schon langsam losgefahren sind und nicht noch auf mich gewartet haben. Ein bisschen enttäuschend finde ich das ja doch. Auf der anderen Seite ist es allerdings schon fünf Uhr morgens und das kann man dann wohl durchgehen lassen, dass die so mir nichts dir nichts zurück nach Husum gefahren sind. Also laufe ich dann auch langsam mal los, Richtung Bahnhof Altona.

Kaum angekommen, fährt auch schon der erste Zug Richtung Husum. Ich hab zwar kein Geld, aber jetzt bin ich ja sowieso polizeilich registriert, also, erst mal hinsetzen und abwarten. Ist ja eh kaum einer im Zug drin, vielleicht geht dann auch kein Schaffner rum. Wo keine Fahrgäste sind, brauch man ja auch nichts zu kontrollieren, zumal ich ganz hinten im Zug sitze, und vielleicht hab ich ja Glück.

Ich höre einen Pfiff. Die Schaffnerin steht genau neben meinem Fenster und flötet sich einen zurecht. Der Zug fährt los und nur zehn Sekunden später geht die Tür auf und laut und deutlich ruft es – alte Schaffnerschule eben – in meinen Waggon hinein: „Hier noch jemand zugestiegen?"

Ich hab keine Lust und Kraft, mir hier groß Geschichten auszudenken, also erzähle ich einfach mal meine ganze Geschichte von gestern Abend und heute Nacht, so wie sie wirklich war. Wie ich völlig zu Unrecht eingesperrt worden bin, weil ich von Senftuben beschmissen wurde und man mir mein Bier geklaut hat, obwohl, eigentlich trinke ich ja gar kein Bier und mit Fußball hab ich ja eigentlich auch gar nichts am Hut und so weiter und so fort und, hast du ihn nicht gesehen, sind wir schon in Heide, und die Schaffnerin, die in der Zwischenzeit sogar noch eine Cola ausgegeben hat, verabschiedet sich, wünscht mir noch alles Gute und „beim nächsten Mal denk aber dran, noch vierzig Mark für eine Bahnfahrt nach Husum dabei zu haben". Okay, denke ich, super Tipp, und „Tschüs" und „Vielen Dank!".

In Husum ist es früh am Morgen und ein Glück, dass Papa gleich in der Nähe des Bahnhofs wohnt. Ich trotte da müde hin, und wie mir gerade einfällt, dass ich doch einen Schlüssel dabei habe, da habe ich auch schon bei Papa an der Tür geklingelt, was na klaro Mist ist, weil, jetzt gibt es erst mal eine saftige Standpauke, denke ich, schließlich ist Papa doch die ganze Nacht Taxi gefahren, was er mittlerweile tut, um sich was dazuzuverdienen, und hat sicher keinen Bock, von mir aus der Falle geklingelt zu werden und erklärt zu bekommen, dass ich die Nacht im Knast verbracht habe. Aber nix da. Papa steht nach nur wenigen Sekunden in der Tür und ist zwar völlig verpennt, aber er lächelt milde und freut sich offenbar, mich zu sehen: „Ein Glück, dass du da bist. Maik hat hier angerufen, dass du später kommst. Ich habe mir schon Sorgen gemacht."

Ich erzähle ihm nur kurz, dass ich im Knast gesessen hab und ist ja alles halb so wild und jetzt muss ich ja auch erst mal 'ne Runde schlafen und Papa ja auch und tatsächlich sagt er, dass die Welt morgen früh „ja auch gleich ganz anders" aussehen würde. Papa ist echt super.

Ein paar Stunden später werde ich durch ein Poltern geweckt. Papa knallt mit den Türen und schimpft in der Küche wie ein Rohrspatz. Ich stehe auf, weil, ich will ja doch mal wissen, was da los ist.

„Guten Morgen, Papa. Was ist denn hier los?"

Ich muss gähnen und mich unten kratzen. Vielleicht hätte ich mich doch erst mal duschen sollen.

„Was hier los ist? Mein Sohn ist ein Knacki und will dann auch noch wissen, was hier los ist???"

Uiuiui, da hatte Papa also doch recht, von wegen „morgen sieht die Welt schon ganz anders aus".

Nach einigem Türenknallen und mehreren Standpauken fährt mich Papa nach Nordstrand, wo Mama schon wartet, und gleich tagt mal der Elternrat, der sonst überhaupt gar nicht mehr miteinander spricht, aber jetzt macht man da offenbar mal eine Ausnahme, weil, es geht um den verkorksten Sohn und die Frage: „Was haben wir bloß falsch gemacht?" Mama beschließt, dass ich so schnell wie möglich die Sache klären und zu unserem (Halb-)Inselpolizisten fahren und mit dem erst mal in aller Ruhe reden soll. „Der weiß genau, was Sache und zu tun ist. Der kennt sich aus!"

Ich zwäng mich also extra in meinen alten Konfirmationsanzug rein und fahr da hin, schließlich muss ich ja auch sehen, dass ich einen guten Eindruck mache und nicht noch eine dicke Anzeige und Jugendstrafe oder weiß der Teufel was bekomme. Das mit dem Senftubenwurf, das tut mir ehrlich leid und außerdem will ich ja schließlich irgendwann, wenn ich denn mal dazu komme, noch verweigern und raus aus der Bundeswehr. Als polizeilich registrierter Hooligan wäre das aber wohl etwas unglaubwürdig, da demnächst anzukommen, von wegen „Ich bin gegen Gewalt und so..."

So spaziere ich ins wahrscheinlich kleinste Polizeirevier der Welt rein, wo der (Halb-) Inselpolizist hinter seinem Schreibtisch sitzt und wir so ein bisschen um den heißen Brei herumreden und er guckt die ganze Zeit so, als wollte er sagen: „Och Mensch, Junge, du machst vielleicht Sachen!", und ich palaver so rum, wie das nun war, mit den Hooligans und wie die...

Und dann unterbricht er mich, weil, er kennt sich ja so super wie nur was aus, nur eine Frage hätte er da noch: „Huli*was*...?"

Das wird hier noch eine zähe Angelegenheit, denke ich so bei mir und fange einfach mal damit an, wie ich mit Mama und Papa und meiner Schwester zum allerersten Male im Volksparkstadion war und wie ich die harten HSV-Rocker gesehen hab, und während ich so erzähle, frage ich mich ernsthaft, wie das nun alles weitergehen und ich irgendwann einmal erwachsen werden soll, zumindest ein bisschen...

1993 – 1994
RUMGEFUMMEL

30. Oktober 1993
HSV – 1. FC Köln 2:4

Ruth kommt heute mit ins Volksparkstadion. HSV spielt gegen Köln, und noch vor Kurzem hätte ich gedacht, dass ich hundert Jahre alt werden könnte und müsste und niemals eine Freundin haben würde. Ich hab mir so lange meine Zeit mit Freunden, mir selber und HSV vertrieben, dass ich gedacht hab, dass das eh niemals klappt mit den Frauenzimmern und mir.

Aber, wer sagt es denn, auf den Husumer Hafentagen – diesem mehrtägigen Stadtfest, auf dem es eigentlich weniger um den Hafen, sondern vielmehr um Saufen, Saufen und nochmal Saufen geht – ist mir doch glatt ein Mädchen, wie Barny meint, „auf den Leim gegangen" und nun habe ich eine Freundin und wir machen das jetzt so richtig mit Hand in Hand durch Husum und bei Cortina ein Eis essen gehen, mit Sich-Besuchen und Knutschen und all dem anderen Pipapo, was man ja so aus der „Bravo" und anderen Fachgazetten kennt, in denen geschrieben steht, was junge Menschen so tun müssen, wenn die zusammen sind.

Ich hab eh dicke Zeit, mittlerweile, weil, meine Bundeswehrzeit ist zu Ende, weil, ich hab das mit der Verweigerung doch noch hinbekommen, und wie kann man seine Zeit wohl besser verplempern als mit einem Mädchen, das einen fast genauso super findet wie man selber das Mädchen.

Selbst die Knastsache hat sich erledigt, weil schnell herausgekommen ist, dass ich in echt ein ziemlicher Weichkeks bin, dem das alles total leid tut. Nun bin ich ja auch noch in guten Händen bei Ruth und da braucht sich die Polizei ja erst recht keine Sorgen mehr um mich zu machen. Ich verspreche: Ich mache so schnell keinen Quatsch mehr und hänge meine Hooligan-Karriere, glaube ich, für das Erste an den Nagel. Randale mach ich erst wieder, wenn Ruth mit 'nem anderen abzwitschert. Darauf kann die aber auch echt einen lassen, dass ich dann Randale mache! Ich warte hier doch nicht bummelig zwanzig Jahre auf das erste Girl, nur um tatenlos zuzusehen, wie die mit einem anderen abzwitschert!

Ich hab also eine Freundin im Schlepptau und entsprechend bedient ist Barny, der heute mit dem Auto fährt und Ruth und mich und auch noch Maik mitnimmt: Er kann nichts saufen, keine Sexgeschichten erfinden und schon gar nicht kann er darauf gucken, wie Ruth und ich während der gesamten Tour aneinander rumschlabbern. Maik hat vorsichtshalber seinen Walkman aufgesetzt, weil er – angeblich – für uns „unhörbare Musik" dabei hat. „Leute, das wollt ihr gar nicht hören. Ich nehme nur Rücksicht auf eure zarten Gemüter!"

Irgendwie ist das heute alles nichts, denke ich während einer kurzen Pause vom An-Ruth-Rumschlabbern. Selbst die üblichen „Wir fahren über die A7 zum HSV"-Rituale lassen mich heute kalt. Wie wir über den Nord-Ostsee-Kanal fahren, da gucke ich nicht, wie viele Schiffe auf der linken und wie viele Schiffe auf der rechten Seite des Kanals schippern, weil, eigentlich ist das immer ein Zeichen dafür, wie viele Tore die Heimmannschaft, also HSV, und wie viele Tore die Gastmannschaft, heute also Köln, schießt. Eine todsichere Sache ist das in den allermeisten Fällen. Außerdem geben wir je nach Wetter alle halbe Stunde Prognosen ab, wie viele Zuschauer wohl ins Volksparkstadion kommen. Wenn das regnet, muss man immer mit weniger als 20.000 rechnen, und es regnet ja eigentlich fast immer, wenn HSV spielt. Scheint die Sonne, muss man immer auch bedenken, dass es nicht zu heiß sein darf, weil in dem Fall ja auch viele Leute ins Freibad oder so gehen könnten und darum kann das dann auch schon wieder schlecht sein. Aber von Freibadwetter kann heute echt nicht die Rede sein. Es regnet und ist kalt. Typisches HSV-Wetter eben.

Fürs nächste Ritual sorgt stets Barny, der auf jeder Tour, das ist seine Aufgabe, wenn links von der Autobahn die Schornsteine irgendeiner Fabrik rauchen, laut rumkrakeelt: „Die Torfabrik raucht

schon!" Und dann zählen wir noch die
Autos, die mit HSV-Schal aus dem Fenster
über die Straße rauschen, und hupen die an,
weil wir ja schließlich auch nie ohne blau-
weiß-schwarzen Schal „on the road" sind.

Der flattert zwar nicht aus dem Fenster, aber immerhin wird der auf
der Heckablage schön hingelegt, damit ihn auch alle anderen Autofahrer sehen können. Wir sind halt richtige HSV-Fans und richtige
HSV-Fans machen das so. Wenn sie nicht eine Freundin dabei haben,
die sie eineinhalb Stunden lang abschlabbern.

Und während ich schon lange wieder am Rumschlabbern bin, da
konzentriert sich Barny aufs Autofahren und Maik, der ist sogar ein-
gepennt, was für Barny dann doch eine willkommene Gelegenheit ist,
mal einen Blick auf das angeblich so heiße Tape in Maiks Walkman
auf dem Beifahrersitz zu werfen. Ohne sich umzudrehen, informiert
uns Barny über das Ergebnis seiner Recherche: „Leute aufgepasst!
Maik hört ‚Die drei ??? und der Super-Papagei'. Wirklich knüppel-
harter Death-Metal! Unhörbar!"

Wenig später kommen wir beim Parkplatz „Braun" an und während
Maik vertrant aus der Schlurre steigt, kauft sich Barny („Eins kann
ja nicht schaden!") noch schnell eine Dose Bier für drei Mark bei
einem der fliegenden Händler. Ich gehe Ruth in der Zwischenzeit an
den Hintern und wir fingern ein bisschen aneinander rum und so.
Viel besser als Dosenbier für drei Mark, aber hundert Pro! Und dann
geht's auch schon rein in die Westkurve.

Barny ist immer noch beleidigt, weil ja heute „wegen dem Weib"
nicht klappt, was wir sonst immer machen. Am Zaun der Haupttribüne hängen viele Fans ihre Fahnen auf, weil da was draufsteht,

was die anderen Stadionbesucher, die Spieler und vor allem die Zuschauer an den Fernsehgeräten zu Hause offenbar unbedingt wissen müssen. Fanclubs haben zum Beispiel Fahnen, da steht „Elbmacht", „Kap der guten Hoffnung" oder „Berlin" drauf, um nur die coolsten zu nennen. Andere hängen Fahnen auf, wo ein Ort draufsteht: „Nordstrand", „Rahlstedt", „Heide" und so. Und andere haben per Fahne wichtige Botschaften zu übermitteln: „Ballwanz für Deutschland", „Dieter grüßt Margot" oder „Saufen, Ficken und HSV". Am Zaun der Haupttribüne im Volksparkstadion ist jeden zweiten Samstag zu lesen, was Hamburg unter den Nägeln brennt – super!

Normalerweise flanieren wir nun also Heimspiel für Heimspiel von der Westkurve Richtung Haupttribüne. Mit unserem Rucksack gehen wir dann zu den Ordnern, machen den auf und drin liegt dann eine Fahne, so dass die Typen einen dann durchwinken, weil die glauben, dass wir ja gleich wiederkommen, weil wir ja schließlich nur mal schnell die Fahnen aufhängen wollen, um sofort danach wieder in unsere Fankurve zu gehen, wo wir hingehören. Barny hat das vor ein paar Monaten mal „beim Strullen hinter der Haupttribüne" beobachtet und uns dann den Tipp gegeben. Die Ordner lassen einen immer durch, weil die ja offenbar denken: Was will so ein richtiger HSV-Fan aus der Westkurve schon auf der Haupttribüne?

Na, kommodig sitzen zum Beispiel und Ehrengäste wie Roberto Blanco oder Otto Waalkes oder den dicken Klaus von Klaus & Klaus anglotzen und mal was vom Spiel mitbekommen und richtig gut sehen und nicht ständig vollgeregnet werden – schließlich regnet es ja fast immer, wenn HSV spielt – während „unsere Jungs" mal wieder mit 0:1 gegen die SG Wattenscheid 09 verlieren und wir trotzig „Schöne Maid, gehst du auch zu Wattenscheid, hojahojaho" singen! Wir kennen da nichts. Wir machen uns das bequem auf Plätzen, die eigentlich nicht für uns gedacht sind. Wir haben kein Problem damit, mal die Füße hochzulegen auf den guten Plätzen und Uwe Seeler zuzurufen: „Uwe, wink doch mal!"

Am Anfang der Saison, als Valdas Ivanauskas, der neue Mittelstürmer, wie eine Bombe eingeschlagen und in den ersten Spielen Tore satt gemacht hat, fast so wie die HSV-Neuzugänge bei Maik und mir früher, Anfang der Achtziger auf dem Nordstrander Sportplatz, da hatten Barny, Maik und ich noch alle richtige Fahnen mit: ich meine „Nordstrand"-Fahne, Maik eine Nordfriesland-Fahne und Barny hatte von seinem älteren Bruder wenigstens noch eine AC/DC-Fahne abgestaubt. Die Ordner achten da eh nie richtig drauf, Hauptsache, da liegt so ein bisschen Tuch im Rucksack rum. Und irgendwann ist selbst das egal gewesen und wir haben erst Handtücher, später weiße Bettlaken ohne Aufschrift   die wir gegen Stuttgart als weiße Fahne aufhängten und trotzdem gewannen wir mit 3:2, yeah! – oder nur unsere Jacken mitgenommen. Wir sind immer reingekommen. Aber heute geht das nicht, weil Ruth dabei ist, und Barny meint: „Frau und Fahne, das glaubt doch nicht mal 'n HSV-Ordner!"

So stehen wir in der Westkurve, Block F, und müssen mit ansehen, wie Köln (!) schon zur Pause (!!) mit 3:0 (!!!) führt, und für Barny ist die Schuldige offenbar schon gefunden, als er in sein Schnitzelbrötchen beißt und mürrisch einem über dem Stadion fliegenden Flugzeug im Landeanflug auf den Flughafen Fuhlsbüttel hinterherguckt. „Mal ganz ehrlich, Leute, auf der Haupttribüne wäre uns das nicht passiert!"

Das Spiel ist zu Ende und Köln gewinnt 4:2 und auf der gesamten Rückfahrt sagt Barny keinen Pieps. Maik hört Walkman, den er schon während des Spiels, beim Stand von 0:2, aufgesetzt hat, und Ruth und ich knutschen auf der Rückbank rum, bis wir in Husum ankommen.

Als Ruth und ich uns von den anderen beiden verabschieden, da sagt Ruth etwas, das die beiden bestimmt nicht besonders lustig finden: „Ich komme gerne wieder mit. Das war echt super mit euch. Tschühüss!" Barny leiert sich noch ein lustloses „Ja ja, selber tschüss" aus dem Hintern, während Maik nur so tut, als ob er schliefe, und dann wacht er so ein bisschen gespielt auf wie in den Achtzigern Wum von Wum und Wendelin vom Großen Preis im ZDF, wie der immer aufwachte und so verschlafen aus der Wäsche guckte und „Thoooooooooelke!" rief.

Und wie ich die beiden mit quietschenden Reifen so wegfahren sehe und höre, da wird mir klar, dass Barny und Maik mittlerweile viel bessere Freunde sind als Maik und ich und Barny und ich und was für ein beknackter Tag das eigentlich gewesen ist. Als ich gerade beginne, so ein bisschen den Blues zu schieben, geht mir Ruth an den Arsch und wir machen weiter mit Rumknutschen.

27. März 1994
HSV – Bayern München 1:2

Dieser verdammte Zivildienst ist endlich zu Ende und zur Feier des Tages spielt heute HSV gegen Bayern München, und nachdem HSV letzte Woche auch noch Duisburg auswärts weggefiedelt hat, geht das jetzt schon fast mal wieder um die Deutsche Meisterschaft. Und genauso wie für'n HSV läuft das auch für mich ganz nach Plan, find ich.

Weil mir ja das ewige Rumgeknutsche mit Ruth über kurz oder lang auf den Senkel gegangen ist, hab ich *die* mal eben weggefiedelt und mir eine andere Freundin geschnappt – Nina – und, mal ganz ehrlich, die find ich zwar sehr super, aber wo ich nun endlich mal mit den Frauen angefangen und ja offenbar doch ziemlich Schlag hab, ich mein, immerhin schon meine zweite Freundin hintereinander, das sagt doch alles, da kann es das ja nun auch noch nicht gewesen sein, und ich guck mal hier und mal da, was sonst noch so rumläuft an Girls. Man soll sich ja auch nicht zu früh an ein und dieselbe binden und immerhin sind wir ja nun auch schon fast ein paar Monate zusammen, da schleicht sich ja doch immer ein bisschen Routine zwischen Männern und Frauen ein, nachdem man die ersten Monatstage immer noch mit Erdbeersekt und reichlich Zinnober abgefeiert hat.

Um so ein bisschen Schwung in den Beziehungsalltag zu bringen, nehm ich Nina heute mit zum HSV. Ich weiß, das letzte Mal, als ich ein Mädchen mit zum Fußball genommen hab, ging das kräftig in die Binsen, zumindest schmiert mir das Barny, seitdem feststeht, dass Nina mitkommt, jeden Tag mindestens dreimal aufs Brot. Und Maik warnt mich: „Wehe, du machst die ganze Fahrt über wieder mit der Alten rum!"

Woraufhin ich ihm verspreche: „Ganz sicher nicht! Und ich höre auch nicht ‚Die drei ??? und der Super-Papagei‘.“

Barny lacht laut los, während Maik voll ausflippt und wissen will, woher ich das denn bitte wisse, und meint, dass mich Möchtegern-Casanova das ja wohl überhaupt nichts anginge, was er mache, während ich genug mit An-Frauen-Rumlecken zu tun hätte. Und um die Situation zu entspannen, fragt Barny, wie immer die Zurückhaltung in Person: „Kann ich dann mal an die Schnalle ran, wenn du nicht über die rüber willst?“

Und dann regen wir uns alle ein bisschen ab und beschließen, dass wir was machen müssen, damit HSV nicht schon wieder „wegen die Weibers“ verliert.

Eine halbe Stunde später stehen wir in der Marienkirche zu Husum und werfen ein paar Kröten in den Münztrichter rein und nehmen uns jeder eine Kerze und zünden die an und stellen die auf. Und wir beten: „Lieber Gott, wir beten, dass der HSV Deutscher Fußballmeister wird.“ Und Barny hat noch eine klitzekleine Anmerkung: „Am besten noch in diesem Jahr. Das wird nämlich mal wieder allerhöchste Eisenbahn.“ Und Maik meint: „Und nebenbei könnte ich auch gut mal eine Freundin haben!“ Und Barny und ich gucken zu Maik rüber und ich finde es bescheuert, dass Maik bei so einer Sache nicht ernst bleiben kann und nur an sich selber denkt.

Wir holen Nina von zu Hause ab, und wie sie einsteigt, da sagt sie kurz „Hi!“ zu den beiden anderen und mir geht sie gleich an die Wäsche. Ich versuche, sie zu bremsen, aber Nina lacht nur und knutscht mich nach allen Regeln der Kunst ab. Ich schiebe sie so ein bisschen mild lächelnd zur Seite: „Baby! Nun mach mal Pause!“ Und dann klär ich sie auf, dass wir schließlich zum Fußball fahren und nicht zu einem Kuschelrock-Konzert. Und ich gucke grinsend zu Barny und zu Maik, nur dass die nicht zurückgucken und auch nicht grinsen. Die gucken aus dem Fenster, als ob es da etwas Interessantes zu sehen gäbe. Barny nach vorne auf die Straße, weil er fährt mal wieder.

Maik zur Seite. Er ist Beifahrer. Und ich gucke zu Nina und die sieht ein bisschen traurig aus. Also stups ich sie in die Seite und lächle und frage laut und deutlich, auch in der ersten Reihe zu hören: „Jemand ein Bier?"

Die Hinfahrt ist irgendwie nicht so lustig. Barny und Maik sind so still und auch Nina sagt kaum noch was. Was die immer hat, denke ich so bei mir und mache mir noch ein Bier auf und stupse nun Maik in die Seite und frage: „Ey Keule, jemand ein Bier?"

Maik nimmt eins und wir stoßen an. Zwar nicht besonders euphorisch, aber besser als nichts. Vielleicht wird das ja heute doch noch was mit uns vier. Und Nina nimmt auch eins und Barny trinkt eine Cola Light. Ich gebe sie ihm mit dem üblichen „Cola Light, tut mir leid" und Barny flucht leise vor sich hin, wo ich doch eigentlich glaubte, dass das Eis nun langsam mal wieder gebrochen sein müsste. Und, tatsächlich, Barny lächelt und sagt: „Du bist so ein Spacken!"

Wir machen also den ganzen Popanz, den wir immer machen: Wir zählen die Schiffe auf beiden Seiten des Kanals, wir gucken nach der rauchenden Torfabrik, hupen Autos mit HSV-Schals hinterher und Autofahrern in Autos mit Bayern-Schals drohen wir mit den Fäusten. Was uns beruhigt: Das Spiel ist schon ausverkauft. Da muss man sich wenigstens nicht auf das Wetter und irgendwelche Prognosen hinsichtlich der Zuschauerzahlen konzentrieren.

So kommen wir also doch noch ein bisschen vergnügt am Parkplatz „Braun" an und lassen uns auch von diesen ganzen Bayern-Horden nicht beeindrucken. Im Gegenteil: Wir singen leise, dass nur wir das mitkriegen: „Wir wollen keine Bayern-Schweine!"

Was wiederum Nina offenbar ziemlich witzig findet. „Ihr seid echt komisch."

Da gucken Barny und Maik streng zurück: „Was ist an ‚Wir wollen keine Bayern-Schweine' denn bitte komisch?"

Nina meint, dass wir drei ja nur flüstern und eigentlich müssten wir das doch laut singen, damit's auch alle mitkriegen. Barny und Maik schütteln entrüstet die Köpfe. „Glaubst du, wir sind lebensmüde und rufen das hier bei den ganzen Bayern-Fans laut in den Wald rein, oder was?!"

Nina schaut mich etwas ratlos an und nun schüttelt auch sie mit dem Kopf und ich auch ein bisschen, weil, ich glaube, aus den dreien werden keine besten Freunde mehr.

Als ich dann kurz vorm Stadion gerade damit anfangen will, von wegen „Du, Nina, falls wir uns verlieren sollten…", da bleibt die stehen und fragt – für meinen Geschmack etwas zu laut, so dass es auch alle um uns herum mitbekommen – nach: „Häh? Wieso sollten wir uns bitteschön verlieren?", und ich brummel – „meinte ja nur" – ein bisschen vor mich hin, und so ein bisschen schmollen wir dann alle, bis wir im Stadion angekommen sind.

Wieder stehen wir in der Westkurve, worauf sich Barny aber offenbar – ein Glück – schon länger eingestellt zu haben scheint und außerdem sind wir ja heute in der Kirche gewesen, damit das nicht schon wieder ein Nachteil für uns wird. Und tatsächlich, HSV macht das Spiel und Mitte der zweiten Halbzeit gibt es einen Freistoß aus gut und gerne zwanzig Metern Torentfernung.

„Das ist was für Albertz", stellt Barny – aller Anspannung zum Trotz – trocken fest. Maik schlägt die Hände vor das Gesicht, weil, er „kann das nicht mit ansehen". Viele Chancen hat das im Laufe des Spiels noch nicht gegeben. Wenn wir also den Bayern einen reinkegeln wollen, dann jetzt, denke auch ich bei mir und versuche, die HSV-Führung herbeizuschwadronieren: „Leute, fertig machen zum Jubeln! Klares Tor!"

Alle sind hochkonzentriert und wissen um Albertz' Schussstärke und die Größe der Chance. Nur Nina hat das nicht so ganz mitbekommen. Frauen haben, wenn die das erste Mal im Stadion sind, ihre Augen ja überall, nur nicht auf dem Platz. Ständig wird da gefragt, warum das nun wieder Freistoß gibt und warum der den nun wieder festhält und warum die anderen sich nun schon wieder beschweren und warum machen die Fans alle, wenn es eine Ecke gibt, immer so komisch die Hände nach vorne und dabei „Oooooh…" und so weiter und so fort. Fragen über Fragen. Und so eine Frage hat Nina jetzt auch. Sie lehnt sich zu mir nach vorne und legt dabei ihren Kopf, also eher ihr Kinn, auf meine Schulter, um nachzufragen, wofür wir uns nun fertig machen sollen, aber – da ist es schon zu spät. Ich verpasse ihr einen Knockout wie nur was, weil, genau in dem Moment, wo sie ihren Kopf auf meine Schulter legt, zieht Jörg Albertz ab und der Ball rauscht mit einem Affenzahn ins Eck und – es steht 1:0 für HSV – ich springe wie vom Muli getreten nach oben.

Meine Freude ist kurz. Ich habe alle Hände voll zu tun, Nina zu verarzten. Sie lispelt irgendwas von wegen: „I hap mir auf fie Funge gefiffen!" Ich klopfe ihr also ein bisschen auf den Rücken, während ich das Spielfeld natürlich nicht aus den Augen lasse. Und ich bin sowieso schon genervt, weil all die anderen voll am Abgehen sind und nur ich mich um meine Freundin kümmern muss, da schießt Bayern das 1:1 und ich klopf Nina so doll auf den Rücken drauf, dass sie laut „Aua!" schreit. Ich habe jetzt langsam mal die Schnauze voll vom Auf-den-Rücken-Klopfen und Mich-Kümmern und schnauze zurück: „Was ist denn jetzt schon wieder!?"

Und ich denke, es kann nicht mehr schlimmer kommen, da schießt Bayern auch noch das 1:2 und ein Glück, dass ich nicht mehr am Klopfen bin, denke ich jetzt, weil, da hätte ich Nina ganz sicher sonst ein paar Wirbel verschoben.

Natürlich bleibt es beim 1:2 und wieder einmal schleichen wir bedröppelt Richtung Parkplatz. Es ist voll auf den Wegen und wenn ich eines hasse, dann das: HSV verliert und man kann nicht im Stechschritt zum Auto marschieren, sondern muss langsam und andächtig im Pulk dieser ganzen „Ich gehe einmal im Jahr gegen Bayern ins Stadion"-Möchtegernfans mittrotten und sich nebenbei Gedanken über HSV und sich selber und sein Leben und all den Kram machen, und es ist doch so, dass das Leben manchmal wirklich ein bisschen zum Aus-der-Haut-Fahren ist, finde ich.

Und was ich auch noch finde: Nina kommt nicht noch einmal mit! Die Frau, die ich mit ins Stadion nehmen kann und HSV gewinnt trotzdem, die muss nämlich scheinbar erst noch geboren werden…

30. April 1994
Eintracht Frankfurt – HSV 1:1

Barnys Eltern sind verreist und so gucken Barny und Maik und ich bei ihm zu Hause heute HSV im Fernsehen. Na ja. Zumindest so ähnlich. Wir gucken Fußball auf Premiere, ohne Dekoder. HSV spielt in Frankfurt und alles, was wir mitbekommen, ist das Gesabbel vom Kommentator. Ist zwar nicht so super, aber besser als nichts, und außerdem hat Barny heute Morgen beim Aufräumen den Schlüssel für den elterlichen Schnapsschrank gefunden, und in der Tür begrüßt er uns nur mit Bademantel bekleidet und mit einer Flasche selbst gebranntem polnischen Wodka in der Hand: „Freunde der Sonne, hereinspaziert! Mein Vater gibt einen aus!"

Eigentlich sind Nina und ich ja verabredet gewesen, aber auf Kaffeetrinken und Ringelpietz mit Anfassen habe ich nicht so viel Lust, da ist mir Barnys Anruf gerade recht gekommen: „Heute bei mir!" Und wie ich das Nina sage, von wegen „Heute bei Barny!", da ist sie ein bisschen böse und grummelt und beschließt, dass sie ja mitkommen kann, zu Barny und Maik. Was mich nicht gerade in Jubel ausbrechen lässt.

„Wie du meinst. Dann kannst du die ja auch gleich fragen, ob die mal mit dir reden und so. Ich muss nämlich HSV gucken!"

Barny und Maik sind, das hätte nicht nur ich mir, sondern auch Nina sich ja denken können, total bedient von dem überraschenden Damenbesuch und lassen Nina eiskalt links liegen. „Ich will HSV sehen", meint Barny zu Nina, als die nach dem Weg zur Toilette fragt. Und so spricht Nina Maik an, ob der wüsste, wo das Klo ist, und Maik macht nur so Wischiwaschi-Andeutungen, indem er so mit der Hand grob in eine Richtung zeigt. Nebenbei starrt er weiter auf das Streifenmuster auf dem Fernseher, unter dem ab und zu ein paar Beine auftauchen, weil, das Geile ist ja, dass nicht das ganze Bild weg ist, wenn man Premiere ohne Dekoder schaut. Ein kleiner Streifen – so etwa fünf Zentimeter – ist ja in glasklarer Qualität zu sehen. Nina scheint mit Maiks Andeutungen tatsächlich was anfangen zu können und bedankt sich und verschwindet und kommt nicht wieder.

Mir fällt das ungefähr eine halbe Stunde später, kurz vor Ende des Spiels, auf. „Wo ist Nina denn hin?", frage ich Barny.

Der kann sich vorstellen, dass sie ins Klo gefallen ist, und lacht laut. Maik

UND RÜCKPASS! INS AUS!

macht nur so Andeutungen, indem er ein bisschen prustet, und ich mache mich mal auf den Weg. Ich meine, alles was recht ist, aber wenn da jetzt echt was passiert ist? Immerhin waren wir ziemlich scheiße zu ihr, glaube ich. Ich suche sie also überall im Haus, aber es ist keine Nina zu finden.

„Ich mach mal 'nen Abgang, Leute. Nina suchen."

Barny verabschiedet mich nicht sonderlich sentimental: „Ja ja! Wir erzählen dir dann später, wie's ausgegangen ist."

Ich geh vor die Tür, da sehe ich Nina am Gartenzaun lehnen und weinen. Ich muss ja ehrlich sagen, dass sie mir leid tut. Ich verfluche mich selber ein bisschen und – muss jetzt erst mal wissen, wie HSV eigentlich ausgegangen ist. Ich also noch mal schnell nach oben und Barny und Maik erzählen noch mal schnell, von wegen 1:1 ist es ausgegangen. Ich also wieder runter zu Nina, mal ein bisschen auf Schönwetter machen, wie es so schön heißt. Ich gehe also runter und – Nina ist weg.

Zuerst denke ich noch, geil, jetzt wieder nach oben zu Barny und Maik und dann machen wir drei Hübschen uns einen urgemütlichen Abend, aber dann erinnere ich mich, dass Nina und ich nachher eigentlich zu der Riesensause überhaupt eingeladen sind, und ich glaube, ich muss mich mal auf den Weg machen. Retten, was zu retten ist, und wenn's auch nur die Party heute Abend ist.

Und tatsächlich, ich muss schon alle Register ziehen, um die ganze Schose wieder halbwegs ins Lot zu bringen. Ich erzähle irgendeinen Quark, von wegen „war doch nicht so gemeint" und „tut mir ein bisschen leid" und „du hast aber auch Schuld, was kommst du auch mit", und irgendwie kommt es, dass wir tatsächlich zu dieser Party eines Schulfreundes von Nina gehen, wenn ich auch das Gefühl habe, dass es nicht mehr viele gemeinsame Partyabende geben wird. Ich habe bestimmt deutlich mehr Ahnung vom Fußball als von Frauen, aber trotzdem glaube ich, so wie ich heute und in letzter Zeit geht man bestimmt nicht mit jemandem um, den man lieb hat.

Und wie Nina und ich so zusammensitzen und Bier trinken und uns die anderen Gäste und deren Gehampel angucken, da ist alles ein bisschen in Ordnung und wir quatschen und hören ein bisschen Musik, soweit man das Musikhören nennen kann, geschweige denn

Musik: „I like to move it, move it! I like to move it, move it! I like to move it, move it! You like to – move it!"

Dann trifft Nina eine Schulfreundin, was bedeutet, dass das genau die richtige Zeit für mich ist, um meinen üblichen Party-Rundgang zu machen: ein paar Biere verstecken für den Fall, dass irgendwann am Abend mal Bierreserven gebraucht werden, ein paar Zigaretten schnorren und zu guter Letzt den DJ nerven, dass der endlich mal vernünftige Musik spielen soll. Besonders gut kommt bei dieser Gelegenheit immer der leicht angepasste Udo-Jürgens-WM-78-Klassiker „Der Mann mit der Musik geht nach Haus, die lange Zeit des DJs, sie ist aus!" an, den wir meist so lange und ausdauernd grölen, bis die Jungs an der Anlage irgendwann tatsächlich erst den Mut und dann die Nerven verlieren und wir schön das Kommando übernehmen, unsere Musik einschmeißen und alle Regler nach rechts drehen können. Heute bin ich allerdings so ganz ohne Verstärkung unterwegs, da schlendere ich einfach weiter, ohne an der Anlage groß rumzunerven.

Ich treffe sie in der Nähe der Tanzfläche, wie sie da so sitzt und ein Zigarettchen raucht und auf irgendetwas wartet, auf irgendetwas warten muss, weil nämlich: Nur so und allein sitzt solch ein Mädchen im Leben nicht.

Ich atme tief ein und ich atme tief aus.

Dann nehme ich all meinen Mut zusammen.

Ich gehe hin und stelle die Frage aller Fragen: „Zigarettchen gefällig?"

„Danke, ich habe noch."

„Ach so."

„Bist du alleine hier?"

Ich drehe mich um. Es ist keine Nina zu sehen.

„Äh, ja, klar!"

Ich weiß, ich bin kein guter Freund gewesen. Nicht für Ruth und schon gar nicht für Nina. Aber jetzt wird alles gut. Jetzt muss nur noch dieses Mädchen, das Inken heißt, mit mir gehen wollen und mit mir den Rest meines Lebens verbringen.

21. Oktober 1994
HSV – Borussia Mönchengladbach 1:2

Mit meiner neuen Superfreundin hab ich's echt nicht leicht! Inken ist nicht nur der totale Wahnsinn, sie ist wie ein Aal, der ständig rumzappelt und sich nicht festhalten lässt. Fast so wie in diesem Softporno, in den Inken und ich am Samstagabend – rein zufällig – reinzappen, und wie da in der allererstens Szene so eine nackte Schlampe im hüfthohen Wasser rumzappelt und die ganze Zeit „Aaaaah!" und „Juhu!" und „Super!" und „Das tut vielleicht gut, man glaubt es nicht!" ruft, da fragt Inken laut, was „die Alte denn bloß" habe. Ohne groß mit der Wimper zu zucken, posaune ich raus, dass der ganz sicher ein Zitteraal zwischen den Beinen zappelt und sie nun offensichtlich ziemlich „geil" sei.

Inken dreht sich zu mir rüber und empört sich: „Du Schwein!"

Nur, in genau dem Moment greift sich die nackte Schlampe im Softporno zwischen die Beine und was fischt sie sich da raus aus dem Wasser? Na? Einen Zitteraal! Tatsache! Und ich mache ein bisschen „hehehe", aber nur kurz, denn wie dieser Zitteraal, so ist auch Inken, nur mit dem Unterschied, dass sie jetzt gerade nicht zwischen meinen Beinen rumzappelt. Leider.

Immer, wenn ich denke, ich hab sie im Griff, da zappelt sie mir weg. Mal weiß sie nicht so richtig, ob sie mich überhaupt super findet. Dann hat sie, wenn ich mir das mit ihr gemütlich machen will, was anderes vor oder muss zur Arbeit oder schlafen oder eine Freundin treffen und so weiter und so fort. Was Frauen so alles für einen Quatsch vorhaben eben. Das war mit meinen anderen Freundinnen aber noch anders. Die hatten immer für mich Zeit.

Ich bin gerade bei Mama ausgezogen und so richtig angekommen in Husum-City und dann das. Da kann man jetzt mal so richtig lange aufbleiben und Zähne in der Toilette putzen und Abwasch Abwasch sein lassen und am Wochenende gar nicht mehr aufstehen und nie mehr Rasenmähen und schon gar nicht mehr den Müll rausbringen und könnte stattdessen gemeinsam mit einer heißen Braut auf der Feuerleiter vor seinem Fenster sitzen und Dosenbier – oder meinetwegen auch Flaschenbier – trinken und über die Dächer von Husum Richtung Nordsee gucken. Doch was ist? Nichts ist! Inken zickt rum.

Wäre ja auch zu schön gewesen, wenn bei mir einmal alles perfekt laufen würde.

Heute ist auch wieder so ein Tag. Ich warte den ganzen lieben langen Tag darauf, dass die Frau meiner Träume sich bei mir meldet, aber das tut sie nicht, und so beschließe ich irgendwann alternativ, Barny und Maik anzurufen, wie das aussieht mit HSV gegen Mönchengladbach. Die sind zwar nicht besonders begeistert, da ich mich mal wieder kaum noch melde, seit ich Inken kenne, aber natürlich lassen die sich breitschlagen – sind halt hart im Nehmen, die Jungs – und ich will mich gerade auf den Weg nach unten machen, weil Barny und Maik gleich kommen und mich abholen müssten, da klingelt es an der Tür.

Es ist Inken.

Sie hat eine Flasche Sekt dabei und einen ganz tollen Plan.

„Wir beiden Hübschen machen uns heute mal einen richtig schönen Abend!"

Oh no! Ich verzweifele hier bald noch. Wie beschissen ist das denn, bitte? Und während ich innerlich ausflippe vor Ärger, hupt es in genau dem Moment unten, wie wenn die Westkurve klatschenderweise erst „dü dü düdüdü düdüdüdü" macht und dann im Anschluss „HSV!" ruft. Ich gucke hektisch aus dem Fenster und klaro, es sind Maik und Barny, die nach oben winken und wenig dezent Druck machen.

„Geht das jetzt los oder geht das los, Alder?!"

Ich rufe schnell runter: „Geht lo-hos!", und ich drehe mich um zu Inken, die ein Gesicht macht wie zehn Tage Regenwetter. Das hab ich ja besonders gerne.

„Erst meldest du dich nicht und jetzt machst du hier auf beleidigte Leberwurst und mir ein schlechtes Gewissen! Das hab ich ja gerne, du!"

Ich denk schon, ich komme ohne schlechtes Gewissen los und

heute Abend, wenn ich nach dem HSV-Sieg nach Hause komme, machen Inken und ich doch noch die Pulle Sekt alle und Inken entschuldigt erst sich und verwöhnt dann mich nach allen Regeln der Kunst und bittet um Entschuldigung und ich sage dann so „Ach, das kann doch mal passieren!" und alles ist spitze. Doch nichts mit spitze.

Inken schaut mich wütend an.

„Bist du bescheuert? *Du* hast doch wohl gesagt, dass wir ja mal gucken können, ob wir uns irgendwann mal wieder sehen und wir müssten uns ja nicht gleich festlegen und so. Ich hab die ganze Zeit auf *deinen* Anruf gewartet. Das tue ich schon, seit wir uns kennen. Ich warte, dass *du* dir endlich mal was Nettes aus dem Arsch rausleierst. Du solltest dich echt mal festlegen, was du eigentlich willst, du Arschloch!"

Die Tür knallt zu und draußen höre ich, wie Inken weinender- und schimpfenderweise abdüst, und ich will noch hinterher, aber irgendwie lass ich das lieber, weil nämlich, was soll ich Horst dazu groß sagen, außer vielleicht „uiuiui"…

Natürlich hab ich in den letzten Wochen und Monaten so ein bisschen auf Joe Extracool gemacht. Aber hätte ich denn sagen sollen, wie geil ich Inken wirklich finde? Wie superverliebt ich in sie bin? Das haben mir nun wirklich alle geraten, dass ich sie ein bisschen zappeln lassen und ihr nicht gleich hinterherrennen soll. Ich hab nur das getan, was Barny und Maik mir gesagt haben.

Und überhaupt. *Die* hätte sich ja auch mal festlegen können, die olle Schnute. *Das* hätte ich ihr man vor den Latz knallen sollen: „Leg dich man selber mal fest!" Eigentlich denke ich aber, dass ich einfach nicht auf diese beiden Arschgeigen von Barny und Maik hätte hören sollen.

Grummelnd gehe ich nach unten.

Die gesamte Hinfahrt bin ich damit beschäftigt, meinen beiden Mitfahrern und ehemals besten Freunden mal ganz gewaltig den Marsch zu blasen, so wie die Jägerfreunde von Maiks Onkel dem das neulich auf dessen sechzigstem Geburtstag besorgt haben. Maik hatte Barny und mich – als Inken noch nicht so das Thema war – mitgeschleppt und mitten in Nordfriesland saßen wir bei Grünkohl und Korn satt

und wir waren alle allerbester Stimmung und dann fehlte, als Krönung, nur noch die Ansprache vom Geburtstagskind. Er fing auch gleich nach dem Essen damit an und bedankte sich, mit Tränen der Rührung in den Augen und in geilster plattdeutscher Mundart: „Ick wull mi noch recht hartlich bi de Jägers bedanken, datt se mi to mien tweemaal dörtichste Geburtstach so fein een blast hemm!"

Wie auch immer: Genau so einen geblasen bekommen auch Barny und Maik jetzt von mir, so wie sich das nicht nur zum zweimal dreißigsten Geburtstag gehört, sondern auch, wenn man Mist gebaut hat. Das sehen die beiden natürlich mal wieder genau andersrum und finden, dass *ich* „ruhig zu Hause" hätte bleiben können und „total am Rumnerven" sei. Und das kann ich ja erst recht ab. „Erst macht ihr da unten so ein Gehupe vor meinem Fenster und mich und Inken ganz nervös und dann soll *ich* plötzlich zu Hause bleiben? Wer ist denn Schuld an dem Dilemma, hä? Das seid doch wohl *ihr* mit euren tollen Tipps! Wisst ihr, wer in echt mal zu Hause bleiben kann? *Ihr* könnt in echt mal zu Hause bleiben!"

Auf der Fahrt nach Hamburg spiele ich dermaßen die beleidigte Leberwurst, wie ich das schon lange nicht mehr gemacht habe, und ich gucke die ganze Zeit aus dem Fenster und sehe Schiffe auf dem Nord-Ostsee-Kanal schippern und den Schornstein der Fabrik an der Autobahn rauchen und ich sehe Autos mit Schals an uns vorbeifahren, doch das ist mir alles so was von schnurzpiepegal, wie mir überhaupt nur irgendwas schnurzpiepegal sein kann. Ich denke an Inken und vor allem denke ich, dass ich im Moment offenbar alles falsch mache, was ich nur falsch machen kann, und dann schimpfe ich: „Kacke, Kacke, Kacke!" Wenn ich jetzt alleine wäre, dann würde ich erstmal weinen und vielleicht würde ich Mama anrufen, um mal zu hören, was sie dazu meint, und um ein bisschen Mitleid abzustauben.

Ich bin mal wieder total mit mir selber beschäftigt und kümmer mich nicht um Barny und Maik und wir reden kaum ein Wort miteinander. Warum muss das bei mir bloß immer alles so kompliziert sein?

Wenigstens HSV spielt heute mal ganz okay und führt gegen Mönchengladbach ewig lange 1:0, was wir mal wieder von der Haupttribüne aus erleben, weil Maik ein Badehandtuch und Barny und ich unsere Jacken vorgezeigt haben, ohne dass wir uns groß abgesprochen hätten, wäre ja auch noch schöner gewesen. Mich erst in die Scheiße reiten und dann noch groß auf Kumpels machen und gemeinsame Pläne schmieden, pah!

Wie auch immer: Die Stimmung im Stadion ist – im Gegensatz zu meiner – gut. Es ist Freitagabend und die Flutlichter leuchten das Stadion so aus, dass die anwesenden 30.000 Zuschauer aussehen wie 61.000, was mich normalerweise total durchdrehen lässt. Nur heute nicht.

Zur Krönung dieses rundum blöden Tages gibt der Schiedsrichter zwei HSV-Spielern hintereinander eine rote Karte. Neun HSVer können gegen elf Mönchengladbacher immerhin ungefähr eine Minute lang das Ergebnis halten, dann fallen zwei Tore für Gladbach und es steht 1:2 und ich denke an Inken und wie das nur alles weitergehen soll mit ihr und mir, und dann pfeift der Schiedsrichter das Spiel auch schon ab. Ich buhe noch ein bisschen den Schiedsrichter aus und rufe „Schiedsrichter Telefon, deine Alte wartet schon!" und ich denke noch, dass *meine* Alte ganz bestimmt nicht auf mich wartet und buhe innerlich erst Barny und Maik, viel mehr aber mich selber aus.

Dann gehen wir zum Auto und reden gar nicht viel. Nur Maik sagt, wie wir beim Parkplatz ankommen: „Mist. Verloren."

Gut, dass er das noch mal gesagt hat, find ich und wir steigen ins Auto ein, machen Musik an – Barny besteht darauf, dass wir eineinhalb Stunden Motörhead hören, was Maik und mir auch schon fast egal ist an so einem Tag – und fahren wieder nach Hause.

1994 - 1998

SCHEISS AUF FUSSBALL!

22. Oktober 1994

Ich hab die ganze Nacht nachgedacht und beschlossen: Es ist doch vielleicht tatsächlich so, wie Papa immer gesagt hat: „HSV ist nicht alles im Leben." Und so fahre ich gleich nach dem Aufstehen zu Inken nach Hattstedt und schmeiß mich an der Haustür vor sie hin und frage, ob wir uns nicht wieder vertragen wollen. Sie dürfe mich auch bespucken und ich will auch immer artig sein und HSV ist doof und Barny und Maik sowieso und von jetzt an weht ein neuer Wind und ich verspreche, ich fahre nicht mehr zum Fußball. Fußball, nein danke! Um nicht sogar klipp und klar zu sagen: Fußball? Buh!

So. Jetzt ist es raus. Barny und Maik sind bestimmt die supersten Freunde weit und breit und ich bin dagegen eine alte Sau. Aber diese alte Sau möchte halt nicht alleine sein und hat sich doch so sehr in Inken verliebt! Mama und Papa meinen auch immer, dass ich mal erwachsen werden soll, also werde ich jetzt mal erwachsen und höre auf mit Fußballgucken und mache das, was ich glaube, was man tut, wenn man erwachsen ist und eine Freundin hat beziehungsweise haben will.

Inken lässt mich rein in die Bude und ihre Mama guckt mich enorm streng aus der Küche an. Ich tue so, als ob ich den strengen Blick nicht gesehen hätte, und begrüße Inkens Mama ganz freundlich. Wir gehen nach oben und reden ewig lange über so Beziehungskram und schon wenige Stunden später fangen wir damit an, ein richtiges Liebespaar zu sein und fahren nach Husum, „ein bisschen shoppen", wie Inken vorschlägt. Ich bin nicht in der Position, Forderungen zu stellen und ich rufe, vielleicht etwas zu euphorisch: „Hurra!"

Inken braucht ungefähr zwei Stunden, bis sie sich für das Paar Sportsocken entschieden hat, und dann bummeln wir ein paar Stunden am Husumer Hafen rum, was Inken „Spazierengehen" nennt, und dabei versuche ich die ganze Zeit, sie davon zu überzeugen, dass wir mal schleunigst zu mir auf die Bude gehen sollten, weil, die ist ja schließlich um die Ecke und da könnte man sich ja durchaus ein bisschen ausruhen von dem anstrengenden Einkaufsbummel. Inken möchte aber lieber in ein Café rein und ein Eis essen und einen Kaffee trinken und Händchen halten und so. Ich bin grad fast ein bisschen beleidigt, da treffen wir ein befreundetes Pärchen, das auch gerade Einkaufen gewesen ist und jetzt auch Eis essen und Kaffee trinken will und, „was für ein Zufall" – Inken nun wieder –, die beiden haben heute Abend auch noch nichts Besonderes vor und was liegt da näher, als sich gleich an Ort und Stelle zu einem „Spieleabend" zu verabreden.

Kaum sind Inken und ich bei mir zu Hause angekommen und ich will mir das gleich mal bequem machen und „ran" gucken und frag mich gerade, was für eine bescheuerte Jeansjacke der Moderator wohl heute wieder anhaben wird, da fällt mir rechtzeitig ein, dass ich mich ja gar nicht mehr für Fußball interessiere. Also lenke ich mich vom Fußball ab, indem ich versuche, Inken so ein bisschen anzumachen, indem ich sage: „Wollen wir uns das nicht ein bisschen auf dem Sofa bequem machen, Baby?"

Und ich tue dabei so ein bisschen müde und strecke mich ein bisschen, aber, ich vergaß, wir haben heute ja Wichtigeres vor. „Bist du verrückt? Wir müssen doch noch deine Rumpelkammer aufräumen, bevor die beiden kommen!"

Also nix da mit ein bisschen Rumfummeln, stattdessen wird erstmal kräftig abgewaschen, was eigentlich auch gar nicht so unpraktisch ist, weil, ich hab gar kein sauberes Geschirr mehr, was ja kein Wunder ist, ist in der klitzekleinen Küche doch an Abwaschen gar nicht zu denken, also – selbst ist die Frau – tut Inken ohne viel Rumgequatsche alles Geschirr rein in den Wäschekorb, den ich Mama

unbedingt noch zurück-
bringen muss, wenn ich
ihr das nächste Mal die
dreckige Wäsche vor-
beibringe. Und wäh-
rend ich eineinhalb
Stunden abwasche und

dabei aus Versehen darüber nachdenke,
wie das gestern angehen konnte, dass HSV 1:2 verloren hat und was
für ein Arschloch eigentlich dieser verfluchte Schiedsrichter gewesen
ist, da ruft mir Inken aus der Küche, wo sie „was Schnelles für uns
vier" kocht, doch glatt zu: „Ich liebe dich!"

Ich lasse vor Schreck fast den Kaffeebecher, den ich neulich in der
„Blockhütte" hab mitgehen lassen, fallen und denke: Hurra! Und ich
sage, nein, ich rufe, vielleicht ein bisschen zu laut und demütig: „Ich
dich auch!"

Ich ziehe Grimassen vor dem Spiegel und feiere mich vor lauter
Freude über diese drei kleinen Worte ohne Ende selber ab. In meinem ganzen Leben hat sich das noch nicht *so* gut angehört, wenn
jemand einen dermaßen kurzen Satz zu mir gesagt hat. Außer vielleicht „HSV hat gewonnen". Aber das ist hier jetzt nicht das Thema.
Inken liebt mich! Scheiß auf Fußball!

Unser Besuch kommt dann auch bald und das befreundete Pärchen
hat in einem geflochtenen Korb Chips und Spiele und Multivitamin-
saft dabei und wir alle vier setzen uns an den großen Tisch und pala-
vern so ein bisschen über das Wetter, über den Beruf oder die Ausbildung und ich erzähle ein bisschen von der Ausbildung zum Erzieher,
die ich – was hätte ich auch sonst machen sollen, außer HSV kann
ich ja nichts – nach dem Zivildienst angefangen habe, und das passt
alles so wunderbar dazu, dass ich nun endlich erwachsen werde, dass
Inken ganz glücklich zu mir rüberlinst, weil ich jetzt endlich Verantwortung übernehme und mich um mein Leben und um Inken kümmer und nicht immer nur um HSV. Es ist zwar ein bisschen langweilig, hier rumzusitzen, aber, ich werde mich schon daran gewöhnen.
Alles eine Frage der Übung!

24. November 1995
HSV – FC St. Pauli 1:0

Ich hab neulich den Jungen aus der Parallelklasse, der früher immer mit Iron-Maiden-T-Shirt in die Schule kam und der mich und den ich – zumindest bis zu dem Zeitpunkt, an dem er mir sagte, er wäre St.Pauli-Fan, und ich daraufhin so dermaßen ausflippte – immer freundlich grüßte, vor Karstadt getroffen. Er hat mir erzählt, morgen spiele HSV gegen St.Pauli und er hätte noch zwei Plätze in seinem Auto frei, und er meint, „du als alter HSV-Fan bist doch bestimmt dabei, oder?".

Ich bin ewig nicht mehr beim HSV gewesen. Natürlich schaue ich mir die Spiele auf Sat.1 noch an, wenn Inken nicht da ist und ich Zeit habe, aber Fußball im Fernsehen ist ja nicht auszuhalten, aber – na klaro – hab ich mich gefreut, dass HSV jetzt, wo Felix Magath neuer Trainer ist, wieder gewinnt und fast schon wieder Deutscher Meister ist. Aber nach Hamburg hinfahren? Bin ich bescheuert? Mich wieder mit Inken anlegen und dann wieder Stress ohne Ende haben und wieder auf dem Boden um Verzeihung betteln? Nee! „Lass man stecken! Keine Zeit!"

Wenig später sitzen Inken und ich so vor dem Fernseher und gucken ein bisschen Baywatch – ich kann mir diesen Trash einfach nicht abgewöhnen – auf Video und ich fabuliere Inken etwas über den Hauptdarsteller David Hasselhoff – alias „Mitch Buchannon" – und was er angeblich gerne äße, welche Hobbys er angeblich hätte, warum er angeblich so ein guter Schauspieler sei, warum er angeblich so ein guter Sänger sei, vor. Nebenbei blättert Inken in der Zeitung und entdeckt zufällig, dass heute HSV gegen St. Pauli spielt: „Du, HSV spielt heute ja gegen St.Pauli."

Und ich will gerade weitermachen mit meinen Hasselhoff-Geschichten, da meint Inken allen Ernstes, dass sie da Lust drauf hätte, weil's „ja bestimmt spannend" würde. Und ich tue so ein bisschen, als wüsste ich gar nicht, wie wir da hinkommen, und ich überlege, wie noch mal gleich der Junge aus der Parallelklasse, der früher immer mit Iron-Maiden-T-Shirt in die Schule kam und der mich und den ich – zumindest bis zu dem Zeitpunkt, an dem er mir sagte, er wäre St.-Pauli-Fan und ich daraufhin so dermaßen ausflippte – immer freundlich grüßte, mit Nachnamen heißt, und rufe da an und der freut sich „ein zweites Loch in den Arsch", dass wir mitkommen.

„Wir beide zusammen nach Hamburg! Das wird super!"

Ich wüsste zwar nicht, dass wir uns schon das „du" angeboten hätten, aber okay, wenn Inken unbedingt will, so muss man halt Opfer bringen.

Und so sitzen Inken und ich wenige Stunden später bei dem Jungen aus der Parallelklasse, der früher immer mit Iron-Maiden-T-Shirt in die Schule kam und der mich und den ich – zumindest bis zu dem Zeitpunkt, an dem er mir sagte, er wäre St.-Pauli-Fan und ich daraufhin so dermaßen ausflippte – immer freundlich grüßte und der – so viel weiß ich jetzt endlich – Paul heißt, in der Karre und fahren nach Hamburg. Paul hat einen von diesen grässlichen Totenkopfpullovern an, die ja viele St.Pauli-Fans und die sich dafür halten bzw. dafür gehalten werden wollen anhaben. Inken und Paul freunden sich schnell an, nicht zuletzt, weil Inken Paul reichlich Honig um den Bart schmiert. „Schicker Pullover. Warum ist da denn ein Totenkopf drauf?" Und Paul erzählt irgendeinen vom Pferd und das hätte ja was gegeben, wenn jetzt Barny oder Maik dabei gewesen wären. Die hätten Paul mal schön was erzählt von wegen „schicker Pullover" und Inken gleich dazu, was man mit solchen „schicken Pullovern" macht.

Aber mich interessiert das nicht. Ich gucke so ein bisschen aus dem Fenster, und wie wir so über den Kanal rüberrauschen, da muss ich schon wieder an Barny und Maik denken. Ob die heute auch da sind? Bestimmt, die Idioten. Die haben ja auch nichts Besseres vor, als zum HSV zu fahren. Wenn die mal eine Freundin hätten, dann wären die auch ruhiger und würden nicht ständig über mich rummeckern.

Am Stadion angekommen, müssen wir uns erst mal, wie alle anderen, die mit Fußball nicht viel am Hut und keine Dauerkarte haben, um Karten kümmern. Hinter der Westkurve haben wir Erfolg. So ein

Schwarzmarkt-Trottel verkloppt seine Tribünenkarten für zwanzig Mark das Stück, was also vierzig Mark für zwei Karten macht: „Vierzig Mark, Alter!"

Ich hab also schon die vierzig Mark in der einen Hand und die beiden Karten in der anderen, während er immer wieder laut in die Menge rein ruft: „Südtribünenkarten für zwanzig Mark!"

Ich frage noch mal nach: „Zwanzig Mark?"

„Ja, du Depp. Wie oft soll ich das denn noch sagen?"

Er zieht mir einen der beiden Zwanzigmarkscheine aus der Hand, steckt den ein und dreht sich weg und weiter geht's mit seinem Rumgebölke: „Südtribünenkarten für zwanzig Mark!"

Ich freue mich über den unverhofft verdienten Zwanni, gehe zu Inken rüber und zieh mal so'n büschen die Spendierhosen an, schließlich kann ich mir das nach dem Geschäft gerade noch leisten.

„Hinter der Südtribüne gibt es ausgezeichnete Bratkartoffeln."

Daran kann ich mich gerade noch erinnern. Inken hat einen „Mordshunger", wie sie sagt, und ich bin ein guter Freund und kann meine Freundin nicht hungern sehen.

„Komm Baby, ich lade dich auf eine Portion Bratkartoffeln ein!"

Wir muffeln die weg wie nix und schauen uns nebenbei die Karten an, auf denen steht: Südtribüne, Block 34. Reihe 12. Und ich kram so'n büschen weiter in meinem Gedächtnis herum, und wenn ich mich nicht komplett irre, dann sitzen genau da, ausgerechnet in Block 34, seit Jahr und Tag die räudigsten HSV-Hooligans überhaupt. Und, wie wir so den Block runtergehen und Inken – „Ah, so viele Zuschauer! Und, oh, so ein grüner Rasen!" – staunt, da sehen wir schon etwas weiter unten Rauchschwaden aufsteigen, vermummte Menschen herumpoltern und drum herum um und bei zweihundert Polizisten stehen. Wir gehen noch ein paar Stufen runter und ich will Inken gerade klarmachen, dass wir hier falsch seien und doch eher woanders säßen, da höre ich sie sagen: „Du, hier steht ‚Block 34. Reihe 12', hier sind wir richtig."

Sie strahlt über beide Backen und ich, was bleibt mir anderes übrig, wende mich mit meinem Konfirmationslächeln an unseren Freund und Helfer: „Lieber Herr Polizist, können Sie uns mal bitte kurz durchlassen?"

Ich hab mir das während der Fahrt so schön ausgemalt. Mit Inken schön gemütlich auf der Tribüne sitzen und ein bisschen Fußball gucken, und während wir uns aneinanderkuscheln, schießt HSV ein paar Tore und Inken hört gar nicht mehr auf mit ihrem „Ich liebe dich"-Gesäusel und ich nehme sie beschützend in den Arm und sie fühlt sich geborgen und alles ist so super wie nur was.

Nun sitzen wir als einzige Normalos zwischen all den Haiopeis, die – wie Papa sagen würde – nichts als Blödsinn im Kopf haben und auf den Holzbänken herumspringen und sich benehmen wie Kalle Arsch. Ich will ja lieber nichts sagen, man will ja keinen Ärger riskieren, aber ich lege zumindest vorsichtshalber den Arm um Inkens Schulter, damit ich wenigstens einen kleinen Teil meines Vorhabens einlösen kann.

Inken wirkt nicht so, als bräuchte sie meinen Schutz, stattdessen schaut sie die ganze Zeit fasziniert zu, während die Typen um uns herum langsam aber sicher den Spaß an dem ganzen Heckmeck verlieren und nach und nach alle abdampfen. Das Spiel fängt gleich an und „endlich ist hier Ruhe im Karton", wie ich erwachsen rumtöne.

Inken dreht sich zu den Hools um und ich mag mich irren, aber sie klingt fast ein bisschen traurig, als sie fragt: „Wieso gehen die denn jetzt weg?"

Ich weiß das – na klar – auch nicht, bin ja nicht Jesus, und murmel was von wegen: „Die mischen jetzt den St.-Pauli-Block auf." Und ich denke still in mich rein, weil, ich bin ja jetzt erwachsen: „Diese Asis!"

Inken dagegen guckt denen lange hinterher, und ich bilde mir fast ein, dass ich in ihren hübschen Augen so etwas wie Faszination entdecke.

Nun erkläre mir einer die Frauen.

Das Spiel ist ziemlich langweilig, was mir eigentlich in die Karten spielen sollte. Sicher wird Inken über kurz oder lang in meinen Armen liegen und wir werden ein bisschen aneinander rumfummeln und die Nacht vor 50.000 zum Tag machen und uns ein bisschen antörnen, damit wir nachher, wenn wir wieder zu Hause sind, schon auf Betriebstemperatur sind. Aber Inken ist irgendwie total komisch heute. Sie schwärmt die ganze Zeit von „diesem Felix Magath", weil der „so einen coolen Anzug" anhat, und jedes Mal, wenn HSV die Mittellinie überquert, steht sie auf und kreischt ein bisschen rum: „Loooos! HSV!"

Die Zuschauer hinter uns sind schon ein bisschen genervt, weil, Inken macht fast so viel Wirbel wie die Hools vor Spielbeginn, so dass auch ich denke, dass ja wenigstens gleich Halbzeit sei und man zumindest kurz ein bisschen Ruhe hätte, da fällt ein HSV-Spieler im St.Pauli-Strafraum um und der Schiedsrichter hat sich offensichtlich von dem „Klares Fouuul!"-Gekreische der Blondine auf der Südtribüne, in Block 34, Reihe 12, beeinflussen lassen und – pfeift Elfmeter. Nun muss ich Inken erst mal erklären, was Sache ist, von wegen Elfmeter und so, und Inken will wissen, ob, wenn der reinginge, das dann auch ein richtiges Tor sei und es dann 1:0 stünde, und ich sage ja und ich erzähle, dass Harald Spörl den Elfmeter schießt, und will gerade herumbraschen, dass Lumpi dessen Spitzname ist, da ist Lumpi auch schon angelaufen, hat Lumpi schon geschossen, hat Lumpi schon getroffen und der Ball ist drin. HSV führt 1:0 und Inken fällt mir um den Hals und jubelt: „Wie geil ist das denn?! 1:0!"

In der Halbzeit sitzen wir in aller Ruhe nebeneinander und ich muss Inken genau erklären, was so alles passiert ist. Von den Linienrichtern bis zu der Anzeigetafel, den Fantransparenten und all dem Pipapo. Und ich will mich am liebsten auch noch entschuldigen, dass HSV heute so lahm spielt. Aber damit kann Inken offenbar gut leben: „Ist das nicht egal? Die Hauptsache ist doch, dass wir gewinnen, oder?"

Die zweite Halbzeit ist so langweilig, dass selbst Inken nicht mehr aufrecht sitzen kann. Und ich freue mich, dass jetzt offensichtlich endlich die Kuschelschmusestunde anfängt und denke so leise in mich rein: „Alter Freund, ab jetzt läuft's für dich", da hören wir ein lautes Gebölke aus dem oberen Bereich der Südtribüne. Inken dreht sich um, setzt sich mit Schmackes kerzengerade hin und strahlt über beide Backen: „Ach, guck mal! Die Hooligans sind wieder da!"

Und wie ich mich so umdrehe, da werde ich das Gefühl nicht los, dass ich ein paar von diesen Visagen schon einmal irgendwo gesehen hab, nur ich komm nicht drauf, wo. Kaum komm ich ins Grübeln, da steuern zwei von denen auch schon direkt auf uns beide zu und der eine, so eine derbe Kante von zwei Metern im Kubik, begrüßt mich: „Ey, Keule! Gehst du heute gar nicht mit auf die Zecken los? Nachher steigt noch was!"

Inken neben mir kriegt richtig Stielaugen, und der eine Polizist von vor dem Spiel, der steht zwar zwanzig Meter von uns weg, aber der linst auch schon rüber und macht dazu einen solch langen Hals, als wollte er direkt mitlauschen, was die derbe Kante und ich so zu bekakeln haben, und ganz bestimmt denkt er jetzt gerade: Was die wohl zu bekakeln haben? Die wollen nachher bestimmt gemeinsam auf die Zecken los...

Doch während ich – „Äh" und „Hä?" und „Wie jetzt?" – ein bisschen herumstammel, da fällt mir auch das Freundschaftsspiel am Millerntor wieder ein. Offensichtlich bin ich in Hoolkreisen noch nicht ganz in Vergessenheit geraten. Und wie ich so sehe, wie der Polizist eine Kamera rausholt, da denke ich noch: ein Glück, dass ich nicht noch mal verweigern muss, denn mein polizeiliches Führungszeugnis kann ich spätestens jetzt vergessen. Der (Halb-)Inselsheriff von Nordstrand hatte mir das ja sofort abgekauft, dass ich in echt „mit die Holligans", wie er damals zu sagen pflegte, eigentlich nichts am Hut habe. Aber das war auf dem Land, wo ja nicht mal was gesagt wird, wenn man mit 7,4 Promille und 100 Stundenkilometern in der Ortschaft in eine Polizeikontrolle gerät. In der Großstadt ist dagegen mit den Cops nicht zu spaßen. Da wird man gefilmt, und kaum steht man zufällig in der falschen Ecke, bleibt man auf ewig ein Fußballverbrecher. Auch wenn man, wie ich, nur mit der Freundin da ist, um ein bisschen rumzufummeln und mit Fußball eigentlich ja gar nichts mehr am Hut hat.

Die derbe Kante erklärt Inken in der Zwischenzeit, dass er mit „Zecken" St.-Pauli-Fans meine und was denn nachher überhaupt noch so steige. Er holt aus und posaunt mal so richtig schön ausführlich alles raus, was an Gemetzel auf dem Kiez noch abgehen soll, und ich höre demonstrativ weg, da kommt, was ja auch mal Zeit wird, sein Kollege, flüstert ihm was ins Ohr und beide nicken uns ernst zu und weg sind sie – und mit ihnen der ganze restliche Mob.

Und wie die so die Tribünen hochgehen und aus dem Stadion verschwinden, da mutmaße ich: „Na, die gehen wohl gleich zur Reeperbahn, um Streit zu suchen."

Und ich schüttel so ein bisschen mit grimmiger, verständnisloser Miene meine Rübe, während Inken mich aufklärt: „Nee, tun die nicht. Die gehen jetzt erstmal zum S-Bahnhof Stellingen. Da treffen die sich noch mit Hannover-Hooligans. Und dann geht's zum Kiez. Hat zumindest Jason gerade erzählt."

Jason? Ich drehe mich langsam und mit offenem Mund zu Inken rum, da pfeift der Schiedsrichter das Spiel auch schon ab.

Wir treffen Paul hinter der Haupttribüne und während der gesamten Rückfahrt diskutieren Inken und er über das Spiel und die Stimmung und die Hools, und Paul nervt rum, von wegen „im St. Pauli-Block war ja wieder richtig tolle Stimmung", und Inken nervt rum, von wegen „so unnett sind einige Hools ja gar nicht" und so weiter und so fort. Ich gucke aus dem Fenster und fühl mich gerade von allem und jedem verlassen und als Sahnehäubchen auf die Scheiße obendrauf stupst mich Inken ständig an, von wegen „Du, sag doch auch mal was!"

Ich will nichts sagen. Nicht jetzt und nicht morgen und übermorgen auch nicht. Wenn ich jetzt nämlich wieder mit Fußball anfange, dann hab ich doch sofort wieder Ärger am Hals und die ganze Schose geht wieder von vorne los und Inken ist dann die Erste, die mir den Marsch bläst. Und dann ist sie weg mit irgendeinem Typen, der nur auf so eine Gelegenheit lauert und samstags garantiert nicht im Regen auf halbleeren Stehtribünen im Hamburger Volksparkstadion rumhängt. Ich sag es doch immer wieder: Scheiß auf Fußball!

11. Februar 1996
HSV – Bayern München 2:1

Es war heute total kalt und wir haben uns einen richtig schönen Sonntag gemacht. Wir sind spazieren gewesen und haben gemütlich einen Kaffee getrunken und nun lassen wir uns noch eine Pizza kommen und machen uns das vor dem Fernseher mit einem Video-film gemütlich. Wie gut, dass ich direkt über der Videothek wohne. Okay, den großen Müllcontainer nach defekten, aber noch halbwegs funktionierenden Pornofilmen durchzuwühlen, das hab ich mir fürs Erste abgewöhnt, aber ein weiterer Vorteil liegt natürlich auch auf der Hand: Man leiht mehrere Filme auf einmal aus und schafft alle noch am selben Tag und kann die kurz vor Buffalo noch nach unten bringen, was natürlich extrem viel Geld spart. Man ist ja auch nicht Krösus und zu verschenken haben wir erst recht nichts, also, „Alltag raus, Video rein", wie das so schön blöd im Vorspann heißt, und so gucken wir „Before Sunrise", was eigentlich genau das Richtige für zwei Verliebte wie uns ist. So eine Schnulze mit Julie Delpie, oder wie die heißt, und Ethan Hawke.

Überhaupt Ethan Hawke! Inken *steht* auf Ethan Hawke! Da tut es auch nichts zur Sache, dass *ich* den total scheiße finde. Seit Inken mir neulich sagte, sie fände dessen Ziegenbart super, hab ich mir auch einen stehen lassen, zumal ja auch die ganzen Grunge-Rocker von Soundgarden und Nirvana und Pearl Jam seit jeher damit rumlaufen.

Wir liegen also im Hochbett – das ich habe, seitdem mir mein Nachbar verraten hat, dass die Weiber voll darauf stehen – und gucken den Film, der sich darum dreht, wie so zwei Verliebte durch Wien tapern und dabei die ganze Zeit quatschen. Ich meine, die quatschen wirklich die ganze Zeit nur rum! Das muss man sich einmal vorstellen: In dem ganzen Film passiert nichts, bis auf, dass die beiden rumlabern, was dazu führt, dass selbst Ethan-Hawke-Fan Inken nach einer halben Stunde eingeschlafen ist.

Ich setze mich nach unten, auf das Sofa, das ich erst letzte Woche vom Sperrmüll im Nobelviertel nahe meiner alten Schule geholt habe, und zappe ein wenig rum, weil, bezahltes Leihvideo hin oder her, so ein Mist ist ja nun echt nicht auszuhalten, und ein bisschen Zeit, bis die Videothek dichtmacht, habe ich auch noch. Und wie ich so rum-zappe, da bleibe ich auf Sat.1 hängen, wo doch tatsächlich HSV gegen Bayern live übertragen wird. Ich denke, wie weit weg ich doch vom Fußball bin und wie wenig mich das eigentlich interessiert. Ich meine, das ist nichts zum Stolz-drauf-Sein, aber es ist, wie es ist. HSV liegt gegen Bayern München natürlich zurück – sie liegen gegen Bayern München eigentlich immer zurück, vor allem nach dem Schlusspfiff – und wie ich so auf dem Sofa liege und gucke, da fällt mir auf, dass HSV eigentlich gar nicht so schlecht spielt und Chance um Chance hat und ein bisschen interessiert es mich dann ja doch, wie das ausgeht, zumindest mehr als das Rumgelaber von Ethan Hawke und Julie Delpy.

Es sind noch zehn Minuten zu spielen. HSV stürmt und die Stimmung im Volksparkstadion hört sich gut an. Barny und Maik sind bestimmt auch da. Ob die heute auch auf der Haupttribüne sitzen? Damit hatten wir ja früher meist ein Problem, wenn das Stadion ausverkauft war, denn es gab dann ja keinen Platz, auf dem wir ohne gültige Eintrittskarte hätten sitzen können. Zum Glück war und ist das Volksparkstadion eigentlich nie ausverkauft. Da haben Barny und Maik das wenigstens schön bequem. Zumindest, wenn Bayern nicht in Hamburg spielt und irgendwelche Pfeifenköppe echten Fans wie Barny und Maik die Plätze wegnehmen.

Ich muss ein wenig schmunzeln, als von Lothar Matthäus die Rede ist. Ich frage mich, ob er noch mit dieser Italo-Boot-Mix-Tussi Lolita Morena zusammen ist, weil, die hat ihn ja richtig im Griff gehabt, und ich denke daran, wie wir vor ein paar Jahren in der Westkurve laut gesungen haben: „Ganz Hamburg lag schon auf ihr drauf – Lolita Morena!" Das war lustig, und bestimmt haben Barny und Maik das heute wieder gesungen, als Matthäus ausgewechselt worden ist, und vielleicht hat Matthäus das ja auch gehört und sich ein bisschen geärgert. Hehehe…

Wie ich so gerade darüber grübele, warum ich mir Namen wie Lolita Morena im Gegensatz zu den Namen der Präsidenten der Vereinigten Staaten von Amerika oder irgendwelcher binomischer Formeln eigentlich so gut merken kann, da schießt André Breitenreiter in der 85. Minute das 1:1 für HSV, und ich kann nicht anders: Ich reiße die Arme still in die Luft. „Tor!", denke ich, und – warum auch immer – mir zittern ein bisschen die Knie und HSV stürmt weiter wie bekloppt. Bayern kommt überhaupt nicht raus aus der eigenen Hälfte und Uwe Jähnig, der vorne kurz-, hinten langhaarige und vor allem meistens verletzte HSV-Stürmer, steht so um und bei fünfzehn

Meter vor dem Bayern-Tor und es ist die 89. Minute und er schießt und der Ball sitzt links unten im Eck – BÄMM! 2:1 für HSV!

Oben schläft Inken und unten springe ich auf und bin knapp davor, völlig zu eskalieren. Ich will gerade „TOOOOOOOOOOOOOR!" schreien, da beiße ich mir auf den Handballen, bis das weh tut. Ich gehe lieber auf Klo, wo ich ein bisschen, und zwar leise vor mich hinjubeln kann. Ich hock mich auf die Knie und flüstere: „Ja, ja, ja!" Ich bin ganz flimmerig zuwege und gehe schnell zurück ins Wohnzimmer, wo der Schiedsrichter das Spiel gerade abpfeift und ich den Fernseher ausschalte.

Ich spule das „Before Sunrise"-Video zurück, gehe nach unten und gebe den Film in der Videothek ab. Das war ja alles gut und schön mit HSV gerade eben, aber nun ist auch mal gut und ich muss mich wieder auf die wichtigen Dinge des Lebens konzentrieren! Aber einmal noch kurz freuen wird ja wohl erlaubt sein: JA! JA! JA! HSV hat gegen Bayern gewonnen!

22. März 1997
HSV – VfL Bochum 2:2

Eigentlich wollen wir ja einen „gemütlichen Spieleabend" machen und „Die Siedler von Catan" spielen und ich freue mich direkt darauf: so schön gemütlich rumsitzen und ein bisschen die Figuren auf dem Spielbrett bewegen und ein paar Chips essen und schön früh zu Bett und vielleicht noch ein bisschen RTL „Samstag Nacht" im Fernsehen gucken und Gute-Nacht-Küsschen und pieschen und waschen und zu Bett. Aber Inken hat, wie sie meint, Besseres vor: Sie hat mit unserem befreundeten Spieleabend-Pärchen telefoniert und die haben sich alle was Tolles ausgedacht und nun fahren wir heute doch tatsächlich mit der Eisenbahn nach Hamburg, zum HSV.

Ich weiß nicht so richtig, was ich davon halten soll, wie wir so im Zug sitzen und ich die ganzen HSV-Fans mit ihren Plastiktüten voll Bier und Schnaps an uns vorbeilaufen sehe, während wir uns belegte Brötchen und Kaffee aus der Thermoskanne reindrücken und dabei

Maumau spielen. Unser befreundetes Spieleabend-Pärchen lächelt so ein bisschen mitleidig beim Anblick der Fußballproleten, die da mit ihren Plastiktüten voll Bier und Schnaps an uns vorbeilaufen, und Inken und ich nicken wissend und ich denke mir nichts dabei, wie ich so sage: „Ja ja, es ist ein Kreuz mit diesen Fußballfans!"

Wir vier sind so weit entfernt von richtigen Fußballfans wie nur irgendwas und das Mädchen von unserem befreundeten Spieleabend-Pärchen gießt noch Kaffee aus der Thermoskanne nach und Inken kramt in ihrer Tasche und hat für alle eine Überraschung dabei: „Ich hab noch für alle ein Überraschungs-Ei dabei!"

Wir fummeln das Papier ab und bauen die Figuren zusammen, da kommen wir auch schon in Hamburg an. „Och schade", sagt der Junge von unserem befreundeten Spieleabend-Pärchen, „ich bin hier gerade so schön am Bauen."

In Hamburg-Altona angekommen, machen wir uns also eher widerwillig auf den Weg zum Stadion und in der S-Bahn machen wir lange Gesichter, weil wir stehen müssen und dabei hat der Junge von unserem befreundeten Spieleabend-Pärchen vorher noch gesagt, dass er jetzt in der S-Bahn seine Figur aus dem Überraschungs-Ei zusammenbauen wolle und dann könne das auch irgendwann mal losgehen mit Fußball. Aber an so was wie Zusammenbauen ist gar nicht zu denken, weil alle nur am Schubsen und Drängeln sind und die ersten Sprüche an unsere beiden Mädchen gehen auch schon auf die Reise: „Ey, Blondie, komm mal lecker bei mich bei!" Und, als ob das noch nicht reichen würde, stimmen drei fettleibige HSV-Kutten die ewige Hymne aller HSV-Fans an und der ganze Waggon, auch die anwesenden Frauen, bis auf Inken und das Mädchen vom befreundeten Spieleabend-Pärchen, stimmen in die „Eisgekühlter Bommerlunder"-Melodie mit ein: „Eine kleine Nymphomanin FIECKEN, eine kleine geile Sau, SAU, das ist alles was wir brauchen: Fiecken, Saufen, HSV!"

Inken und das Mädchen vom befreundeten Spieleabend-Pärchen rollen ein bisschen mit den Augen und der Junge vom befreundeten Spieleabend-Pärchen und ich machen empörte Gesichter und schütteln die Köpfe, gucken dabei aber nach draußen, damit die Typen, die das mit der Nymphomanin und dem „FIECKEN" singen, uns nicht sehen. Wir wollen schließlich keinen Ärger riskieren.

Das Wetter ist so wunderbar und nicht nur darum beschließen wir, von der S-Bahn-Station Stellingen nicht mit dem Bus-Shuttle zum Volksparkstadion zu fahren, sondern zu laufen. Ich denke mir, dass das vielleicht netter ist, als im Bus schon wieder das Lied mit der Nymphomanin zu hören. Kaum sind wir also losmarschiert und das Mädchen vom befreundeten Spieleabend-Pärchen und Inken haben sich die Schuhe ausgezogen und laufen mit ihren geflochtenen Körben nun barfuß Richtung Stadion, fast so, als würden wir zu einem Folkfestival gehen, da kommen die drei HSV-Kutten aus der S-Bahn, voll wie die Schweine, aus dem Gebüsch gekrochen. Sie haben gerade „schön gepisst", wie einer von ihnen zu Protokoll gibt, und nun kann das ja auch wieder losgehen: „Eine kleine Nymphomanin FIECKEN, eine kleine geile Sau, SAU, das ist alles, was wir brauchen, Fiecken, Saufen, HSV!"

Habe ich eigentlich schon erwähnt, dass es ein Kreuz mit diesen Fußballfans ist?

Am Stadion kaufen wir uns für ein paar Mark jeder eine Stehplatzkarte für die Westkurve, aber – na klaro – nicht für Block E oder F, wo wahrscheinlich genau die stehen, die gerade zweimal so nett für uns gesungen haben, sondern in Block A, da wo die eher zivilisierten Fußball-Fans stehen. Und gleich auch wir, die sich schön gemütlich hinsetzen können, weil es nicht besonders voll ist, und so ein bisschen hoffe ich, dass Barny und Maik, die bestimmt wieder für lau auf der benachbarten Haupttribüne sitzen, mich nicht sehen und auslachen.

Das Spiel reißt auch nicht so mit, dass man durchknallen könnte. Der Junge vom befreundeten Spieleabend-Pärchen und ich und Inken und das Mädchen vom befreundeten Spieleabend-Pärchen unterhalten uns nebenbei ein bisschen und dann ist die erste Halbzeit auch schon zu Ende.

Offenbar genau die richtige Zeit für Inken, drei Jonglierbälle aus ihrem Korb zu holen, mit denen sie ein bisschen herumjongliert. Die Kinder, die bei uns in der Nähe stehen, kommen auch gleich in Scharen zu uns und gucken sich das an und Inken zeigt denen, was ja die alte Erzieherinnenschule ist, ein paar Tricks, bis das Spiel wieder losgeht, und da nehme ich mir die Bälle und will auch ein bisschen herumjonglieren, weil, schließlich bin ich ja auch fast Erzieher und kann Inken das Feld nicht ganz alleine überlassen, bis ein älterer Herr von hinten ruft: „Ey, du Clown, pack deinen Jonglierscheiß wech, hier läuft Fußball!"

Wenn auch kein guter. Das Spiel plätschert so ein bisschen vor sich hin, ich sage und mache während der zweiten Halbzeit lieber gar nichts mehr, und wie wir abends in Husum am Bahnhof aussteigen, da überlegt Inken laut, ob wir noch eine Runde spielen wollen, aber wir anderen finden, dass man das ja auch nicht übertreiben sollte, weil, „ist ja auch schon 21 Uhr".

Das befreundete Spieleabend-Pärchen verabschiedet sich und das Mädchen vom befreundeten Spieleabend-Pärchen fragt nach, wie das Spiel „jetzt noch mal ausgegangen" sei. „Och. Ich glaube 2:2", antworte ich gelangweilt und dann gehen das Mädchen vom befreundeten Spieleabend-Pärchen und der Junge vom befreundeten Spieleabend-Pärchen zu ihrem Auto und Inken und ich machen uns auf den Weg nach oben.

„Ich finde, wir können uns gut noch ein Video holen", meint Inken und ich sage ihr, dass sie das Bett ja schon mal vorwärmen kann.

21. Dezember 1997
HSV – Hansa Rostock 0:1

Nachdem HSV schon letzte Saison erst am vorletzten Spieltag den Abstieg verhindert hat, stecken die jetzt schon wieder bis zum Hals in der Scheiße. Hat mir mein Bäcker in Flensburg erzählt. Hier wohnen wir ja nun seit zwei Monaten, weil ich ja jetzt, nachdem meine Ausbildung zum Erzieher fertig ist, studiere. Erwachsenwerden gut und schön, aber mit Mitte Zwanzig schon so richtig ins Arbeitsleben einsteigen? Das hat ja wohl noch etwas Zeit!

Ich habe nicht viel Lust, mit meiner Schwester und ihrem neuen Freund nach Hamburg, zum Fußball zu fahren. Genau das hat meine

Schwester aber vorgeschlagen, weil ihr neuer Freund großer Fußballfan sei und das passe doch wunderbar. Ich frag mich zwar, was ich noch groß mit Fußball zu kriegen hab, aber so oft sehe ich meine Schwester ja nun auch nicht, seit sie in Wien studiert, und so ein bisschen ist das dann eben mein Weihnachtsgeschenk, mich ein bisschen um meine Schwester und ihren neuen Freund zu kümmern, also okay, „lass uns da man hinfahren".

Meine Schwester und ich (schon ein paar Jahre her, aber!)

Wir treffen uns in Husum am Bahnhof und fahren von dort mit der Bahn und gehen ganz routiniert an die Sache ran. Die beiden erzählen von Wien und es geht natürlich auch ein bisschen um Rapid und Austria Wien und wie deren Fans sich so vertragen, und meine Schwester erzählt bei der Gelegenheit natürlich von HSV und St. Pauli und dass ich ja ein ganz großer St.-Pauli-Hasser sei, was ich herunterspiele, was ja tatsächlich nicht übertrieben ist, weil, ich bin echt so ein bisschen weg von dieser HSV gegen St.-Pauli-Schiene. Ich meine, ich bin jetzt Student. Da muss man sich mit vielen wichtigeren Dingen beschäftigen und kann so ein Kindergarten-Gehampel, wer nun doofer ist und wer cooler, echt nicht mehr verstehen. Haben die Leute nicht Besseres zu tun? Und der neue Freund von meiner Schwester gibt mir Recht und stellt fest: „In Österreich ist das auch nicht so wild mit der Rivalität."

Es ist kalt und neblig und nieselig heute und ich könnte mir wirklich Kommodigeres vorstellen, als im Stadion herumzufrieren. Aber was tut man nicht alles für die Familie. Trotzdem versuche ich von vornherein, die Erwartungen so niedrig wie möglich zu halten: „Die verlieren heute sowieso wieder." Wovon sich meine Schwester nicht beeindrucken lässt: „So ein Quatsch! HSV verliert doch nicht gegen Hansa Rostock!"

Typisch meine Schwester! Die lebt natürlich noch voll in der Vergangenheit, wo HSV alles gewonnen hat und ich ja noch voll der Oberfan war und immer geheult hab, wenn das mal nicht der Fall war. Und meine Schwester erzählt ihrem neuen Freund, wie das nun

Ulrich Stein

mit mir gewesen ist, früher. Wie ich am Samstag die ganze Familie mit meiner Fickerigkeit angesteckt hab, weil, es durfte mich ja keiner stören, wenn HSV im Radio lief, und ja keiner durfte den HSV-Schlumpf berühren, zumindest nicht ohne meine Erlaubnis. So war also quasi die ganze Familie davon abhängig, wie HSV gespielt hat. Und ob nun Mama, Papa oder Schwester – dadurch, dass ich HSV-Fan war, waren alle anderen zwangsläufig auch HSV-Fans. Was blieb ihnen auch anderes übrig? Und sonntags musste meine Schwester mich immer abfragen, welcher HSV-Spieler welche BamS-Note in der Bild am Sonntag bekommen hat: „Stein?" „BamS-Note 1!" „Nee." „BamS-Note 2?" „Nee." „Der hat doch keine BamS-Note 3 gekriegt!" „Doch. Hat er." „Zeig mal!" Das konnte natürlich nicht angehen, dass die BamS den HSV mal wieder so dermaßen „benachteiligt". Ich konnte das einfach nicht fassen: „Warum geben die Stein bloß eine BamS-Note 3?" Und so ging das mit jedem Spieler. Und so ging das jeden Sonntag. Und so erzählt meine Schwester das ihrem Freund und der muss natürlich ziemlich grinsen, so bescheuert, wie das alles lief damals, und ich gucke aus dem Fenster und muss auch grinsen. Aber nur ein bisschen.

Meine Schwester glaubt also, dass HSV gewinnt, hat aber auch schon davon gehört, dass die nur noch die Hälfte wert sind, seit sagen wir mal zehn Jahren. In Wien kriegt man aber nicht alles so mit und manche Dinge verklären sich ja auch, also muss ich ihr mal erzählen, wie so die letzten HSV-Jahre gelaufen sind, zumindest die Jahre, von denen ich noch etwas mitbekommen hab, weil, „seit einigen Jahren geht ja Inken klar vor!".

Und ich will gerade mal was vom Studium erzählen, da fragt meine Schwester nach: „Wie, Inken geht vor? Bist du bescheuert?"

Und ich so: „Hä?"

Und sie so: „Du willst mir allen Ernstes sagen, dass du dich nicht mehr so für HSV interessierst?"

Und ich wieder so: „Genau!"

Und sie so: „Und ich erzähle allen in Wien, dass mein kleiner Bruder der allerallergrößte HSV-Fan ist und HSV voll cool ist, weil, mein kleiner Bruder ist ja Fan von denen?"

Und ich so: „Das erzählst du?"

Und sie: „Ja, das erzähle ich."

Und ich so: „Aber vielleicht habe ich mich ja in den letzten Jahren weiterentwickelt."

Und sie so: „Wo hast du dich weiterentwickelt?"

Und ich wieder: „Na ja. Ich kümmer mich halt mehr um die Beziehung und nicht mehr so um Fußball."

In dem Moment beschließt der neue Freund meiner Schwester, „mal durch den Zug zu laufen". Er geht sich also „die Beine vertreten" und meine Schwester redet weiter: „Aber du bist doch Fußball! Du bist doch HSV! Du willst mir doch nicht erzählen, dass du dich wirklich nicht mehr dafür interessierst, dass der HSV irgendwo am Tabellenende rumkrebst!"

„Nun ja, natürlich finde ich das besser, wenn die gewinnen."

„Und was sagt Mama dazu?"

„Wozu?"

„Na, dass du dich so toll weiterentwickelt hast."

„Das weiß ich doch nicht."

„Das glaube ich dir."

„Wieso ,das glaube ich dir'?"

„Na, weil ich mit Mama gesprochen hab und sie mir erzählt hat, dass sie sich Sorgen um dich macht, weil du dich gar nicht mehr meldest und so völlig anders bist, überhaupt nicht mehr wie früher."

„Und wie war ich bitte so, früher?"

„Du hattest Freunde, du hattest Spaß, du warst traurig, wenn HSV verloren hat, und du hast dich bei Mama ausgeheult und, keine Ahnung, du warst einfach anders, du warst eben du."

„Ich hab immer noch Freunde."

„Wen denn?"

„Na, Barny und Maik."

„Und wann hast du zuletzt mit denen was gemacht?"

„Äh, erst letztens."

„Vor ein paar Monaten."

„Kann sein."

„Mensch, denk doch mal nach!"

„Was spielst du dich überhaupt so auf?"

„Ich spiel mich überhaupt nicht auf. Ich finde nur, dass du dich nicht für Inken zu verstellen brauchst. Wenn sie dich liebt, liebt sie dich auch so, wie du wirklich bist!" „Und, wie bin ich wirklich, du olle Meckerziege?"

„Du bist ein Kindskopf, der HSV-Fan ist und ständig Quatsch vorhat und der viele Freunde hat, die ihn genau so gerne mögen!"

Und in dem Moment kommt der neue Freund meiner Schwester wieder und „gleich sind wir da". Wir ziehen uns die Jacken an und ich strecke meiner Schwester heimlich die Zunge raus, aber das hat sie gesehen und streckt mir auch die Zunge raus und schickt noch altklug hinterher: „Denk mal drüber nach!"

Wir steigen aus.

Im Stadion stehen wir in der Westkurve, im Block C, und wir müssen mit angucken, wie HSV vor ein paar Zuschauern, die meisten von denen auch noch aus Rostock, mit 0:1 in Rückstand gerät. Und ich drehe mich zu meiner Schwester um, die fassungslos mit dem Kopf schüttelt und klagt: „Das kann doch gar nicht sein! HSV kann doch nicht gegen Rostock verlieren! Das geht doch gar nicht!"

Und ich finde das so verdammt merkwürdig, dass ich seit Jahren das erste Mal mit meiner Schwester rumhänge und die hier so auf Moralapostel macht und hier so tut, als ob die so groß mit HSV leidet. „Du willst mir doch nicht erzählen, dass du hier mit HSV mitleidest, oder?"

„Ich leide mit HSV mit? Ich leide mit dir, du Arsch! Ich leide, weil ich daran denke, wie du immer wegen HSV rumgequakt hast, wie du immer nur HSV im Kopf gehabt hast, wie du immer nur nach Hamburg wolltest, wenn wir mal einen Familienausflug machen wollten, wie du immer in den Sommerferien nicht wegfahren wolltest, weil du ja ein HSV-Freundschaftsspielergebnis hättest verpassen können, wie du dein gesamtes Geld erst für diese Fußballbilder und später für die Fahrten zum HSV verschleudert hast. Ich leide, weil HSV irgendwie zur Familie gehört, und ich habe verdammt wenig von der Familie, seitdem ich in Wien lebe und Papa und Mama geschieden sind und du in Flensburg bist, und wenn ich mich nicht mal mehr darauf verlassen kann, dass ich, wenn ich von HSV sehe oder höre, irgendwie auch dich sehe und höre, dann stimmt doch hier irgendwas nicht!"

Ich gucke aufs Spielfeld und denke nach. HSV verliert 0:1 und die Zuschauer pfeifen nicht mal so richtig laut. Nur meine Schwester, die krakeelt immer noch, als wenn die bis morgen Zeit hätte, hier so zu stehen und mir gehörig die Leviten zu lesen. Mir bleibt nichts anderes übrig, wir reden über HSV, über Mama und Papa und über Wien und über mich und über meine Schwester und ich weiß nicht, ob ich in den letzten Jahren überhaupt irgendwas richtig gemacht hab. Blöde Schwester. Kommt hier an und meckert den ganzen Tag rum und erzählt einen vom Pferd!

Der neue Freund meiner Schwester lehnt in der Zwischenzeit am Wellenbrecher und guckt sich Fans an, die traurig an Wellenbrechern stehen und sich Fans angucken, die traurig an Wellenbrechern stehen.

Wir verlassen Block C und als wir die Treppen ganz oben verlassen, da drehe ich mich um und ich guck auf den Rasen und die leeren Tribünen und ich hab das Gefühl, dass HSV absteigt. Auf der Rückfahrt reden wir nur das Nötigste, was Papa zu Weihnachten bekommt und was Mama zu Weihnachten bekommt und wie wir das machen, zu Weihnachten. Wo sind wir an Heiligabend und wo am ersten Weihnachtstag, wann bei Mama, wann bei Papa?

In Husum steigen wir aus. Meine Schwester und ihr neuer Freund fahren zu Mama nach Nordstrand, ich steige in den Zug nach Flensburg und ärgere mich, dass ich bestimmt wieder nur aus dem Fenster gucke und über den Kram, den meine Schwester erzählt hat, nachdenken muss. Warum muss das bloß immer alles so anstrengend und kompliziert sein? Kaum denkt man, man macht mal was richtig, dann ist das auch schon wieder falsch und man soll das alles wieder über den Haufen schmeißen und wieder alles anders machen. Erkläre mir einer das Leben!

Als ich endlich zu Hause bin, geht mein erster Gang nicht zu Inken, um Bussi Bussi zu machen. Ich setze mich vor den Fernseher und schalte aufs Erste und mache Videotext an, auf Seite 253. Ich will doch mal sehen, wie die Tabelle der Fußball-Bundesliga aussieht. HSV ist Sechzehnter, punktgleich mit dem Letzten. Das ist Köln. Und die haben nur ein paar kümmerliche Tore weniger als HSV. Ich glotze diese Seite bestimmt zehn Minuten an und ich frage mich, was das für eine Welt ist, in der am 20. Spieltag der MSV DUISBURG neun, Hansa ROSTOCK zehn und der 1. FC KAISERSLAUTERN FÜNFZEHN Tabellenplätze VOR dem HAMBURGER SPORT-VEREIN stehen!? Was ist nur geschehen in den letzten Jahren? Was ist aus dem HSV geworden? Was ist aus mir geworden?

Ich gehe in den Keller, krame in meiner Kicker-Sonderhefte-Sammlung herum und nehme mir ein paar Hefte aus den achtziger Jahren mit ins Bett. Es wird Zeit, dass ich endlich vernünftig werde!

1998 – 2000
REINGEGRÄTSCHT

7. Februar 1998
HSV – Hertha BSC 1:1

HSV spielt heute gegen Hertha und nach der Niederlage in München, wo man mit 0:3 weggeklatscht worden ist, steht HSV auf dem letzten Platz und ich rufe bei Barny an. Seine Mutter geht ran.

„Von dir hab ich ja ewig nichts mehr gehört!"

Und ja, da hat sie recht, aber nun kann sie mir auch mal sagen, ob Barny da ist.

„Barny ist nicht da, du. Der wohnt nicht mehr hier. Der ist nach Hamburg gezogen und studiert da!"

Dieser Scheißtyp. Erst einfach wegziehen und dann auch noch nach Hamburg und damit genau das machen, was ich immer wollte, seitdem ich klein mit Hut bin. Und, was noch viel schlimmer ist: Wie komme ich nun bitte nach Hamburg? Ich werde wohl mal Maik anrufen.

Der geht selber ans Telefon. Er wohnt noch immer in Husum, wenigstens auf ihn ist Verlass. Er klingt nicht besonders begeistert, als er meine Stimme hört, aber immerhin lässt er sich nicht lange bitten.

„Klaro fahre ich zum HSV. Ich fahre immer zum HSV."

Wie war das nun wieder gemeint, dieser Zusatz „Ich fahre immer zum HSV!"? Ich habe ihn gar nicht gefragt, ob er *immer* zum HSV fährt, ich habe ihn nur gefragt, ob er *heute* zum HSV fährt. Pah! Aber einer geschenkten Kuh schaut man ja nicht auf den Euter, also machen wir schnell ab, wann und wo wir uns treffen, und dann lege ich auf und überlege nur noch, was ich zu Inken sagen soll. Die sitzt nämlich in der Küche und frühstückt gerade.

Die ganzen letzten Tage hat es mich gejuckt wie eine Tüte Mücken. Aber Inken hab ich davon noch nichts gesagt, dass ich zum HSV muss, weil davon alles abhängt. Nicht nur mein Wohlergehen, sondern auch das Wohlergehen meiner Familie und nicht zuletzt das des HSV! Also gehe ich in die Küche rein und setzte mich mal hin und dann wollen wir doch mal sehen, dass wir uns der in Sache annähern. „Du, Inken?"

Inken blättert konzentriert in einer Frauenzeitschrift.

„Ja?"

„Heute spielt HSV."

„Och, HSV!"

„Ja."

„Ich hab aber was anderes vor."

„Was denn?"

Ich bin zum Kaffeetrinken verabredet."

„Na ja. Ich glaub, ich fahr mal wieder mit Maik nach Hamburg, zum Fußball."

„Prima."

„Na ja. Ist ja auch schon länger her, dass ich mal da war."

„Ja, stimmt."

„Na ja, und da hab ich mir gedacht, da kann ich ja mal wieder hinfahren."

„Mit Maik."

„Richtig, mit Maik."

„Und wann bist du wieder zu Hause?"

„So um acht, oder so."

„Okay, dann können wir ja vielleicht heute Abend noch was essen gehen, wenn du wieder da bist."

„Ja, das können wir machen."

„Okay, grüß Maik schön von mir."

„Okay, mach ich."

Da bin ich aber verdutzt, wie einfach das geht.

Ich bereite mir eine grundanständige Käsestulle zu, binde mir meinen alten HSV-Schal um und kaufe mir vier Dosen Bier beim kleinen Kiosk in der Toosbüystraße. Die Zeit des Rumtrödelns und Zeitverplemperns ist vorbei. Ich fahre wieder zum HSV.

27. März 1998
HSV – Werder Bremen 2:1

Natürlich ist das Leben ein bisschen anstrengender, seitdem ich wieder so ein richtiger Fußballfan bin. Ich muss mich jetzt nämlich noch mehr um Inken kümmern, damit die nicht beleidigt ist, wenn ich am Samstag jetzt wieder ständig zum HSV fahre. Wir gehen also alle Nase lang Eis essen, Kaffee trinken, ins Kino, in die Disco, Shoppen und machen all den Quatsch, den Mädchen gerne machen, damit ich das machen kann, was Jungs gerne machen, und ich finde mich ziemlich gut, wie ich so morgens, wenn Inken zur Arbeit muss, Frühstück mache. Und ich finde das auch gut, dass ich mich, wenn Inken dann losgefahren ist, wieder zu Bett legen kann. Schließlich ist das Leben anstrengend geworden, seitdem ich wieder Fußballfan bin. Aber ich bin ja Student und dann kann man das für seine Freundin ja auch mal machen, früh um neun Uhr morgens aufstehen, meine ich.

So unglaublich das vielleicht klingt, aber seitdem ich wieder dabei bin, verliert HSV kein Spiel mehr, gewinnt leider aber auch eher selten, und darum ist das alles knapp wie Sau, da hinten in der Tabelle, aber wenn heute gegen Werder gewonnen wird, dann kann vielleicht endlich mal ein bisschen durchgeatmet werden im Abstiegskampf. Weil HSV letzte Woche in Karlsruhe durch ein Tor von Andrej Panadic gewonnen hat, haben die jetzt einen Punkt Vorsprung vor einem Abstiegsplatz und sind schon Tabellenvierzehnter. Immerhin!

Maik und ich fahren – fast sage ich „wie ja eigentlich immer" – da zusammen hin und wir haben uns mit Barny in der Westkurve verabredet. Der hat bestimmt ganz schön aus der Wäsche geguckt, als ich neulich bei ihm angerufen hab, von wegen: „Ich bin wieder da!", und gleich hat er gesagt: „Das glaub ich erst, wenn du besoffen vor mir stehst!" Also trink ich auf der Fahrt ordentlich Dosenbier und wir hören Oasis rauf und runter und es ist ein bisschen so wie früher, wenn wir zum HSV gefahren sind, außer, dass wir jetzt Oasis statt Motörhead hören und Barny erst in Hamburg auf uns wartet. Vor dem Stadion gibt es erst mal ein großes „Willkommen zu Hause!" und wir betrinken uns ein bisschen, zumindest Barny und ich, weil, Maik muss ja fahren, und im Stadion singen wir Quatschlieder und wir wechseln ständig unsere Stehplätze, auf die wir uns jetzt geeinigt haben. Dieser ewige Haupttribünenbetrügerquatsch muss jetzt einfach mal aufhören, wir sind ja keine Babys mehr! Stattdessen wandern wir in der ersten Halbzeit in der Westkurve hin und her, in der Hoffnung, wir würden einen Glücksblock finden. Aber weder in Block C noch in Block B noch in Block A läuft es für uns, und Werder Bremen führt tatsächlich mit 1:0. Und wieder ist es da, das Zittern. Uns schlottern regelrecht die Knie, wie wir so in der Pause durchrechnen, auf welchem Platz HSV steht, wenn HSV heute verliert. Scheiße! Scheiße! Scheiße!

Neben uns in Block F, in dem wir die zweite Halbzeit sehen, da wird schon wieder gemeckert, dass Tony Yeboah endlich ausgewechselt gehört. „Warum wechselt der Dicke den nicht endlich aus? Da ist ja Wojtala noch besser!" „Der Dicke", das ist Frank Pagelsdorf. Der ist HSV-Trainer und tatsächlich ziemlich dick. Und eigentlich wird der sogar noch immer dicker. Und je schlechter es um HSV steht, umso dicker wird er. Ich möchte nicht wissen, wie das ausgeht, wenn HSV absteigt. Absteigt! Ich schüttele mich. Es sind nur noch ein paar Minuten zu spielen und Resignation macht sich breit. Gerade gegen Werder verlieren und dann absteigen. Scheiße! Scheiße! Scheiße!

Barny ist nicht nur innerlich am Fluchen. Er brüllt fast so doll rum wie mein Papa, wenn der sich beim Fußball aufregt: „Oh, Mann ey, so 'ne Scheiße hier!"

Und plötzlich, als wir echt an alles, aber nicht mehr an Chancen für HSV denken, da steht der zur Halbzeit – nicht für Yeboah – eingewechselte HSV-Stürmer Jacek Dembinski frei und schießt und – Barny nun wieder – „geh rein, da!", und da ist doch noch das 1:1 und „JAAAAAAAAAA!"

Wir fallen übereinander her, und so schnell kann das gehen, denke ich und ich denke aber auch gleich wieder, dass ein Punkt in einem Heimspiel ja überhaupt gar nicht reicht, und gerade fängt auch der hinter uns wieder an zu meckern, zum Beispiel über Yeboah, zum Beispiel, dass Yeboah ja mindestens achtzig Jahre alt sei und einen Krückstock bräuchte und seine Großmutter ja torgefährlicher und ja sowieso weit jünger sei als er selber, und wir sind in der 90. Minute, da wird Anthony Yeboah, der alte Mann, der also älter als seine eigene Oma sein soll, von Thomas Gravesen im Strafraum angespielt, zieht ab, und der Ball rauscht ins Eck und ist drin – BÄMM! – und TOOOOOOOOOOOOOOR und es steht 2:1 und dann pfeift der Schiedsrichter auch gleich ab und wir alle, wirklich alle, flippen komplett aus und springen ineinander wie so bei Punkrockkonzerten, wo das immer so lustig aussieht, wie die Leute so Füße zuerst in die Gesichter von den anderen Leuten reingrätschen.

Wir sind in den Westkurvenblöcken E und F also quasi alle wie so ein Knäuel und ineinander verknotet, da ruft Barny, der jetzt auf mir liegt, wie irre „Oma Yeboah!" und fängt an zu singen: „Anthony Yeboah fährt im Hühnerstall Motorrad, Motorrad, Motorrad! Anthony Yeboah fährt im Hühnerstall Motorrad! Anthony Yeboah ist 'ne ganz patente Frau!"

Maik und ich singen lachend mit und wir sind alle so verdammt glücklich, dass wir gar nicht mehr aus dem Stadion rausgehen wollen.

Es ist Freitagabend, kurz vor 22 Uhr, und ich setze mich auf die Stufen der Westkurve im Hamburger Volksparkstadion. Und ich kann nicht anders, ich weine ein bisschen. Weil ich so kaputt und erleichtert bin. Und weil ich finde, dass es für mich – außer na klaro bei Inken – keinen supereren Platz gibt als die Westkurve im Hamburger Volksparkstadion. So sieht das aus und so muss das jetzt aber auch mal bleiben, bis ich alt und grau bin. Und Maik und Barny setzen sich zu mir und wir sitzen alle drei bestimmt zehn Minuten so und reden gar nichts. Wir sind einfach Freunde, deren Lieblingsverein gerade gewonnen hat und die nebeneinander sitzen und gar nichts reden, und das schockt total!

Auf der Rücktour frag ich mich in den kurzen Pausen vom Rumgrölen und Mit-Maik-über-die-letzten-Monate-Sprechen ein bisschen, wie ich das alles ein Leben lang durchhalten soll, dieses neben dem HSV-Kram Sich-so-doll-um-Inken-Kümmern mit dem ganzen Eis essen, Kaffee trinken und ins Kino gehen und Frühstück machen und so. Ich meine, irgendwann bin ich schließlich mal kein Student mehr!

Am nächsten Morgen wache ich zwar mit Kopfschmerzen, aber superglücklich auf und – als ob das alles noch nicht genügt – Inken hat Frühstück gemacht. Sie hat Brötchen geholt und den Tisch gedeckt und es gibt Rührei mit Speck, was ich liebe, wenn ich am Abend vorher ein paar Bier zu viel getrunken hab. Und außerdem hat sie alle möglichen Zeitungen gekauft und wie sie so ins Schlafzimmer reinkommt und leise „Guten Morgen!" flüstert, da denke ich erst mal: Oh no! Was jetzt? Fahrradtour? Spaziergang? Elternbesuch? Aber wie sie von Frühstück redet und „Wochenende!" und so schmusig ist, da finde ich einfach alles super: das Leben, die Liebe, Fahrradtouren, Spaziergänge, Elternbesuche und Fußball auch.

„Du Inken, HSV hat gewonnen!"

„Ich weiß. Hab ich gestern Abend im Fernsehen gesehen und ich hab gedacht, schade, dass ich nicht mit war."

Und ich glaube, ich habe *doch* zwei Probleme.

Erstens: Womit hab ich solch eine super Freundin verdient? Und, zweitens, viel schlimmer: Wie krieg ich das hin, dass die jetzt nicht ständig mit nach Hamburg zum Fußball will?

2. Mai 1998
Borussia Dortmund – HSV 0:1

Heute spielt Dortmund gegen HSV und ausgerechnet Barny kann nicht mit, weil: „Ich
hab 'ne Mieze und die macht vielleicht einen Terz, sag ich euch! Da
muss ich auch mal ein Spiel pausieren."

Ich hab lange genug pausiert und so fahren Maik und ich alleine zum
Auswärtsspiel. Maik hat eine Palette Holsten und ich eine Palette Pader-
borner dabei. Weil das ganze Mit-Inken-Rumgeshoppe doch ziemlich
ins Geld geht, heißt es sparen. Wir schleppen uns fast einen Wolf mit
den Paletten und sind froh, als wir in den Zug einsteigen und für uns
zwei noch ein schön kommodiges Abteil finden, in dem ein Pärchen
mit Brillen sitzt, und da denke ich doch gleich, dass die beiden Brillenschlangen genau die richtigen Opfer für uns zwei Fußballterroristen
sind. Hehehe. Und so reiße ich die Tür mit einem gehörigen Schwung
auf und rufe lauthals ins Abteil rein: „Hier noch jemand zugestiegen?"

Die beiden Brillenschlangen gucken ein bisschen irritiert aus den
Rabatten, wie wir so reinmarschieren.

„Hallo mit o!", sage ich jetzt einfach mal so und ich bin selber ein
bisschen irritiert, weil, er da mit der Brille, der sagt, gar nicht mal so
unlocker: „Hallöle!"

Ein bisschen finde ich das ja auch wieder doof, weil, das heißt natürlich auf der anderen Seite, dass wir beiden nicht so richtig wie
Fußballterroristen aussehen, wenn wir da schon extra die Tür aufreißen und „Hier noch jemand zugestiegen?" rufen, da hätte man doch
davon ausgehen können, dass die Abteilinsassen ein wenig mehr Respekt an den Tag legen würden, als nur salopp zu sagen: „Hallöle!"

Wir wollen da aber mal nicht lange Trübsal blasen, denke ich mir,
und wir trinken schnell unser erstes Bier und, gut erzogen, wie wir trotz
unseres Daseins als Fußballterroristen sind, bieten wir den beiden Glas-
baustein-Trägern – na klaro – auch eine Pilsette mit an, und während
die Uschi dankend ablehnt, meint der Horst: „Da sag ich nicht nein!"

Und er lächelt glücklich vor sich hin und ich ermutige ihn noch,
indem ich sage: „Ja ja, so ist's recht. Greif ruhig beherzt zu und lass
es dir schmecken!"

Und so fahren wir Richtung Ruhrgebiet und erzählen schön alte Kamellen, die wir mal von anderen HSV-Fans aufgeschnappt haben, die aber heute alle uns passiert sind, und entsprechend super kommen wir uns vor.

Wir erzählen, wie wir mal in Dänemark, auf einem Zwischenstopp von einem HSV-Spiel bei McDonald's kurzerhand die Hamburger- und Pommes-Produktion in unsere Hände genommen hätten, bis irgendwann „die Cops" gekommen seien und wir uns dann mit denen eine wilde Hamburger- und Bratwurstschlacht geliefert hätten, bis die Hamburger und Bratwürste alle gewesen wären und so. Und wir klatschen uns mit den Händen auf die Schenkel, bis die neunmalschlaue Brille uns fragt, ob es bei McDonald's überhaupt Bratwürste gebe. Und Maik und ich gucken uns an und ein Glück, dass Maik so klug ist. Er versichert nämlich gleich, dass das in Dänemark mit McDonald's „ganz anders" liefe als hier bei uns. „Da gibt das fast nur Bratwürste! Die roten Pölser und lange Schinkenknacker und Thüringer und Kopenhagener und so."

Und überhaupt: „Jemand noch ein Bier?"

Der Typ sagt nicht nein. „Och ja, eins nehm ich noch."

Und seine Freundin guckt schon ein bisschen genervt durch ihre Flaschenböden.

Ein paar Stunden später kommen wir in Dortmund an, und wie wir so aussteigen, da ist unser neuer Freund schon lange eingeschlafen und schnarcht sich grundanständig einen zurecht, während seine Freundin uns wenig freudestrahlend verabschiedet: „Vielen Dank, Jungs! Vielen Dank!"

Und Maik knufft und fragt mich unauffällig, wieso die olle Schreckschrulle – „Die hat doch gar kein Bier von uns gekriegt!" – sich bei uns bedankt hätte, während ich schon wieder an Inken denke. Die hätte nämlich nicht so rumgemeckert wie so eine Meckerziege, sondern hätte mir wahrscheinlich, wie sie das ja schon mal gemacht hat, nach dem Aufwachen grundanständig Rührei mit Speck in die Pfanne gehauen, statt hier herumzuzetern. Und ich denke ein bisschen sehnsüchtig an Inken, weil, das mit dem Rührei, das werde ich ihr nicht vergessen, das nicht! Diese kleine Schnuckiputzfrau!

Jetzt gerade aber gucken wir ein bisschen betroffen, zumindest bemühen wir uns, weil, der Horst hier, der hat uns ja eigentlich gleich
am Anfang, als seine Olle mal auf Klo war, erzählt, dass er zum allerersten Mal zu ihr nach Hause fährt und den strengen Eltern vorgestellt werden soll. Na, immerhin hat er jetzt noch eine halbe Stunde
zum Ausnüchtern, ehe er in Köln ankommt, und wir gehen jetzt auch
mal lieber, bevor er wieder aufwacht und noch ein Bier haben will.

In Dortmund machen wir gleich weiter mit dem ganzen Biergetrinke,
aber nicht, bevor wir nicht unsere Paletten als Reserve für die Rückfahrt in einem Schließfach verstaut haben. Und, wer sagt das denn,
wir singen die Titelmelodie von „Rauchende Colts", dieser Western-
serie, die wir viel zu selten in den letzten Jahren geguckt haben, und
nerven jeden, der mit ernster Miene an uns vorbeiläuft, mit dem
Spruch, den in meinem Lieblingswitz das eine Pferd zum anderen
Pferd sagt: „Och, nun mach doch nicht so ein langes Gesicht!" Wir
sind super gelaunt und schon bald fahren wir zum Westfalenstadion,
wo HSV stimmungsmäßig mal wieder ein Heimspiel hat. Und wir
alle feiern wie die Bekloppten, weil HSV schon nach ein paar Sekunden durch ein Salihamidzic-Tor mit 1:0 führt, wobei es bleibt,
und damit hat HSV endgültig den Abstieg verhindert, und so ein
bisschen liegt das ja nun auch, da beißt die Maus sich keinen Faden
ab, an mir und dass ich jetzt endlich wieder ein ernstzunehmender
HSV-Fan bin.

HSV steigt also nicht ab und was fast
noch superer ist: Der 1. FC Köln, der
mir ja sonst so was von schnurzpiepegal ist, verliert heute, und als neunzig
Minuten rum sind, da brüllt uns von
hinten einer in die Ohren rein, bis das
klingelt: „Leude, checkt das mal! Wir
sind das Urgestein!"

Und wo er recht hat, da hat er recht:
HSV ist jetzt der einzige Verein, der
seit Gründung in der Bundesliga dabei ist. Köln war das auch, aber weil

die sich noch dösiger als HSV angestellt haben und abgestiegen sind, ist das jetzt nur noch HSV. Und „Urgestein" passt klasse, finde ich: so richtig tumb und tranig rumkicken, wie Dinosaurier, das ist ja schon seit Jahren die alte HSV-Schule!

1. Mai 1999
HSV – 1. FC Kaiserslautern 2:0

„Bier probieren geht über Sport studieren!" So sagt man unter uns Studenten in Flensburg. Und ich komme heute so nach dem 2:0-Sieg gegen Kaiserslautern nach Hause und denke mir, wo Inken ja gesagt hat, dass sie abends selber auf Derby geht, dass ich gut mal ein paar Biere in meiner neuen Lieblingskneipe, der „Bier-Bar", trinken kann. HSV ist langsam, aber sicher wieder in Europapokal-Nähe und das muss gefeiert werden. Barny hat heute auch noch nichts vor, weil, mit seiner „Mieze" ist Schluss, mal wieder, also ist er, als „freier Mann", aus Hamburg gleich mit nach Flensburg gekommen, um mal zu gucken, wie die Studenten heutzutage so hausen, und bei der Gelegenheit morgen dann gleich mal kurz „bei Mutti" in Husum reinzuschneien.

Wir also rein da in die Bier-Bar und gleich Bier ran an den Hals und wir ran an die Music-Box. Die ist zwar randvoll mit Superscheiße, aber einen Hit hat sie dann doch auf Lager: „Rucki Zucki" von dem, für meine Begriffe, ziemlich unterschätzten Künstler Ernst Neger. Geiler Name. Geiler Typ. Geiles Lied: „Ruucki Zucki! Ruucki Zucki! Ruucki Zucki, das ist der neueste Tanz!"

Wir kriegen von dem Trash überhaupt nicht genug und hören das in der totalen Endlosschleife, da wir zum Glück genügend Kleingeld dabei haben und uns nicht zu schade sind, immer und immer wieder die gleiche Tastenkombination zu drücken. Die Stammtrinker vom Tresen sind entsprechend begeistert und irgendwann einmal geht auch der Wirtin – die zu allem, geilen Überfluss wirklich Barbara heißt, Barbara aus der Bier-Bar – die Hutschnur hoch: „Ju-hungs! Mir geht hier gleich die Hutschnur hoch! Raus hier, ihr ne-ervt!"

Da hat sie wohl nicht ganz unrecht, so dass wir fast einsichtig und kleinlaut zurückmurmeln: „Okay, okay, aber ein Lied dürfen wir noch, ja? Bitte! Ist auch nicht ‚Rucki Zucki‘!"

Eigentlich sind in der Music-Box ja CDs drinne,

aber als Platte sieht das ja doch schicker aus!

Barbara schaut immer noch sauer aus den Kartoffeln, erlaubt uns aber einen letzten Drücker, ohne jedoch zu vergessen, uns zu warnen: „Wenn ihr mich hier verarscht, dann mach ich aus euren Eiern Hackfleisch! Ich schwör euch das!"

„Barbara, wir sind doch nicht lebensmüde!", antworten wir beeindruckt.

Ich hab das in echt so gemeint, Barny dagegen offenbar *nicht*. Kaum stehen wir nämlich ein letztes Mal an der Music-Box, schon schmiedet er einen teuflischen Plan: „Wir werfen fünf Mark rein. Das erste Lied, das wir drücken, ist irgendeins. Und danach kommt noch neunmal ‚Uns Ernst‘, okay?"

Mir wird beim Gedanken an die nächsten Minuten heiß und kalt zugleich. „Du bist verrückt in die Birne", gebe mich aber schnell geschlagen und werfe fünf Mark rein. Wir entscheiden uns für den alten Henry Maske Schmachtfetzen „Time to say goodbye".

„Das passt doch wie Arsch auf Eimer und ist auch noch was für meine Mutter!", lacht Barny. Das Lied wird uns also den passenden Rahmen für unseren Abschied aus der Bier-Bar bieten. Da kann nicht mal Barbara was gegen sagen. Im Gegenteil: Als der Song beginnt, guckt sie sogar ziemlich verklärt, fast so, als würde sie sagen wollen: „Jungs, bleibt doch noch. Ist grad so schön mit euch!" Nebenbei werden sogar die Stammtrinker vom Tresen merklich ruhiger und schunkeln ein bisschen mit. Einer wedelt sogar mit seinem Feuerzeug rum.

Was die ganze Bagage allerdings nicht ahnt: Ernst Neger macht sich hinter der Bühne quasi schon warm für seinen nächsten, seinen größten Auftritt in der Bier-Bar zu Flensburg, während Barny mir zuflüstert: „Alder, wenn wir den Laden nicht rechtzeitig vor ‚Rucki Zucki‘ verlassen, dann bringen die uns um! Aber hundert Pro!"

Die Zeit läuft also. „Time to say goodbye" ist voll im Gange und wir schlendern gemütlich und unauffällig zum Tresen hin.

„Zahlen und freundlich sein, Babsi!", ruft Barny mehr als gelöst, fast schon zu gelöst, wie ich finde. Vor uns stehen so zwei Schlampen, die nicht genug Patte auf der Tasche haben und deren Zahlvorgang sich dadurch etwas verzögert. Da bin ich früher im Kaufladen beim Bezahlen meiner Panini-Bilder mit den Pfennigen aus Omas Spardose schneller gewesen! Und eine der beiden Ladies fragt Barbara doch allen Ernstes, ob man hier nicht „mit Karte zahlen" könnte. Das bringt Barabra nun wieder total auf die Palme und uns an den Rand eines Nervenzusammenbruchs.

„So, ihr Schätzchen. Seht zu, dass ihr mit der Kohle rüberkommt, sonst polier ich euch gleich mal eure hübsch geschminkten Fressen!"

Barny guckt mit weit aufgerissenen Augen zu mir rüber und seine Lippen formen dabei ein deutlich erkennbares „SCHEIIIIISSE!".

Auch mir geht nun reichlich der Kackstift und „Time to say goodbye" nähert sich unwiderruflich dem Ende. Mir bricht der Schweiß aus und Barny gestikuliert wild vor mir rum, als wollte er flehen: „Tu doch was!" Panik macht sich breit und nebenbei klingt das Lied aus. Wir schauen rüber zur Musikbox, die bereits dabei ist, die CDs zu wechseln. Ich reagiere wie in Trance. Kurzerhand schmeiße ich ganze Heerscharen von Scheinen auf den Tresen und rufe Barbara zu: „Stimmt so!"

Barny zieht mich raus und ruft: „Wir waren das nicht! Wir waren das nicht!"

Barbara hören wir noch rufen „Firma da-hankt!" und so etwas wie „Kommt doch mal wie…", aber da sind wir schon draußen und rennen um unser Leben bzw. um unsere Eier. Barny schaut hektisch nach links und nach rechts. „Wohin? Wohin?" Egal. Wir rennen wie die besenkten Säue. Irgendwohin.

Grad noch rechtzeitig verschwinden wir im Schutze der Dunkelheit, als wir eine hysterische Frauenstimme in den Nachthimmel hineinbölken hören: „Ich polier euch die Fresse! Und aus euren Eiern mach ich Hackfleisch! Ihr Schweine! Ihr Schweiiiiiine!" Es ist Barbara. Und im Hintergrund hört man den unterschätzten Ernst Neger mit seinem größten Hit „Rucki Zucki" ein weiteres, vielleicht ein allerletztes Mal in der Bier-Bar zu Flensburg auftrumpfen.

10. August 1999
SC Montpellier – HSV 1:1

Seitdem das Volksparksta-
dion, die alte Räuberhöhle,
umgebaut wird, geht es doch tatsächlich mal ein bisschen aufwärts
mit HSV und nach langen Jahren kann man HSV-mäßig mal wieder
Europa bereisen, zwar nur im UI-Cup, aber immerhin. Mit Barny
fahre ich also nach Montpellier, ganz runter bis an die Cote d'Azur,
was vor allem Inken super findet, weil, „da kann ich doch gleich mitkommen und Urlaub machen!". Aber, ich finde ja, das muss man
auch mal ein bisschen trennen und Fußball und Urlaub, das passt
ja nun überhaupt nicht, und ich verspreche, dass wir gleich im Anschluss in Urlaub fahren können, aber erst fahren Barny und ich allein mit dem Zug und mit Bier und Stullen runter nach Frankreich.

Wie wir in Montpellier ankommen, da zeigt das Thermometer bestimmt vierzig Grad an und ich denke tatsächlich eher an Urlaub mit
meinem Girl als an Fußball mit HSV, allerdings nur kurz, denn die
ersten Menschen, die wir an der Cote d'Azur treffen, sind nicht irgendwelche Bikininixen aus dem Bademoden-Katalog, sondern zwei
bierbäuchige HSV-Kutten, voll wie die Schweine, die uns gleich als
Fußball-Asis outen: „Ey, HSV!"

Schon ist das vorbei mit „inkognito reisen", wie sich das Barny
während der Bahnfahrt so schön vorgestellt hat: „Wir fahren da hin,
machen einen auf deutsche Filmproduzenten, baden ein bisschen,
suchen uns noch zwei süße Bikininixen, laden die wie zufällig zum
Fußball ein und nach dem Spiel nehmen wir die im Zug gleich mit
nach Hamburg. So hat sich die Tour für uns dann wenigstens richtig
gelohnt."

Ich brauche keine Bikininixen. Ich habe Inken und konzentriere
mich lieber auf Fußball. Spätestens als wir nach dem 1:1-Sommer-
kick auf dem Bahnhof auflaufen, ist dann auch Barny wieder ver-
söhnt, nicht zuletzt, weil wir uns für unsere letzten Kröten noch eine
Palette Bier und eine Flasche Rum, zumindest irgend etwas, das so
aussieht wie Rum, gekauft haben. Der Zug, der uns über Lyon und
Basel Richtung Deutschland bringen soll, ist proppenvoll, nur der

letzte Waggon ist leer. Warum auch immer. Erkläre mir einer die Franzosen.

Wir beiden verstehen die Lautsprecherdurchsagen nicht und vor allem ich lamentiere rum, von wegen: „Was ist das hier für eine Scheiße? Da ist doch alles frei!" Gerne hätte ich das auch auf Französisch gerufen, aber da hätte ich wohl in der Schule ein bisschen besser aufpassen sollen.

Als kein Schaffner oder – Papa hätte das hier aber deutlich besser im Griff gehabt – Aufsichtsbeamter kommt, da holt Barny, der sowieso die ganze Zeit merkwürdig ruhig geblieben ist, einen Vierkant-Schlüssel, raus. Ich hätte es ahnen müssen. Mit dem war uns Barny schon auf früheren Auswärtstouren immer eine große Hilfe, wenn er mal wieder den Kioskwagen aus dem eigentlich verschlossenen Schaffnerabteil klargemacht hat und damit dann im Gang rumgesurft ist und freimütig Duplo, Hanuta und Cola-Dosen unter den Fahrgästen verteilt hat. Barny zückt also den Vierkant, schließt den Waggon auf, wir wuchten unsere Palette Bier, die Flasche, die fast so aussieht wie Rum, und das Gepäck, das eigentlich nur noch aus HSV-Schal, -Trikot, -Badehose und -Handtuch besteht, in den Waggon rein. Hinter uns schließt Barny ab und wir setzen uns gleich in den Gang, gleich bei den Toiletten. Das ist ja ein zu lustiges Bild, wie die ganzen Franzosen dort in dem anderen Waggon stehen, weil, alle Sitzplätze sind weg und Stehplätze werden auch schon knapp. Wir dagegen sitzen gemütlich auf unseren Taschen und trinken Bier und das Getränk, das so aussieht und auch ein bisschen so schmeckt wie Rum.

Nach einer Weile stellt sich Barny an die Tür zum anderen Wagen, fuchtelt mit den Armen rum und ich höre ihn „Ja ja, genau du, ja, richtig, du, komm doch mal her!" rufen. Bei „komm doch mal" muss ich, betrunken wie ich bin, an den alten und jetzt gerade ziemlich gut passenden Westkurven-Klassiker „Komm doch mal rüber zum HSV!" denken, während Barny zu mir rüberguckt und bis über beide Ohren strahlt. Und tatsächlich, da steht ein wirklich hübsches Mädchen an der Scheibe zu unserem Wagen. Barny fingert erneut den Vierkant aus der Tasche, schließt die Tür auf und lässt das Mädchen rein. Nun kommen – na klaro – einige weitere Franzosen ebenfalls an die Tür, weil die darauf vertrauen, dass solche netten Jungs sie ganz sicher in den kühlen, leeren Wagen mit hineinlassen, damit sie auch ja nicht ersticken müssen, in der Enge dieses übervollen Zuges. Aber mit Vertrauen ist das so eine Sache. Barny winkt streng ab und schließt kurzerhand die Tür wieder zu: „Leute, ich bin nicht bei der Wohlfahrt!"

Wir versuchen, uns mit der kleinen Französin zu unterhalten, aber außer „Sur le pont d'Avignon, l'on y danse, l'on y danse!" will uns nichts einfallen und so verfluchen wir es ein weiteres Mal, dass wir früher immer nur Quatsch im Französisch-Unterricht gemacht haben, bis unsere Lehrerin uns immer wieder aufs Neue ermahnen musste: „Messieurs, ça suffit maintenant!" Barny würde mir gerne auch noch eine Begleitung aus dem Gedrängel fischen, aber ich finde, dass ich keine Französin brauche, die ich sowieso überhaupt nicht verstehe, und was will man da überhaupt quatschen, mit der, da höre ich, wie Barny seiner Französin was von „Talentscout" erzählt und von „Ich bring dich groß raus, Baby!" redet und die Französin große Augen macht. Und die beiden machen sich auf den Weg in Richtung Abteile, nicht ohne dass Barny sich noch mal kurz zu mir umdreht und mit weit aufgerissenen Augen „oh lala!" säuselt.

Wir sind kurz vor Lyon. Die Menschen in dem anderen Waggon drücken immer noch ihre Gesichter gegen die Scheibe zu unserem Waggon. Ich mache so ein bisschen auf Mitleid, zucke mit den Achseln, nehme mir noch eine Dose Bier zur Brust und suche ein freies Abteil. Sind ja genug freie Abteile da. Mitleid ist ja gut und schön. Es kann doch aber nicht im Sinne des Erfinders sein, dass ich hier jetzt die ganze Nacht im Gang verbringen muss, nur damit die da drüben denken, dass ich Mitleid mit ihnen habe, oder? Und über diesen Gedanken schlafe ich ein und werde nach nur einiger Zeit von einem Mann im Blaumann mit Schnauzbart rüde geweckt: „Ey, Monsieur!"

Ich versuche, mich irgendwie zu besinnen, aber alles, was ich verstehe, ist „Lyon" und „Paris" und „Basèl", was allerdings in Kombination mit einem Blick aus dem Fenster reicht, um zu kapieren, dass wir in Lyon am Bahnhof stehen und unser Waggon offenbar abgekoppelt werden soll beziehungsweise abgekoppelt worden ist. Keine Ahnung. Ich eile zu Barny, der alleine in seinem Abteil schlummert. Da hat der Talentscout wohl doch niemanden groß rausgebracht, heute Nacht. Nur mühsam bekomme ich ihn aufgeweckt, und eigentlich schaffe ich das auch erst, als ich ihm klarmache, dass unser Waggon offenbar abgekoppelt werden soll beziehungsweise abgekoppelt worden ist und wir nun unsere Taschen möglichst schnell schultern müssten, wenn wir den Zug noch erreichen wollen, der uns über Mühlhausen nach Basel bringt.

„Ich dachte, wir *sind* im Zug nach Basel!"

„Dachte *ich* doch auch. Komm nun und sabbel nicht, Barny!"

Wir stolpern auf den Bahnsteig und versuchen hier mitten in der Nacht durch wildes und hektisches Gestikulieren von irgendwelchen verstörten Franzosen Informationen zu bekommen, in welchen *anderen* Zug wir nun genau einsteigen müssen. Als wir schon kurz davor sind, die Treppen nach unten zu stürzen, wird uns doch noch klar, dass die Wahrheit grausam ist, wir nicht weit laufen müssen und es sich auch nicht um einen „anderen Zug" handelt, in den wir nun einsteigen müssen.

Wir brauchen nur in den direkt vor uns stehenden einzusteigen.

Den wir nur zu gut kennen.

In den proppevollen Waggon.

Zu den eingequetschten Menschen, die ziemlich müde und kaputt aussehen und uns alles andere als gastfreundlich anschauen.

13. September 2000
HSV – Juventus Turin 4:4

Die ganzen letzten Tage spielen HSV-mäßig alle irgendwie total verrückt. HSV ist in der Bundesliga doch tatsächlich Dritter geworden

und darf darum jetzt auch einmal in der Champions League mitspielen und dann auch noch gleich gegen Juventus Turin –

VOLKSPARKSTADION HAMBURG

wie damals 1983. Heute Nachmittag, kurz bevor Maik und ich losdüsen, ruft mich Mama noch an. Sie sagt, dass sie den alten HSV-
Schlumpf mal wieder ordentlich zurechtgemacht hätte und „nun
kann ja gar nichts mehr schiefgehen. Keine Sorge!"

Sorgen macht mir eigentlich nur Barny, der um zwölf Uhr mit-
tags – offenbar schon sturzbetrunken – einmal „You'll never walk
alone" komplett und minutenlang auf unseren Anrufbeantworter
singt. Spätestens jetzt wird klar: Heute ist ein besonderer Tag.

Auf der Autobahn ziehen Maik und ich das ganze alte Wir-fahren-
zum-HSV-Programm durch: Schiffe auf dem Kanal zählen, Torfabrik
angucken, Schal auf die Rückbank legen, andere Autofahrer – aber
nur so, dass die das nicht mitbekommen – bepöbeln und laute Rock-
musik hören. Beim Parkplatz „Braun", da treffen wir uns mit Barny,
der mittlerweile total knacksatt ist und obendrauf heute auch noch
im weißen Anzug mit blauer Rose im Knopfloch aufläuft. „Dem Anlass entsprechend, Jungs! Dem Anlass entsprechend!"

Wir sind alle so dermaßen aufgedreht, dass wir uns nicht zu
schade sind, auf dem Weg vom Parkplatz zum Stadion alle möglichen Schrottlieder von Marius Müller-Westernhagen zu singen. Wir
finden, dass das lustig ist: „Sexy, was hast du nur aus diesem Mann
gemacht, schalalalalala, sexy, das tut dem alten Mann doch weh!"

Maik ist so stramm, dass er Barny und mich allen Ernstes fragt, ob
die Olle, von der da die Rede ist, in echt jetzt „Sexy" heißt und was
diese „Sexy" jetzt mit diesem „alten Mann" gemacht haben könnte,

was dem nun so „weh tut". Die Frage ist – na klaro – nicht vollständig zu klären, das müsste man mal den Herrn Westernhagen fragen,
wenn man ihn mal trifft, aber wann trifft man schon einmal Marius Müller-Westerhagen und will man das überhaupt? Wir lassen's
gut sein und wollen gerade weitersingen, da kommen wir an einem
HSV-Fan vorbei, der gerade am Brückengeländer steht und kotzt. Ich
meine, wie geil: HSV spielt seit ungefähr hundert Jahren mal wieder
gegen einen richtig guten Gegner, und was macht der Typ? Steht hier
und kotzt und kommt wahrscheinlich nicht mal ins Stadion rein. Das
hat wirklich was und, was auch noch super ist, es bietet sich für uns
gleich noch eine weitere Gesangseinlage an. Wir stellen uns um den
kotzenden Typen rum und feuern ihn an: „Es geht mir guuuut, es
geht mir guut! Es geht mir guuuut, es geht mir guut!" Was hat Marius
Müller-Westernhagen nur für lebensnahe Texte!

Vor lauter Westernhagen-Gesinge vergessen wir fast, nervös zu sein.
Heute spielt ja HSV! Gegen Juventus! Wir also rein ins Volksparkstadion, doch kaum haben wir uns hingesetzt, da liegt HSV auch
schon mit 1:3 zurück und Maik stellt fest, dass der Tag mal wieder nur so lange spitze war, bis das Spiel angefangen hat. Und wie
Maik noch rummault, da schießt Mehdi Mahdavikia das 2:3 und
wir dichten den alten Klaus&Klaus-Klassiker „Viva la Mexiko" in
„Mehdi hier, Mehdi da, Mehdi Mahdavikia, oohooo Mahdavikia!"
um. Erst Marius Müller-Westernhagen, nun Klaus & Klaus – wir
sollten wirklich mal unsere musikalische Zurechnungsfähigkeit
überprüfen lassen.

BUTTBUTTBUTT BUTTBUTT!!! ₀₀₀

Doch das 2:3 ist erst der Anfang einer Riesenfußballsause, wie ich
sie noch nie erlebt hab. HSV-Torwart Butt macht per Elfmeter auch
noch das 3:3 und ich spüre es nur kurz danach in meiner Hosentasche brummen. Ein Blick auf mein Handy verrät: Ich habe eine SMS
von meiner Schwester bekommen, von der ich so lange nichts gehört

habe: „Wahnsinn! HSV! Habe mit Mama telefoniert. Wir drücken die Daumen. HSV vor, noch ein Tor!"

Ich hoffe mal ganz ernsthaft, dass meine Schwester ja wohl nicht erwartet, dass ich jetzt zurückschreibe, aber ich freue mich und will mein Handy gerade wegstecken, da hab ich schon wieder eine Kurzmitteilung bekommen. Eine unbekannte Nummer schreibt mir: „Dein Papa ist zu blöd zum SMS-Schreiben. Wir drücken dem HSV die Daumen! Ein Tor noch!"

Das wird wohl einer von Papas Freunden aus Husum sein. Und wie ich fast ein bisschen Gänsehaut bekomme, dass meine ganze Familie hundertfünfzig Kilometer nördlich von Hamburg mitfiebert, da gehen die Gäule vollends mit allen durch: Freistoß in den Juve-Strafraum, abgewehrt, noch mal in die Mitte geflankt, Schuss von Niko Kovac und TOR! TOR! TOR! HSV führt gegen Juventus *Urin* – was Barny schon seit Tagen statt *Turin* sagt und sich jedes Mal wieder aufs Neue darüber kaputtlacht – mit 4:3 und ich falle fast vom Oberrang runter, so super wie das ist!

Mir ist vor lauter Jubel ganz schwindelig und ich muss mich hinsetzen. In allen Ecken des Stadions brodelt es, ein Fan läuft mit einer riesigen HSV-Fahne durch die Gänge, aus allem, was nicht unbedingt Geldschein oder Ausweispapier ist, wird nun Konfetti gemacht und mein ganzer Körper ist eine einzige Gänsehaut. Es ist die 88. Spielminute und ich denke an Nordstrand und an meine Mama und an meinen Papa und an meine Schwester und an meinen Schlumpf und an 1983, wie ich HSV gegen Juventus Turin im Wohnzimmer gesehen hab und wie Papa und mein Onkel aus Schweden plötzlich reingekommen sind und randaliert haben und dass ich *diesmal* bis zum Abpfiff dabei und live auf Sendung bin, wenn der HSV endlich mal wieder einen Riesensieg einfährt. Nach siebzehn Jahren wird *jetzt* alles gut, denke ich noch, da brummt mein Handy schon wieder. Ich fummel – die Augen auf das Spielfeld gerichtet – in meiner Hosentasche herum, da geht Filippo Inzaghi, ausgerechnet Filippo Inzaghi, die wohl öligste Pizza aus Italien und der wahrscheinlich unsympathischste Fußballspieler der ganzen Welt, von rechts in den HSV-Strafraum rein, wird von Barbarez festgehalten – aber höchstens ein bisschen – und lässt sich – natürlich – fallen.

Es gibt Elfmeter für Juve.

Ich setze mich hin.

Bei aller Hoffnung, dass Butt den hält, krame ich doch in meiner Hosentasche und hole ernüchtert das Handy raus. Es wäre einfach nicht HSV, wenn der jetzt *nicht* reinginge. Ich stehe auf. Inzaghi läuft selber an. Und Tor. Und 4:4. Und Abpfiff.

Ich setze mich wieder hin. Ich schaue auf mein Handy, auf die SMS, die da kurz vor Schluss reingeflattert ist. Die kommt von Mama, die sonst nie so was macht, weil sie es doch eigentlich gar nicht kann: „Lieber Bursche! HSV 4:3! Ich freue mich so für dich!"

Barny murmelt etwas von wegen „Das ist hier doch mal wieder ein großer Sack voller schwarzer Schweinescheiße", nickt mir wenig später stumm zu und verschwindet. Maik stupst mich von hinten an. „Komm jetzt, wir müssen."

Ich nicke stumm und trotte hinter Maik her, zum Parkplatz.

Beste Mama
der Welt
(hier mit Sohn,
vor bummelig
20 Jahren ...)
Die zwei Schrullen neben uns daneben
kenn ich nicht!

2001

ABPFIFF

23. Juli 2001

Wir sind endlich in der gelobten Stadt angekommen! Mein Studium und unsere Zeit in Flensburg sind beendet. Ich mache mein Referendariat als Lehrer in der Nähe von Hamburg und darum wohnen wir jetzt in Altona, genauer gesagt in Ottensen, was, wie es neudeutsch so scheiße heißt, ein „multikulturelles Viertel" sein soll. Hier wimmelt es nur so von türkischen Gemüsehändlern und gemütlichen Cafés und Bars und wir finden das von Anfang an so super wie nur was. Nur, wie in Dreiteufelsnamen kann Ottensen bitte ein „multikulturelles Viertel" sein, wenn hier überall nur Öko-Tussis und Werbefritzen mit St.-Pauli-Totenkopfpullis rumeiern und kein einziger Hafenarbeiter mit grundanständiger HSV-Kutte? Das hätte ich sowieso vorher wissen sollen: Kaum ziehe ich nach Hamburg, steigt St. Pauli in die Bundesliga auf. Welche dunklen Machenschaften des DFB auch immer dahinterstecken mögen: Der FC St. Pauli darf mal wieder in derselben Liga wie HSV spielen. Es ist zum Aus-der-Haut-Fahren!

Ansonsten ist aber alles 1a hier. Das Allererste, was ich altes Landei in Hamburg-City mitbekomme, ist ein Spruch, den irgendwer bei uns direkt unter die Klingel gesprüht hat: „Ficken ist Trumph." Offenbar hat sich auch die politisch aktive Szene aus Altona – keine Ahnung von Rechtschreibung hin oder her – endlich wichtigeren Themen als „Atomkraft? Nein Danke!" und „Ich bin Energiesparer!" zugewendet und ich muss schon sagen, wie ich heute so minutenlang davorstehe: Dieses „Ficken ist Trumph"-Geschmiere, das gibt mir doch zu denken und ich fühle mich gleich berufen, nach dem Frühstück auch mal wieder meine Malstifte rauszukramen und so'n büschen Stadtteilverschönerung zu betreiben. Bundestagswahl steht auch bald an und da kommt man ja so richtig in Politik- und Sponti-Sprüche-Laune. Ist ja fast dasselbe, wie wenn Fußball-WM ist oder Markus Wasmeier Ski fährt. Da wollen dann auch alle selber Fußball spielen oder wenigstens die Ergebnisse tippen oder Skifahren und bauen sich auch selber welche. Was mich betrifft, ich bleibe bei meinen Malstiften und fange langsam damit an, Ottensen blau und weiß und schwarz anzupinseln.

Beim Falafel-Imbiss um die Ecke leder ich gleich so richtig Max-Merkel-mäßig los: „Am Pipi, am Popo, am Potsdamer Platz, da hat mich ein Pipi am Popo gekratzt!", steht da jetzt geschrieben. Das wusste schon mein Opa und hat mir das früher gleich zweimal täglich um die Ohren geschleudert, wenn ich im Urlaub bei Oma und Opa in Hennstedt bei Itzehoe war. Bis heute habe ich nicht ganz begriffen, wer dieser Pipi eigentlich ist und warum dieser Pipi mich am Popo kratzt. Opa wird gewusst haben, was er mir da erzählt. Zumindest hat er mich danach immer gewarnt.

„Aber erzähl Oma nichts davon!" und sich weggeschmissen vor Lachen. Und ich hab sparsam aus der Wäsche geguckt.

„Schon klar, Opa."

Gerade, weil das mit Pipi und Popo so dermaßen subtil und rätselhaft ist, ist das ganz sicher genau der richtige Spruch für die Toilette beim Falafel-Imbiss, wo sich ab sofort auch mal einige Althippies von der „Fabrik" nebenan dieser Frage widmen können. Diese Langhaarigen beschäftigen sich ja gerne mit philosophischen Fragen, sagt man.

Erst mal auf den Geschmack gekommen, lege ich gleich nach: „HSV ist schon noch 'n ganzes Stückchen besser als St. Pauli, selbst wenn HSV ja auch nicht sooo gut gespielt hat in den letzten, sagen wir mal, fünfzehn Jahren!"

Das schreibe ich in Schreibschrift schön sauber an die Klotür im „Aurel", damit nicht nur die Hippies von der Fabrik, sondern auch die ganzen Szenetypen, die da ihren Caipirinha rauspissen müssen, mal was zum Nachdenken haben! Zufrieden stecke ich meine Malstifte zurück in meine Federtasche und gehe oben noch was trinken und geh immer wieder aufs Klo rauf und muss mir jedes Mal wieder vor lauter Lachen den Bauch halten, weil ich so begeistert bin, was ich bloß für ein Spaßvogel bin.

18. August 2001
HSV – 1. FC Kaiserslautern 2:3

Ich weiß, ich hab nicht immer gut gesprochen von dem Jungen, der früher immer mit Iron-Maiden-T-Shirt in die Schule kam und der mich und den ich – zumindest bis zu dem Zeitpunkt, an dem er mir sagte, er wäre St.-Pauli-Fan und ich daraufhin so dermaßen aus-flippte – immer freundlich grüßte und von dem ich ja eigentlich schon längst weiß, dass er Paul heißt. Aber, wie der Zufall es will, treffe ich letz-tens beim Bäcker genau diesen Paul, und auch Paul wohnt nun nicht mehr in Nordfriesland, sondern in Hamburg und zwar offenbar schon ewig und dann auch noch gleich um die Ecke, und ich finde ja, dass man durchaus sagen kann, dass er nett ist. In echt ist er sogar super-nett, und jetzt, wo wir in Hamburg wohnen, ruft er immer an, ob wir Fußball spielen wollen, und will mich auf Heavy-Metal-Konzerte mit-schleppen und da muss man auch mal fünfe gerade sein lassen können, dass er als St.-Pauli-Fan, der er wohl tatsächlich seit mittlerweile lan-gen Jahren ist, eigentlich ja grundsätzlich schon disqualifiziert ist, aber ich bin ja nicht so und Barny hat neben Fussi ja nur noch Augen für seine „neue Perle" und man sucht ja auch in einer neuen Stadt immer so ein bisschen Anschluss und da kann das ja auch gar nicht schaden, wenn man schon jemand Nettes kennt. St.-Pauli-Fan hin oder her.

Heute Abend sitzen Paul und ich vor dem „Querbeet", einer Bar ganz bei uns in der Nähe, und wir trinken spritzige Sommergetränke, um

151

nicht zu sagen Cola-Korn und Cola-Rum. Apropos Rum: Wir sitzen da so rum und reden über dies und über das, als so ein Obdachloser zu uns rüberspaziert und um Geld fragt.

„Hey Leute, habt ihr vielleicht ein bisschen Kohle über?"

Ich denke mir, klar, kann losgehen, und finger gerade einen Euro aus dem Portemonnaie, da – ich meine, warum kann der nicht einfach sein vorlautes Maul halten? – ergänzt der Typ: „Und könnt ihr mir vielleicht auch noch sagen, wie unser FC St. Pauli gespielt hat?"

Ich glaube, ich höre nicht richtig, und stecke den Euro wieder ein.

„Da ist der Bauchladen aber gleich wieder zu, selber schuld!"

St. Pauli hier, St. Pauli da, so langsam reicht mir das hier aber mal mit eurem St. Pauli! HSV hat heute gegen Kaiserslautern verloren! Zu Hause! Das brennt hier doch unter den Nägeln und nicht euer blödes St. Pauli! Experte Paul will gerade antworten, da habe ich mich immer noch nicht beruhigt und winke genervt ab: „Och, hör mir doch auf mit St. Pauli!"

Ich bin ziemlich sicher, dass dem Typen jetzt endlich ein Licht aufgeht, und ich würde mir wünschen, dass jetzt Barny und Maik hier wären.

Der Obdachlose hat in der Zwischenzeit offensichtlich was falsch verstanden und kommt näher, legt mir die Hand tröstend auf die Schulter und sagt: „Scheiße, Kollege, so enttäuscht? Wie hoch haben unsere Jungs denn heute verloren?"

9. September 2001
1. FC Köln – HSV 2:1

Die ganze Schose beginnt damit, dass Barny mich am Freitagabend anruft und rumkrakeelt, dass er „dicke Eier" hätte und morgen dringend nach Köln müsse. Er kenne da so ein Mädchen, die habe er mal abends auf der Domplatte kennengelernt, und wo HSV da schon um die Ecke spielt, „da können wir doch mal hinfahren! Erst gewinnt HSV und dann bürste ich die Deern nochmal gründlich durch, Alter, ich hab jetzt schon voll die Latte. Und außerdem hab ich 'ne neue Schlurre. Nicht gerad 'n Sportwagen, aber für so 'ne

Auswärtstour wird's mit meinem Spaßmobil schon noch langen, Digger!"

Ich denk so bei mir „na ja…" und eigentlich habe ich Inken ja versprochen, mit ihr mal wieder gemütlich an der Elbe spazieren zu gehen, aber okay. „Geht los!" Ich leg auf und guck mal rüber zu Inken und irgendwie sieht das nach Ärger aus…

Außer Maik kommt am Samstagmorgen also auch Inken mit nach Köln: „Da gibt es doch diese tolle Domplatte, da soll es abends ja urgemütlich sein." Ich hätte ja nichts gegen eine Herrentour einzuwenden gehabt, bin aber wenigstens erleichtert, dass ich meine Süße nicht alleine mit Barny auf die Domplatte schicken muss, und so geht es los und es ist noch dunkel und wir sind gerade mal on the road, da raucht das knapp hinterm Elbtunnel unter der Motorhaube. Barny, der für die heutige Tour – sehr zu Inkens Freude – extra ein paar Heavy-Metal-Trash-Tapes zusammengestellt hat, fährt schnell auf den nächsten Rastplatz, stoppt die Karre, geht raus, macht die Haube hoch und winkt beruhigend ab: „Leute, keine Sorge! Das kann nur das Kühlwasser sein!"

Maik und ich sind beruhigt und sorgen dafür, dass auch wir gut durchgekühlt werden, allerdings nicht mit Wasser, sondern Bier. Dazu hören wir – was auch immer Barny unter Heavy Metal versteht – bei voller Lautstärke Meat Loaf und Peter Maffay und gröhlen laut „I would do anything for love, but I won't do that" und „Josie Josie, es ist so weit, vergiss die Mädchenträume und halte dich bereit…" mit und drängen auf Weiterfahrt. Barny dagegen will „bei so einer langen Reise" kein Risiko eingehen und ruft den ADAC an: „Wofür bin ich bei den Heinis, wenn ich deren Hilfe nicht mal *jetzt* in Anspruch nehme?! Sollen die mir doch mein Kühlwasser auffüllen!"

So reißen Maik und ich die nächste Jolle auf und im Gefühl des sicheren Sieges lehnen wir uns zurück und genießen das Trash-Tape, das immer noch auf volle Pulle läuft: „Der Tag geht abends schlafen und wacht als Morgen auf und aus dem Kind von gestern wird nun langsam eine Frau!" Während wir am Rumbölken sind, fragt Inken, was denn nun wäre, wenn der Motor „was abgekriegt" hätte. Meine Süße nu wieder! Keine Ahnung von Autos…

Eine halbe Stunde später fährt der ADAC vor. Ein kleiner Mann mit Blaumann, Schnauzbart und türkischem Akzent lächelt freundlich und macht sich flott an die Arbeit: „Das kriege wir schon hien!"

Barny ist beruhigt und geht „jetzt erst mal pissen". Maik geht gleich mit. Inken bleibt in der Kiste sitzen und macht weiter auf Panik und ich regel das mit dem ADAC: „Na, Chef?! Kann gleich weitergehen, oder was!?"

Ich grinse ihn an, weil, eines ist ja erst mal sicher in dem Moment: Das kann sich nur noch um Minuten handeln und dann sind wir wieder auf dem Weg nach Köln. Und dann „Auswärtssieg! Auswärtssieg!".

Der kleine Mann mit Blaumann, Schnauzbart und türkischem Akzent klappt unterdessen die Motorhaube runter, von hinten höre ich Barny, gerade vom Klo wieder zurück, bölken: „Geht's hier gleich mal weiter, oder was!?", und auch ich dränge auf eine schnelle Weiterfahrt und nicke dem kleinen Mann mit Blaumann, Schnauzbart und türkischem Akzent augenzwinkernd zu. Dieser jedoch zieht die buschigen Augenbrauen hoch, zuckt mit den Achseln und teilt uns knapp, etwas stockend und mit rollendem „R" seine Diagnose mit.

„Be-errrdigung…"

Eineinhalb Stunden müssen wir auf dem Rastplatz warten und dann irgendwann kommt der Abschleppwagen angebraust. Barny hat mittlerweile auch zu saufen angefangen, und wir alle sind betrunken, selbst Inken, die sich das alles ein bisschen anders vorgestellt hatte. Es ist Samstag, zehn Uhr morgens, und im Führerhaus des Abschleppwagens ist nur Platz für zwei weitere Personen neben dem Fahrer. Inken ist kalt, also sie da rein, und Maik setzt sich ohne große Diskussionen auch dazu. Barny und ich machen es uns währenddessen in seinem Spaßmobil bequem. Wir sind mit der Karre hinten so rückwärts aufgebockt, dass wir während der kompletten Heimfahrt nach Hamburg durch die Windschutzscheibe direkt auf die Autobahn gucken können und allen Autofahrern mit unseren HSV-Schals zuwinken können. Die finden das super, zumindest sehen wir einiges an gehobenen Daumen und Lichthupen und winkenden Auto- und Beifahrern, die sicher davon ausgehen, dass wir auf dem Weg zu einem HSV-Heimspiel eine Panne hatten und sich mit uns über unsere dennoch gute Laune und das lustige Bild freuen. Zumindest so lange, bis Barny „schon wieder pissen" muss, nicht bis Hamburg warten will und hektisch die Fensterscheibe des Spaßmobils runterkurbelt…

13. September 2001

Nicht genug, dass in New York diese beiden Riesentürme einfach umgekippt sind und das Volksparkstadion nicht mehr Volksparkstadion – nicht mal mehr Stadion – heißt, sondern jetzt einen anderen Namen hat, fast so wie dieser Musiker Prince, der sich plötzlich erst „The Artist formerly known as Prince", dann „TAFKAP" und dann „Symbol" und demnächst wahrscheinlich „Peter Hansen"  nennt. Oder wie Raider, der Pausensnack, der ja auch nicht mehr Raider, der Pausensnack, sondern Twix heißt. Wäre ja auch zu schön gewesen, wenn das hier in Hamburg mit HSV und mir und Inken und Paul mal alles ein paar Tage glatt gelaufen wäre!

Papa hat Krebs.

Kaum sind wir nach Hamburg gezogen, hat Papa Krebs. Erzählt er mir am Telefon, wie Inken und ich grad im Stadtpark sitzen und eine Flasche Wein trinken, obwohl ich ja eigentlich Wein überhaupt nicht ausstehen kann, aber was tut man nicht alles für die Dame des Hauses. Und ich bin fast am Kotzen, was nicht an dem Wein liegt, sondern an Papa oder vielmehr diesem beknackten Krebs. Ich weiß zwar noch überhaupt nicht so richtig, was das jetzt bedeutet, und so richtig schnallen tu ich das auch noch nicht, aber eines weiß ich: Ich könnte nur noch kotzen, jeden Tag, weil ich fast schon vergessen hatte, wie es ist, sich ständig Sorgen und Gedanken zu machen, und jetzt fängt es wieder an, das Sich-ständig-Sorgen-Machen und das Sich-ständig-Gedanken-Machen und apropos kotzen: St. Pauli ist auch nach knapp eineinhalb Monaten immer noch in der ersten Liga. Zwar verlieren die nur, aber das ist egal, weil, HSV verliert nämlich auch nur, wo ist da also der Unterschied? Und es ist ein bisschen armselig, wenn die einzige Freude am Wochenende die ist, dass es wenigstens einen Verein gibt, der noch schlechter ist als HSV.

15. September 2001
HSV – Borussia Mönchengladbach 3:3

Barny und ich trinken uns mal wieder schön einen zurecht, wie wir heute so zusammensitzen. Bei uns in der Küche trinken wir auf meinen Papa – den die Krebs-Nachricht ziemlich umgehauen hat –, während Inken Milchkaffee schlürft. In der S-Bahn nach Stellingen trinken wir dann auf genau diese Superbraut, weil sie die wahrscheinlich einzige Frau auf dem Planeten ist, die sich am Samstagmorgen nicht zu schade ist, sich zu zwei Bier trinkenden Fußballfans zu setzen und Milchkaffee zu schlürfen. Vorm Stadion trinken wir dann auf Maik, der im Moment wenig Zeit für HSV und für uns hat, und im Volksparkstadion, wo HSV heute gegen Mönchengladbach spielt, trinken wir dann auf Barny, weil der mit Abstand die besten Tricks raushat, wie man eine Flasche Schnaps mit reinkriegt ins Stadion. Genau die Flasche teilen wir uns dann brüderlich mit unseren Sitznachbarn, bei denen wir – na klaro – sofort die Kings sind, und werden im Laufe des Spiels duhner und duhner, und in diesem Zustand sind sogar HSV-Spiele unter Trainer Pagelsdorf zu ertragen. Das findet auch Barny: „Es gibt doch nichts Besseres, als betrunken zu sein und dabei anderen beim Sporttreiben zuzugucken!"

Wie eigentlich immer kriegt HSV auch heute kurz vor Schluss noch einen rein und so reicht es mal wieder nur zu einem 3:3, was für Barny und mich genug Grund ist, uns außerhalb des Stadions erst mal hinzusetzen, um die ganze Lage mal zu analysieren, weil schließlich, mal wieder hängt HSV tabellenmäßig irgendwo am Arsch der Liga fest, und wie wir so hinter der Nordtribüne sitzen, verfluche ich einmal mehr alles, was mit HSV zu tun hat und dass es nie was werden wird mit großen Erfolgen, und wir reden über alte Zeiten, über Maik, über Girls, über HSV und über uns, und Barny nimmt mich in den Arm und tröstet mich: „Weißt du was? Mach dir einfach nicht so viele Sorgen! Es wird eh alles so bleiben, wie es ist: HSV macht leere Versprechungen, und wenn wir alt und grau sind, dann sitzen wir hier immer noch rum wie die letzten Asis und trinken im Stadion heimlich Schnaps und reden über Frauen und verfluchen HSV, weil HSV wieder nur Zehnter geworden ist. Und weißt du was? Solange HSV nur weiter Fußball spielt und wir zusammen hingehen, ist doch alles in Ordnung!"

Und wir lachen und wollen gerade aufbrechen Richtung Kiez, da holt Barny noch zwei kurze Schnäpse aus der Tasche raus und guckt mich mit großen Augen an: „Na, da schau her, was ich noch Leckeres hab!"

Und er schraubt die Fläschchen auf und gibt mir einen rüber und sagt: „Auf uns!"

Wir kippen diese verfluchten Dinger runter und ich schüttele mich. Ich muss lachen. „Auf uns, Barny! Auf uns."

29. September 2001

Ich komme vom Brötchenholen nach Hause und habe obendrein HSV-Eintrittskarten dabei. Inken hat sich das lange gewünscht, endlich mal zu sehen, was da so abgeht, wenn Barny und ich im Stadion Quatsch machen, und irgendwann hab ich mich halt breitschlagen lassen, und nun komme ich also gerade zur Tür hereinspaziert und wedele mit den Karten herum, da sehe ich Inken im Wohnzimmer sitzen, wo sie doch eigentlich in der Küche zu stehen und frischen Bohnenkaffee für ihren geliebten Freund aufzubrühen hat.

Wobei sie gar nicht so richtig sitzt. Sie liegt so halb und weint und schluchzt und ich frage mich, was sie da so halb liegt und weint und schluchzt, und ich will gerade einen Spruch machen, doch geht nicht, mein Herz schlägt schneller und fällt mir in die Hose rein, und eigentlich will ich gar nicht wissen, was jetzt kommt. Ich muss schlucken und möchte am liebsten gar nicht da sein.

Ich bleibe stehen.

Ich lege die Karten beiseite.

Ich lege die Brötchen beiseite.

Ich halte mich am Türrahmen fest.

Ich fummele mir mit den Fingern nervös an der Unterlippe herum.

Ich atme ein.

Ich atme aus.

Ich gucke ganz fest zu Inken rüber.

Die weint und schluchzt immer mehr und doller und mir wird schwindelig.

Inken setzt sich gerade hin.

Sie schaut mit verheulten Augen zu mir rüber.

„Barny ist tot. Bei einem Autounfall."

Ich stehe in unserer neuen Wohnung in Hamburg.

Ich gucke ein bisschen herum und ich fummele immer noch nervös an der Unterlippe.

Ich atme ein bisschen tiefer ein als sonst.

Ich atme ein bisschen tiefer aus als sonst.

Ich gucke zu Inken rüber. Die guckt zu mir rüber.

Meine Unterlippe fängt an zu zittern.

Ich setze mich aufs Sofa.

Ich stehe wieder auf.

Ich gehe zum Fenster und gucke raus.

Ich fummele wieder nervös an meiner Unterlippe rum.

Ich höre Inken weinen.

Ich muss ein bisschen lachen, weil ich daran denken muss, wie Barny beim letzten HSV-Heimspiel zu mir gesagt hat, dass ich mir nicht so viele Sorgen machen soll, dass alles so bleiben wird, wie es ist, und wir immer noch ins Stadion gehen würden, wenn wir alt und grau sind und heimlich Schnaps trinken und HSV verfluchen, und dass so lange HSV nur weiter Fußball spielen würde und wir zusammen hingehen, alles in Ordnung wäre.

Ich gucke immer noch aus dem Fenster.

Die ersten Tränen schießen mir in die Augen.

Absolut nichts ist in Ordnung.

Ich schaue zu Inken.

Ich gehe ins Schlafzimmer.

Ich lege mich ins Bett.

Ich will hier überhaupt gar nichts mehr.

Ich will nur noch weinen.

Und schreien.

Und alles kurz und klein hauen.

13. Oktober 2001
HSV – Hertha BSC 4:0

HSV hat nicht nur einen neuen Trainer, sondern ab heute und dem Spiel gegen Hertha BSC auch einen Fan weniger im Stadion, und schon beim Frühstück betrinke ich mich vor lauter Trauer wie wild und Inken bietet an, mit mir zu kommen und auch wie wild zu trinken. Aber ich möchte lieber alleine wie wild trinken heute und irgendwie tschüss zu Barny sagen. Keine Ahnung, was das bringen soll, aber mir fällt nichts Besseres ein. Ist ja oft so. Und Maik? Der will erst mal gar nicht mehr zum HSV und lieber seine Ruhe haben, so traurig ist auch er.

Im Bahnhof Altona gehe ich runter zur S-Bahn, wo ich Barny noch vor zwei Wochen abgeholt habe. Ich tue so, als wäre er noch da. Ich spreche leise mit ihm. Wir reden über Frauen, wie so oft. Wir trinken Kümmerlinge. Einige mehr als sonst. Und ich singe immer wieder, leise vor mich hin: „Pfeif dat Dingens ab, wir ham gewonnen. Pfeif dat Dingens ab, 2:0!" Das kommt aus so einer Radioshow, die „Stenkelfeld" heißt und die Barny 1a fand, und das Lied haben wir eigentlich immer gesungen. Manchmal auch, wenn das Spiel man gerade fünf Minuten in Gang war.

HSV gewinnt heut mit 4:0, und es kommt mir so vor, als ob sie das extra für mich täten, und das, obwohl ich ja überhaupt nichts mitbekomme, weil ich nur heule und besoffen bin. Die Fans, die neben mir sitzen, bekommen sofort mit, wo der Hase läuft, als ich einen Strauß Blumen auf Barnys Platz werfe und mich schluchzend auf meinen setze. Immer wieder kommt jemand mit einem Bier vorbei und stellt mir das hin und sagt mir irgendwas, was ich nicht verstehe. Ich habe Kopfhörer auf und höre The Smiths.

„Good times for a change
See, the luck I've had
Would make a good man
Turn bad,
So please please please
Let me, let me, let me
Let me get what I want
This time…"

Ich kriege doch eh nie, was ich will.

Und ich trinke und trinke und heule dabei rum, als säße ich nicht mit knapp 50.000 Fußballfans im Hamburger Volksparkstadion, sondern allein auf Nordstrand, auf dem Sportplatz, hinten bei der Sprunggrube, wo mich früher nie jemand gesehen hat, wenn ich wegen einer HSV-Pleite, der Schule oder meinen sich streitenden Eltern oder wegen aller Sachen auf einmal wieder rumgeheult und das Leben verflucht habe.

Und ich denke, wie ich so im Block 22B des Volksparkstadions sitze: Das Leben ist manchmal wirklich ein großer Sack voller schwarzer Schweinescheiße…

2001 - 2004

HARTER PLATZ

18. Dezember 2001
HSV – Energie Cottbus 5:2

Gegen Cottbus nehme ich Paul
mit ins Stadion. Ich ertrage es einfach nicht, ständig alleine ins Sta-
dion zu gehen und rumzuheulen und Blumen auf Barnys Platz zu
werfen und mich dann auf meinen zu setzen, der mir so verdammt
hart vorkommt, seitdem ich alleine ins Stadion gehe, dass ich kurz
davor bin, ein Sitzkissen mitzunehmen, wie es sonst nur alte Männer
tun, wegen ihrer Hämorriden. Und wie ein alter Mann mit Hämorriden fühle ich mich, seit Barny nicht mehr da ist. Ich denke jeden Tag
an Barny. Ich muss gucken, dass ich nicht verrückt werde und um
Himmels willen cool bleibe. Wenn ich jetzt nämlich nur noch rum-
heule und Blumen kaufe und auf seinen Platz werfe, dann würde mir
Barny, wenn er noch leben würde, voll eins in die Fresse hauen. Alter
Mann mit Hämorriden hin oder her. So viel ist mal sicher.

Paul mag ich ja schon lange schrecklich gerne und vergessen sind
die Zeiten, als er für mich nur „der Junge aus der Parallelklasse, der
früher immer mit Iron-Maiden-T-Shirt in die Schule kam und der
mich und den ich – zumindest bis zu dem Zeitpunkt, an dem er mir
sagte, er wäre St.-Pauli-Fan und ich daraufhin so dermaßen ausflippte – immer freundlich grüßte", war. Nicht zuletzt, weil er manchmal ganz vergisst, dass er eigentlich St.-Pauli-Fan ist und dann ganz
komische Sachen macht, die aber eigentlich so super wie nur was sind.
Es muss sein riesengroßes Herz sein, das dafür sorgt, dass er heute
nicht nur erst zwei Flachmänner mit ins Stadion reinschmuggelt und
sich dann klaglos neben mich auf die Nordtribüne setzt, sondern zu

guter Letzt auch noch die freundliche Begrüßung meines Platznachbarn („Setz dich ruhig. Hauptsache, du bist kein St.-Pauli-Fan.") mit einem empörten „Um Gottes Willen!" erwidert. Das nenne ich mal Freundschaft bis zur Selbstaufgabe. Und das finde ich so was von geil und krieg mich – zumindest bis zum 0:1 für Cottbus – nicht mehr vor Lachen ein, wo ich bis vor Kurzem immer nur geweint habe.

Und genau das brauche ich im Moment. Barny fehlt mir wie Sau und manchmal denke ich, dass das alles so scheiße ist, dass ich gar nicht mehr zum Fußball gehen will, sondern nur noch schön zu Hause sitzen und saufen und im Selbstmitleid baden. Das konnte ich früher schon so gut. So was verlernt man nicht. Aber Inken und Mama und Maik und vor allem Barny und Papa würden mir was husten, von wegen „das Leben geht weiter", und manchmal ist es ja auch tatsächlich ganz gut, das Leben, zum Beispiel, wenn HSV 5:2 gewinnt und man mit einem solch superen Freund wie Paul im Stadion ist. Den muss ich glatt mal fragen, ob er nicht immer mitkommen will. Ich brauche beim Fußball einfach jemanden an meiner Seite.

Wer soll denn sonst den Schnaps ins Stadion reinschmuggeln?

2. Februar 2002
HSV – 1860 München 2:1

Inken kann das nicht mehr mit ansehen. Die Winterpause ist vorbei und HSV spielt heute gegen 1860 München und sie kommt mit ins Stadion, weil, sie meint, sie kann das im neuen Jahr nicht mehr verantworten und mit angucken, dass ich mir bei jedem HSV-Heimspiel die Rübe mit Alkohol wegzimmer und lauthals „Pfeif das Dingens ab, wir ham gewonnen! Pfeif dat Dingens ab – 2:0!"-bölkenderweise nach Hause randaliert komme und mich gleich ins Bett lege und weder „Bah!" noch „Buh!" sagen kann.

Schon morgens im Bett rolle ich mit den Augen, als Inken mir ins Ohr flüstert, ich solle ein paar Brötchen extra vom Hansebäcker mitbringen. Ich hätte es wissen müssen: Sie schmiert uns tatsächlich ein paar Pausenbrote. „Für die Halbzeitpause", sagt sie und strahlt. Ich dagegen frage mich ernsthaft, womit ich das verdient habe. Vor wenigen Monaten noch Schnaps und Bier, jetzt Brötchen mit Salami und Käse. „Was hat dich bloß so ruiniert?" So heißt ein Lied der Hamburger Band Die Sterne, die ich – übrigens ganz im Gegensatz zu Inken – total scheiße finde.

Wir machen uns also auf den Weg und ich vermisse nicht nur ein bisschen die erste Dose Bier, die ich sonst gleich in der S-Bahn trinke. Wie wir in Stellingen ankommen, will ich von der S-Bahn gleich Richtung Stadion-Shuttle gehen, weil, das bisschen, das wir laufen, können wir ja auch mit dem Bus fahren. Hat Barny immer gesagt. Inken ist da ganz anderer Meinung. „Och nö! Lass uns doch zu Fuß gehen! Ist grad so schön!" Ich verziehe das Gesicht, irgendwie artet das hier nämlich in Arbeit aus, finde ich. Und wie wir so gehen, da denke ich, dass das mit Fußball und HSV und mir doch vielleicht nicht sein soll. Vielleicht war das mit Barny ja ein Zeichen! Und wie ich so mit Inken durch den Volkspark vorbei an der Müllverbrennungsanlage – deren hausinterne Torfabrik heute auf Hochtouren zu laufen scheint, wenn ich mir den Schornstein so angucke – spazieren gehe, da denke ich darüber nach, was man sonst so alles in Hamburg am Samstagnachmittag anstellen kann. Wie lange war ich nicht mehr im Museum! An der Elbe ist es doch so schön! Läuft eigentlich noch „1, 2 oder 3" im Fernsehen? Das fand ich doch früher mal so gut! Und wie sang Michael Schanze immer: „Plopp! Plopp, das heißt Stopp, nur noch einen Hopp, dann bleibt es dabei!"

Wir brauchen jetzt auch nur noch einen Hopp bis ins Stadion und dann ist Stopp und wir setzen uns auf unsere Plätze in Block 22B. Inken ist lange nicht mehr mit gewesen und sofort ist sie Feuer und Flamme und was mich am meisten wundert: Sie nervt überhaupt nicht rum, ist total niedlich und um kurz vor halb vier fragt sie sogar, ob sie ein Bier für mich mitholen soll, weil: „Ich hab Durst. Ich brauch ein Bier!" Und wie sie so wiederkommt und ich mich ja sowieso schon die ganze Zeit nach ihr umgedreht habe und sie dann endlich so die Treppen runtergehen sehe, da denke ich, dass das Leben gar nicht so richtig scheiße ist und ich mich vielleicht ganz einfach mal bemühen sollte, die superen Dinge nicht immer nur zu übersehen.

Und während HSV zwei späte Tore macht und kurz vor Schluss 2:0 führt, da grübel ich immer wieder, wie das alles nun weitergehen soll.

Offenbar geht es eben einfach weiter, das Leben und der ganze restliche Scheiß. Nicht mehr, aber auch nicht weniger. Ich werde Barny nie vergessen und sehe ihn noch heute vor mir stehen und davon sprechen, dass er mal wieder „voll die Latte" hätte, von wegen HSV und so, aber nun gehe ich eben alleine weiter zum HSV und das wird sich nicht ändern. Ich werde mich mehr um Paul kümmern. Ich werde mich mehr um Maik kümmern. Und ich nehme auch Inken mal wieder ins Stadion mit. Was ich spätestens da beschließe, als ich sie laut rufen höre: „Pfeif dat Dingens ab, wir ham gewonnen! Pfeif dat Dingens ab, 2:0!"

Und wie ich grad so „alter Schwede, einmal nimmste die Kleine mit, schon geht das hier wirklich 2:0 aus" denke, da macht ein Herr namens Weißenberger uns 'nen Strich durch die Rechnung und Sekunden vor dem Abpfiff das 2:1. Nichts ist eben perfekt. Wer weiß das besser als ich!?

13. Februar 2002

Ich habe heute Abend Training bei Altona 93, wo ich zusammen mit Paul bei den Dritten Herren spiele. Paul hat mich da vor ein paar Wochen mal mit hingenommen und nun kann ich überhaupt nicht mehr davon lassen, schließlich soll man sich ja auch mal ablenken vom Sich-ständig-Sorgen- und-Gedanken-Machen.

Eine Vierte Herren gibt es bei Altona 93 übrigens nicht. Nach der Dritten kommen gleich die Opas, die noch Fußball spielen, damit sie nicht den ganzen Tag bei Oma rumhängen und auch mal rauskommen und auch vor und nach den Spielen mal ein paar Biere trinken dürfen, ohne dass Oma davon was mitkriegt. Opas sind ja manchmal ganz schön wunderlich, aber auch schlau. Das muss ich mir auf jeden Fall für später merken, wenn ich als Opa mal Oma Inken Oma Inken sein lassen will.

Paul ist aber auch manchmal wunderlich, der spielt nebenbei nämlich noch bei St. Pauli in der Siebten Herren oder so. Ich war ja zuerst knapp davor, da mal probeweise mitzutrainieren und wollte da schön Vinnie-Jones-mäßig die Axt rausholen und dann mal so richtig „Wilder Westen und Gewitter in den Gelenken" bei den Paulis, aber meine Schnuckiputzfrau hat mir das verboten. Sie meinte, das passt doch nicht mit mir und St. Pauli. „Das weiß ich doch selber", sagte ich zu ihr, „ich wollte ja nur mal Vinnie-Jones-mäßig die Axt rausholen und dann mal so richtig ‚Wilder Westen und Gewitter in den Gelenken' bei denen!" Keine Ahnung, ob sie eine Ahnung davon hat, dass Vinnie Jones der brutalste Fußballer aller Zeiten und der ganzen Welt ist, aber sie hat nicht so ausgesehen, als ob sie das witzig gefunden hätte.

So spiele ich also bei Altona 93, in der Dritten Herren. Die Fußballplätze, auf denen ich groß geworden bin, die waren ja alle aus Rasen und die Tore hatten meist Netze, bis auf, wenn Hein Oog, der Platzwart vom TSV Nordstrand, sein Unwesen trieb. Der Platz, auf dem ich ab sofort wöchentlich rumbolze, ist ein rumpeliger Ascheplatz, hart wie Beton, auf dem man sich so richtig schön die Knie aufschlitzen und sich dann zu Hause von der Freundin ordentlich Jod drauftun lassen kann. Und wenn das dann brennt, dann heilt das, sagte ja schon Oma. Wir spielen ohne Aus und ohne Tornetze, und die Flutlichtanlage hat nur einen Mast und da ist dann offensichtlich auch nur eine 40-Watt-Birne drinne und eigentlich ist das alles ziemlich unwürdig – aber wenigstens nicht St. Pauli.

19. Februar 2002
Altona 93, 3. Herren – AFC Sponsoren 1:9

Ausnahmsweise dürfen wir heute mit meiner geliebten Dritten mal auf der Adolf Jäger-Kampfbahn ran, also dem Stadion, wo die Erste sonst spielt, weil, irgend so ein Sponsor will das so. Der zieht das so richtig groß auf, von wegen „Sponsorenkick gegen Altona 93" und so.

Und weil die Erste keine Zeit hat und die Zweite keine Zeit hat, sind wir dran. Kein Wunder, schließlich sind wir ja so ein bisschen die Erste der Herzen.

Wir geben also unser Bestes gegen so eine vom Sponsor zusammengewürfelte Truppe, die fast ausnahmslos aus durchtrainierten Zwanzigjährigen besteht, und wir verlieren mit 1:9. Inken und sieben andere Zuschauer stehen auf der Tribüne. Ein total wahnsinniger Stadionsprecher, vom Alter her Gründungsmitglied von Altona 93, kommentiert ausnahmslos jede Aktion des Spiels und betont immer wieder über Mikrofon, was sicher auch noch kilometerweit zu hören ist: „Ein wenig enttäuschend der Zuschauerzuspruch, meine Damen und Herren. Lediglich 7.000 Fans haben den Weg zur Adolf Jäger-Kampfbahn gefunden." Ich meine, irgendwie doch klar, dass wir so eingehen. Wie soll man sich bei solch einem Unfug bitte konzentrieren können!

Aber Hauptsache, Inken ist da und ich mache vor ihr eine anständige Figur. Wie lange auch immer man mit seiner Freundin zusammen ist, eine schlechte Figur sollte man bei solchen Anlässen ganz einfach nicht machen. Also versuche ich, Rückstand hin oder her, auf der Seite, wo sie und die anderen sieben Zuschauer stehen, ein paar Tricks zum Besten zu geben. Ich versuche einen kleinen Übersteiger hier und einen Hackentrick da und ich bin der Meinung, dass ich wenigstens ein bisschen Spielkultur bei uns reinbringe, was Paul, der neben mir im Sturm rumsteht – äh, spielt – offensichtlich unbedingt kommentieren muss: „Schön gedacht!" Schön gedacht? Schön gemacht!

Paul hat doch keine Ahnung von Fußball, denke ich, und will gerade wieder ein bisschen rumfummeln, da höre ich den verrückten Stadionsprecher sagen: „Das ist doch alles brotlose Kunst, was der Neuner von Altona 93 hier zeigt."

Und ich erinnere mich, dass ich es bin, der die Nummer neun auf dem Rücken trägt, und will gerade mal was rüberrufen zu diesem Spinner, da legt der sogar noch nach. Gerade, als ich wegen eines leichten Ziehens im Oberschenkel, echt jetzt, ein Laufduell abbrechen muss, da lästert es aus den Lautsprechern: „Und wieder verliert der Neuner ein Laufduell. Er scheint mir wirklich ein wenig zu viel Weihnachtsspeck mit sich rumzuschleppen. Da muss ein Trainingslager her, aber ganz dringend!"

Spätestens als der Typ im Anschluss an diese bodenlose Frechheit auch noch laut hörbar lacht, reicht es mir komplett. Ich schrei den Opa vom Feld aus an: „Hier muss ganz was anderes her, nämlich ein Stadionsprecher, der nicht komplett senil rumquatscht!"

Und ich drehe mich um und bin fest davon überzeugt, dass ich mich jetzt endlich auf Fußball konzentrieren kann. Da wird man ja noch verrückt bei, bei solchen Typen, denke ich noch und trabe ein bisschen über den Platz, als Paul mir den Ball zuspielt. Schönes Ding, Paul, denke ich und will die Murmel elegant mit dem Außenrist mitnehmen, da donnert es in einer Riesenlautstärke auch schon wieder über die Lautsprecher: „Vorsicht, Dickerchen! Das Runde ist der Ball!" Und nachdem ich den Ball vor lauter Schreck ins Aus verstolpert hab, lass ich mich auswechseln.

Der Klügere gibt nach, pflegt Mama immer zu sagen. Darum lass ich mich ja auch auswechseln, aber nicht, ohne dem Stadionsprecher ein paar Takte mit auf den Weg zu geben: „Du Arschloch!"

Und dabei fuchtel ich mit meiner Faust rum, bis Inken sagt: „Schluss jetzt, du machst dich hier doch lächerlich!"

Ich versuche, sie vom Gegenteil zu überzeugen: „Ich mache mich lächerlich? Der macht sich lächerlich!"

Inken streichelt mir übers Haar, weil sie weiß, dass sie mich damit rumkriegt: „Jetzt ist gut. Lass uns man nach Hause gehen."

Und tatsächlich lasse ich mich – das schafft auch nur Inken – beruhigen und ziehe mich um, und wie ich so an der Stadionsprecherkabine vorbeilaufe, da hakt sich Inken unter und gibt mir einen dicken Kuss. Hast noch mal Glück gehabt, denke ich in Richtung des alten Sackes hinter der verdreckten Schreibe der Stadionsprecherkabine.

Und ich verlasse die Adolf-Jäger-Kampfbahn Arm in Arm mit Inken. Allerdings nicht, ohne sekundenlang hinter ihrem Rücken meinen gestreckten Mittelfinger in Richtung Stadionsprecherkabine zu wedeln.

16. März 2002
HSV – VfL Wolfsburg 1:1

Ein paar Tage später ist wieder richtig großer Sport angesagt, zumindest nennt sich ja das, was ich mir im Volksparkstadion angucke, Fußball-Bundesliga: HSV spielt gegen Wolfsburg doch – na klaro, wie könnte es anders sein – ist das Spiel mal wieder langweilig wie sonst was und geht 1:1 aus. Mal ganz abgesehen davon, dass ich mich immer noch nicht daran gewöhnen kann, dass Mannschaften wie Wolfsburg überhaupt in der Bundesliga mitspielen dürfen und dafür alte Superteams meiner Kindheit, wie zum Beispiel Fortuna Düsseldorf, Bayer 05 Uerdingen, Eintracht Braunschweig und Darmstadt 98, nur noch in der Kreisklasse oder so kicken dürfen, rege ich mich bestimmt neunzig Minuten lang darüber auf, was sich Bernardo Romeo und Konsorten auf dem Platz gegen eine solche Krötentruppe wie Wolfsburg zurechtstolpern.

Kaum hat der Schiedsrichter abgepfiffen, schwinge ich mich genervt aufs Fahrrad und düse nach Hause, wo ich die Playstation aber so was von anmache und Inken ohne viel Federlesen vor den Bildschirm bestell und „Pro Evolution Soccer" reinlege. Inken kann das Spiel – na klaro – nicht so gut. Sie ist also Wolfsburg. Ich bin dagegen Playstation-Vollprofi und – na klaro – HSV. Und, wer sagt das denn, plötzlich fallen die Goals wie reife Früchtchen und selbst HSV-Verteidiger Ingo „Tormaschine" Hertzsch, der sonst nicht so richtig gut geradeaus schießen kann, macht ein Tor nach dem anderen! Inken ist am Boden zerstört und hat Tränen in den Augen und faselt immer wieder was von wegen „Mit welchem Knopf kann ich schießen?" oder „Welches Team spiele ich eigentlich?".

Bei aller Liebe: Heute kann ich keine Rücksicht auf Inken nehmen. Ich muss mir verlorenes Selbstvertrauen dringend zurückholen, was mir – ein Glück – auch eindrucksvoll gelingt. Der Endstand ist 8:0 für HSV.

Ich lehne mich im Sessel zurück, während Inken beleidigt abhaut.

Na bitte, es geht doch! Guter, alter HSV!

19. April 2002
FC St. Pauli – HSV 0:4

Ich kann seit Tagen nicht mehr schlafen und stehe immer wieder nachts auf und geh auf Klo oder an den Kühlschrank oder bleib dann doch liegen und schlaf weiter. Ich bin so aufgeregt, weil morgen HSV gegen St. Pauli spielt. Die sind zwar abgeschlagen Letzter und haben seit bestimmt hundert Jahren nicht gegen HSV gewonnen. Aber einmal ist immer das erste Mal und jedes blinde Huhn findet bekanntlich irgendwann mal ein Korn und ich befürchte, dass das ausgerechnet diesmal so weit ist, vielleicht sogar sein muss!

Nicht genug damit, dass ich seit Wochen also morgens mit Rändern unter den Augen aufwache, kommt es in der Schule heute zum absoluten Eklat. Ein Lehrerkollege hat der dritten Klasse, die ansonsten eigentlich ganz niedlich ist, offenbar einen Bären aufgebunden, von wegen, ich wäre St.-Pauli-Fan, und zwar so was von eingefleischt, dass man mir eine große Freude machen könnte, indem man mir St.-Pauli-Bilder malen würde.

Die Stunde beginnt also und der kleine Patrick kommt nach vorne und ich denke an nichts Böses, als ich ihn frage: „Na, kleiner Patrick? Was hast du da Schönes?"

„Du, Herr Lehrer, ich habe was für dich gemalt!"

Ich tu so ein bisschen, als würde ich mich freuen und wäre schon ganz aufgeregt, da überreicht er mir ein Bild mit einer Anzeigetafel drauf, auf der steht: „St. Pauli gegen HSV 10:0. Das ist super!"

Ich zähle langsam bis hundert und atme tief durch. Ich frage ihn, wer ihm das mit mir und St. Pauli verraten hätte, und bleibe dabei ganz ruhig, denn, was kann das arme Kind dafür, wenn seine Lehrer ihn so dermaßen anlügen? Ich meine, ich bleibe echt richtig cool, bis auf einmal die ganze Klasse aufsteht und „St. Pauli! St. Pauli!" ruft. Da ist für mich dann doch Schluss mit Kindergeburtstag und ich springe herum wie Rumpelstilzchen und brülle die Kleinen in Grund

und Boden: „Was ist das hier für eine verdammte Affenscheiße! Alle hinsetzen! Hefte raus! Klassenarbeit!"

Nichts als Ärger also in der Schule, so dass man wirklich nur von Glück sprechen kann, dass es nun endlich losgeht mit HSV gegen St. Pauli. Und ich atme auf, wie ich auf dem Rückweg von der Schule endlich in der Bahn sitze und ein erstes Derby-Dosenbier zum Vorglühen trinken kann. „Das schmeckt vielleicht", denke ich so in mich hinein. „Das hat sich der Herr Lehrer mal so richtig verdient!" Und ich lache – wie ich es ja gerne einmal tue – leise über mich selbst, da klopft das auf meiner Schulter. Zwei Schüler aus der 8. Sportklasse stehen hinter mir, beide in HSV-Klamotten, aber dermaßen von komplett!

„Prost! Gehen Sie heute auch zum Spiel?"

Ich lache jetzt nicht mehr über mich selber, sondern verfluche mich. Na klasse, Montag also wieder große Schlagzeile im Tornescher Revolverblatt: „Sportlehrer war schon um 13 Uhr blitzeblau im Zug, mit Karnevalshut und vier HSV-Schals um jedes Handgelenk!" Ich stöhne leise vor mich hin und befürchte, dass die beiden Jungs hier im nächsten Zeugnis dann wohl doch eine viel bessere Sportnote bekommen müssen als die 4, die ich ihnen bis gerade eben noch verpassen wollte…

Kaum zu Hause angekommen, ruft mich Paul an, der allen Ernstes meint, dass wir doch heute, „zur Feier des Tages", mal prima zusammen ins Stadion gehen könnten. Ich brauche einige Minuten, um ihm klarzumachen, dass das ja wohl das Bescheuertste überhaupt wäre. „Wie sieht das denn bitteschön aus, wenn ein HSV- und ein St.-Pauli-Fan nebeneinander zum Volksparkstadion laufen würden? Ich müsste dich die ganze Zeit bepöbeln, Paul, was sollen sonst die Leute von mir denken?"

Ich weiß ja nicht, was er sich dabei gedacht hat, aber ich kann es mir ganz einfach nicht leisten, nach der Sache heute Mittag im Zug schon wieder meinen Ruf aufs Spiel zu setzen. Freundschaft hin, Freundschaft her, irgendwann nimmt mich dann keiner mehr ernst!

Abends gibt es für Maik und mich dann kein Halten mehr, ist das Spiel doch ein einziger Traum. Erst verballert ausgerechnet der St. Paulianer, der vorher noch rumgebracht hat, er würde den HSV in der ganzen Stadt lächerlich machen, einen Elfmeter und dann, nach dem 4:0 für HSV, mache ich, ganz so wie Homer Simpson in der Simpsons-Folge, in der er sich als Maskottchen für diese rumpelige Baseballtruppe zum Affen macht, den „Dancing Homer", indem ich auf dem Oberrang ein bisschen herumtanze und den B-Rang über mir unterhalte. Alle St.-Pauli-Fans sind dagegen, na klaro, mal wieder richtig bedient, und auf dem Kicz klopft es, nachdem ich nicht müde werde, das Ergebnis immer und immer wieder in jede Kneipe rein-zubrüllen, in der St.-Pauli-Fans drinne sitzen, von hinten auf meine Schulter. So ein St.-Pauli-Willi droht mir: „Wenn du nicht endlich die Schnauze hältst, dann macht das bei dir gleich mal ding dong, aber nicht an der Tür!"

Ich meine, ohne Flachs, der Typ dreht voll durch! Wie Rumpel-stilzchen! Dabei schimpft er mich aus, von wegen, er würde mich an-zünden und auf mein Grab pissen, und als er gerade davon anfangen will, was er mit meiner Familie macht, da kommt Maik pünktlich wie die Maurer vom Pinkeln zurück.

„Ich höre hier immer nur ,ding dong'?"

Er lacht laut los und stimmt prompt die große Ode aus den neun-ziger Jahren an den damals kurzzeitigen Superstürmer Valdas Ivan-auskas – genannt „Ivan, der Schreckliche" – an: „Vom HSV da bin ich Fan von! Da steh ich stundenlang im Stadion! Und macht der Ivan einmal ding dong, dann lauf ich splitter-nackt nach Hongkong – ding dong!"

Kaum sind wir – ich bin über kurz oder lang, na klaro, auch eingestiegen – mit Sin-gen fertig, da nuschelt der St.-Pauli-Willi noch irgendwas in seinen braun-weißen Schal rein und zeigt mit dem Finger auf mich und haut ab, ohne sich groß zu ver-abschieden, was wiederum mich – eben noch klein mit Hut, jetzt aber dank Maiks Anwesenheit wieder voller Mut – auf den Plan ruft: „Ey, kein Benehmen, oder was? Hättest wenigstens mal tschüss sagen können, 0:4-Nie-derlage hin oder her!"

Weltklasse-Song! Aber voll!

24. August 2002
HSV – Bayern München 0:3

Ich weiß zwar nicht, wieso, aber Papa zweifelt ja regelmäßig meine Zurechnungsfähigkeit an, wenn das um HSV geht. Meistens will er dann wissen, wann ich endlich erwachsen werde und ob ich nichts anderes bzw. Besseres im Kopf hätte. Und doch, so sehr HSV von Papa verwünscht wird: Ich hab ihn eingeladen, mit mir HSV gegen Bayern zu glotzen, und er sagt, er freue sich. Und ich freue mich auch, dass er dabei ist, schließlich geht es nicht nur darum, dass er mal ein bisschen Abwechslung vom Kranksein und Krebshaben hat, denn auch ich werde seinen Trost mal wieder ganz dringend brauchen: HSV hat gegen Bayern seit gefühlten dreißig Jahren nicht mehr gewonnen.

Aber vor der Arbeit kommt am Freitagabend die Pflicht, wie man ja sagt, und weil Inken schon so lange

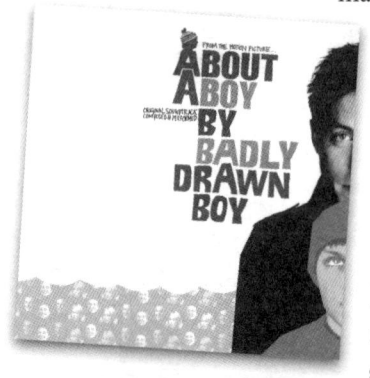

gefragt hat, hab ich mich breitschlagen lassen, zumal kein Fußball im Fernsehen oder sonstwo läuft. Inken und ich gehen also ins Kino. Wir schauen uns „About a boy" an und Inken erzählt, was auch ich in den Frauenzeitschriften auf Klo gelesen hab: „Hugh Grant in seiner besten Rolle!" Jaja, denke ich und überlege, wie HSV das morgen in Dreiteufelsnamen schaffen soll, gegen Bayern und seine Zé Robertos und Ballacks und Pizarros zu gewinnen. Und dann darf ich mich noch nicht mal richtig aufregen und auf der Tribüne ausflippen, wenn Bayern mit seinen Zé Robertos und Ballacks und Pizarros 3:0 oder so führt, weil Papa dann bestimmt wieder rummeckert: „Mensch, Junge!" Obwohl er sich wahrscheinlich selber auch die ganze Zeit nur über HSV aufregt: „Das ist doch brotlose Kunst!" Oder: „So ein Antifußball!" Oder: „So was Primitives!"

Und wie ich so fast in HSV- und Papa-Gedanken versinke, da schrecke ich auf und schrei vor Schreck, fast so wie die alte Schrulle aus „Psycho", als sie da so in der Dusche steht und die Geige im Stakkato fiedelt: „Ich hab vergessen, den St.-Pauli-Voodooteddy mit Nadeln zu bearbeiten, und heute Abend spielen die in Lübeck!"

Seitdem ich zum Geburtstag im März ausgerechnet von Paul einen HSV-Schrein mit St. Pauli Voodooteddy und schönen langen Nadeln bekommen hab, hat das, was sich mal Lokalrivale genannt hat, nämlich nicht mehr gewonnen und es mittlerweile bis runter in den Keller der zweiten Liga geschafft, was ja so super wie nur was ist und die Totenkopfpullilage in Ottensen merklich entspannt hat. Jetzt habe ich meinen Voodoozauber das erste Mal vergessen. Mist.

Wenig später brummt es in meiner Jacke, während Inken immer noch am Schwärmen ist: „Der ist ja echt niedlich!" und „Früher fand ich Hugh Grant noch voll doof!".

Ich habe andere Sorgen und gucke auf mein Handy. Ich habe eine SMS von Paul bekommen und während Inken neben mir nicht aufhören kann, herumzuschwärmen („Endlich hat er mal eine vernünftige Frisur. Nicht so schmierig wie sonst!"), schaue ich auf Pauls Nachricht: „Ich glaube, dich interessiert, wie St. Pauli in Lübeck gespielt hat. Wir haben 6:0 verloren."

Und nun drehe ich erst recht durch wie die Alte aus „Psycho", nur diesmal vor Freude, nicht vor Schreck, und ich jubel laut drauflos: „Geht doch!"

So ein Typ hinter mir, der ist wirklich sauer und macht „PSCHT!", fast so wie wenn Ernie und Bert in der Sesamstraße im Kino sind und Ernie die ganze Zeit rumnervt und der Opa mit dem blauen Gesicht und der runden Brille dann immer „PSCHT!" macht, damit Ernie endlich mal seinen Sabbel hält. Na ja, so ein „PSCHT!" ist das eben.

Ich beruhige mich also wieder und beiße mir vor Freude in den Handballen. Erst den Film abwarten, alter Knabe, und dann zu

Hause Vollgas! Ich lehne mich zurück, genieße das Leben, den Film und zu Hause, ja-ha, da wird zur Feier des Tages endlich mal das dicke Niederegger-Marzipanschwein von Weihnachten verdrückt.

Am Samstag ist es spätestens mit Anpfiff des HSV-Spiels dann mal wieder mit der Freude vorbei. Das Wochenende wäre doppelt so gut, wenn ich kein HSV-Fan wäre, und ich denke an das fabulöse, alte Fußballfanheft aus Bielefeld, das den schönen Titel „Samstag um halb vier war die Welt noch in Ordnung" trug und das ebenso gut aus Hamburg-Ottensen hätte kommen können. So viel steht mal fest. Aber bevor die Stadionuhr halb vier schlägt, kommt Papa morgens in Altona am Bahnhof an und wie immer hat er die leckeren Brötchen vom Tine Café am Husumer Hafen dabei. Und dann schön die Weichen mit extradick Nutella drauf, lecker! Ich sag es doch immer wieder: Viel hilft eben viel und von nix kommt ja schließlich nix.

Und wo ich grad so richtig schön am Schnabulieren bin, da drängt Papa so um vierzehn Uhr schon auf Aufbruch Richtung Volkspark. Und das vierzehntägige Unheil nimmt seinen Lauf. Schon nach zwanzig Minuten steht Papa auf und beschwert sich lauthals: „Uns Uwe hätte jetzt die Ärmel hochgekrempelt! So was Primitives hier!"

Ich gebe ihm recht: „Und brotlose Kunst ist es auch!"

Und Papa zeigt mit dem Zeigefinger auf mich und bestätigt: „Und brotlose Kunst ist es auch, sehr richtig!"

Papa streicht mir durchs Haar und muss lachen. Aber nur kurz. Denn spätestens als ein gewisser Richard Kitzbichler für Ingo Hertzsch reinkommt, geht Papa wieder total steil und hört bis zum Schlusspfiff gar nicht mehr auf mit Pöbeln und ich bin überhaupt nicht genervt und freue mich jedes Mal, wenn Papa sich über irgendwas – die Spieler, den Trainer, das Wetter, den rauchenden Nebenmann, die Fahne, die ihm die Sicht versperrt – aufregt, schließlich heißt das, dass es ihm ganz gut geht, solange er noch in alter Papa-Manier beim Fußball rumpöbeln kann…

13. September 2002
Paul und ich – Hosenscheißer 10:0

Nur verlieren schockt einfach nicht, egal ob zweite oder erste Liga, da sind uns sogar Paul und ich mal einig, wenn's um St. Pauli und HSV geht. Wir ziehen uns also nachmittags die von unseren Spielerfreundinnen gewienerten Fußballschuhe und Schienbeinschoner – auch wenn wir ohne Zweikämpfe spielen, fühlt man sich doch gleich sicherer mit Schienbeinschonern – und Radlerhosen und kurzen Sporthosen und Vereinstrikots an und astrein ausgerüstet geht das los, auf zum kleinen Fußballkäfig an der Julius-Leber-Straße. Der ist genau unsere Kragenweite, weil man auf dem nicht so viel laufen muss und sich trotzdem den Ball um die Ohren knacken kann.

Ich habe das eine Tor, Paul das andere, und wir ballern uns den Ball von der – nicht vorhandenen – Mittellinie um die Ohren, bis einer zehn Tore hat. Wir sind richtig wild heute, trinken kohlensäurehaltige Erfrischungsgetränke und singen Lieder von Gunther Gabriel und bomben die Bälle wie früher Thomas Kroth in die Goals. Eine wahre Freude ist das! Da vergessen wir glatt, wie scheiße unsere Vereine grad sind.

Voller Vorfreude laufen wir also wie immer durch die Einkaufsstraße, Richtung Fußballkäfig, und die Einkaufsschar wundert sich, wenn wir zwei in Fußballausrüstung und mit den Armen kreisender- und diesen Aufwärm-Kreuz-Schritt machenderweise an ihnen vorbeizuckeln. „Warmlaufen ist die halbe Miete", bölken wir dann immer rum und freuen uns schon darauf, gleich den Ball mal beim anderen so richtig draufzuknacken!

Keine Freude ist es für uns dagegen, wenn der Platz schon von Kleinkindern besetzt ist. Da gibt's dann meist nur eines: Schön wie die Rabauken von außen gegen den Käfig knacken und dabei laut und dreckig lachen und möglichst oft „Digger!", „Alder" oder „Eyyy!" rufen. Das macht die härtesten Fußballkäfig-Kids irgendwann weich. Wenn die Lütten mit ihren Eltern da sind, verziehen wir uns klaro lieber und suchen uns 'nen anderen Platz. Man will ja keinen Ärger mit den Erwachsenen riskieren…

Wir sind also heute gerade so richtig schön am Spielen, da kommen tatsächlich so ein paar Hip-Hop-Kinder, die wild mit ihren Armen gestikulieren und ständig an ihren viel zu weiten Hosen rumfummeln. Kennt man ja. Auf jeden Fall braschen die gleich rum, so in der Art: „Ey, man, ihr Opas! Spiel oder was?!" Ich denk – na klaro – gleich „Schiebt ab, ihr Hosenscheißer!", bin als Pädagoge ja aber quasi dazu verpflichtet, die Sache professionell anzugehen. Nur zu gut erinnere ich mich nämlich an meine allererste Sportlehrerstunde in der 1. Klasse, als ich einem der Jungen den Ball beim wilden Kicken dermaßen in die Zwölf schoss, dass dem erst die Luft wegblieb und er dann mit einem lauten „Aaargh, meine Eier!" zu Boden sank. Ich konnte mich damals erst vor Schreck und später in der Lehrerumkleidekabine – als mir klar wurde, was für eine geile Szene das gewesen war – kaum vor Lachen halten. Besonders professionell war das wohl nicht, damals.

Aber ich bin ja lernfähig.

„Natürlich, liebe Kinder. Lasst uns etwas Fußball miteinander spielen!"

Die beiden Hosenscheißer legen dann erst mal die Regeln fest, von wegen „Wir haben vier Tore Vorsprung und ihr habt festen Torwart und dürft erst ab da und da schießen und dies dürft ihr nicht und das dürft ihr nicht und wir wollen noch erst mal unsere Eltern anrufen und Eiapopeia…" und so weiter und so fort, bla bla bla…

„Nun denn", sagen wir uns, lassen das Spiel beginnen und die Bengel gar nicht erst an die Pille ran und tanken in einem, so Paul, „körperbetonten Spiel" mit einem sicher herausgeschossenen 10:0-Kantersieg Selbstvertrauen für die kommenden wichtigen Punktspiele mit der Dritten.

Als die beiden verstört, mit Tränen in den Augen und blauen Flecken an den Beinen unseren Ground verlassen, rufen wir ihnen noch etwas zu: „Gesunde Härte, Jungs! Gesunde Härte!"

Und zum Abschied fragen wir noch freundlich: „Kommt ihr morgen wieder?"

Aber diese unerzogenen Blagen halten das nicht mal für nötig zu antworten.

3. März 2003

Das Leben kann schon ganz schön hart sein. Wer weiß das besser als ich? Und wie ich so morgens im Bett liege und kurz davor bin, mal wieder lauthals rumzufluchen, auf das Leben, auf Papas Krebs, auf den lieben Gott, auf den Fußballgott und diese ewigen Geburtstage, die nichts weiter tun, als einen älter zu machen, und auf IISV, der nichts weiter tut, als diesen Vorgang auch noch zu beschleunigen, da steht Inken vor dem Bett und singt mir Geburtstagslieder der Kategorie: „Wie schön, dass du geboren bist, wir hätten dich sonst sehr vermisst!" Wir schmusen ein bisschen rum und dann sagt Inken, dass ich ihr Geschenk doch mal aufmachen solle.

Das lass ich mir nicht zweimal sagen und so reiße ich ungeduldig das Papier in Stücke. Es ist ein HSV-Schal, von Inken selbstgestrickt und schön schlicht in blau und weiß und schwarz.

„Old school", sagt Inken.

Ich falle vor Glück kurz in Ohnmacht. Wie super ist das denn bitte? Ich hatte ja früher schon so ein Ding von Oma gestrickt bekommen. Das hab ich dann aber Barny mit ins Grab gegeben, damit der unter der Erde ordentlich HSV-Krawall machen kann und entsprechend ausgerüstet ist. Nun habe ich endlich wieder so einen richtigen Alte Schule-HSV-Schal, mit dem ich auf der Nordtribüne und in Ottensen angeben kann. Und notfalls auch im Winter mal auf dem Weg ins Theater. Wenn wir überhaupt mal ins Theater gehen würden. Denn, wie sagten Oma und Opa Sissi von Nordstrand schon früher immer: „Wat schött wi in't Theader!? Wi hebbt nuch Theader to Hus!"

Spätestens jetzt weiß ich: Inken soll die Mutter meiner Söhne Uwe, Charly, Kuno, Ernst, Manfred und Horst werden. Soll sie mal sehen, wie sie mit dem ganzen HSV-Schals-Stricken hinterherkommt!

Mein Geburtstag ist ein richtig schöner Tag, mit Geburtstagskuchen und kleinen Frikadellen von Mama, die genauso extra von Nordstrand mit dem Auto gekommen ist wie Papa aus Husum mit dem Zug. Mama und Papa unter einem Dach. Da denkt man doch eigentlich, das geht nicht. Aber heute geht das. Zur Feier des Tages und auch ein bisschen wegen Papas beschissenem Krebs, glaub ich.

Und wie wir so frischen Bohnenkaffee trinken und Kuchen und kleine Frikadellen essen, da erzählt Papa so ein bisschen von den Untersuchungen, zu denen er im Moment ständig hinmuss, und er sagt auch gleich, was er davon hält: „Die können mich echt mal am Arsch lecken mit ihrem Krebs."

Ich fluche tüchtig mit, weil ich nicht weiß, wie ich sonst damit umgehen soll. Papa in den Arm nehmen und ihn trösten? Das ist nicht so meine Stärke. Ich glaube, Papa versteht mich, wenn ich sage: „Und mich können die auch mal am Arsch lecken mit deinem Krebs!"

Papa lächelt mich an und wischt mir so über das Haar, wie er das früher schon immer gemacht hat, wenn wir gemeinsam Quatsch gemacht haben. Und wir lachen und selbst Mama guckt nur halb so genervt wie sonst, wenn man sich in ihrer Gegenwart nicht anständig auszudrücken weiß.

8. November 2003
HSV – 1860 München 3:1

HSV gewinnt seit ewigen Zeiten mal wieder ein Bundesligaspiel, und zur Feier des Tages will ich mir das mit Inken abends vor dem Fernseher grad mal so richtig gemütlich machen, da meint die Kleine doch allen Ernstes, dass das ja gar nicht geht, dass ich einen der seltenen HSV-Siege nicht mal so richtig feiere. Ich frage sie, warum ihr das denn so am Herzen läge, und sie grinst breit und sagt: „Och, nur so…"

„Nee, jetzt sag mal", drängel ich.

„Na, ich meine nur, du solltest das jetzt noch voll auskosten mit Partymachen und so…"

„Wie jetzt? Willst du mir das in Zukunft etwa verbieten, oder was?!"

Und ich werde schon so richtig sauer, weil ich denke, dass Inken mal wieder ein strengeres Regiment bei uns im Hause einführen will. „Glaub ja nicht, dass ich HSV noch mal sausen lasse und so! Das kannst du voll vergessen!"

Inken rollt ein bisschen mit den Augen und sie stöhnt: „Du bist vielleicht ein Doofie! Ich bin schwanger, Mensch!"

Es dauert eine ganze Zeit, bis ich kapiere, was hier gespielt wird.

„Von wem?", frage ich empört, was wiederum Inken auf die Palme bringt:

„Na, von dir, du Idiot!"

Da bin ich dann allerdings erleichtert und bölke laut rum: „Schönes Ding! Ich kann's eben!"

Und ich mache die Säge und recke meinen Zeigefinger in die Luft und mache eine Faust und mache noch mal die Säge und laufe wie wild im Zimmer hin und her und rufe: „Geht doch!"

Nach wilden Knutschereien mit Inken und den Familienanrufen muss ich schnellstmöglich Paul anrufen und ihm erzählen, dass ich Papa werde.

Der dreht am anderen Ende vor lauter Freude voll durch und schreit fast lauter als ich.

Manchmal bin ich richtig erschüttert, wie super der Junge eigentlich ist, der früher immer mit Iron-Maiden-T-Shirt in die Schule kam und der mich und den ich – zumindest bis zu dem Zeitpunkt, an dem er mir sagte, er wäre St.-Pauli-Fan und ich daraufhin so dermaßen ausflippte – immer freundlich grüßte und der Paul heißt und ein richtig superer Freund ist.

Wie hab ich das nur so lang ohne ihn ausgehalten!?

6. Dezember 2003

Paul ist ein verrückter Hund! Schon ein paar Minuten nach unserem Telefonat stand für ihn fest, dass wir unbedingt eine Riesensause starten sollten: „Mensch, Papa wird man nicht alle Tage!"

Heute ist es jetzt endlich so weit und wir machen die Nacht zum Tag. In der Bruchbude auf der Sternschanze, wo wir feiern, wimmelt es – und das kommt dann eben davon, wenn man nicht Michael Ammer, sondern einen St.-Pauli-Fan eine Party organisieren lässt – spätestens um 22 Uhr vor lauter Totenkopfpullis. Selber schuld ist man außerdem, wenn man dann auch noch Luftlinie dreihundert Meter vom Millerntor eine Party schmeißt. Schöne Scheiße, denke ich nur und schaue böse zu Paul rüber.

Der lächelt nur und ruft mir – mit beiden Daumen oben – zu: „Läuft doch super, oder? Ich hab noch ein paar St.-Pauli-Kumpels Bescheid gesagt."

Ich frage mich, warum ich *meinen* HSV-Kumpels, die ich noch so gut vom Freundschaftsspiel am Millerntor aus der Polizeiwanne kenne, nicht auch Bescheid gesagt hab, und grinse so doll, dass ich kurz vor einer Kieferlähmung stehe.

„Alles 1a!", rufe ich Paul rüber und auch ich mache dabei die Daumen nach oben. Ganz genau so, wie man es eben macht, wenn etwas so richtig „super" ist.

Meine ständigen Kevin Keegan „Head over heels" und „Wer wird Deutscher Meister"-Einspielungen schaffen es nicht, den Saal zu räumen. Im Gegenteil: Die St.-Pauli-Fans schütteln ihre Häupter zu alten HSV-Hits, als ob die das *extra* täten. Wie kann man nur so ignorant sein, denke ich und bin so was von beleidigt, dass ich mal an die frische Luft muss. Hat mir Mama schon früher immer geraten. „Stink dich lieber mal aus, Bursche!"

Draußen reagiere ich mich ab, indem ich an sämtlichen Fahrrädern mit St.-Pauli- Aufklebern rumfummel und die Aufkleber abkratze. Wie gut, dass ich mir seit der Zeit mit den Knibbelbildern in den Cola-Flaschen die Fingernägel nicht mehr geschnitten habe, zumindest so ungefähr.

Wer ist Deutscher Meister?
H - H - H - HSV!
Wir stehen Schlange vor dem Stadion,
es riecht nach Bier und Sieg und nach Sensation.
Die Mannschaft ist in Form und kämpft und fetzt,
denn Branco Zebec hat sie alle unter Dampf gesetzt.
Schießt Kevin Keegan ein Tor
dann dröhnt es laut im Chor:
Wer ist Deutscher Meister?
H - H - H - HSV!
Wenn Manni Kaltz von rechts 'ne Flanke schlägt,
ist jeder Gegner gleich auf's Kreuz gelegt
und Hartwig, Magath oder Memering,
die jagen wie verrückt das runde Lederding,
und Kargus läßt keinen rein
ja so ist unser Verein.
Wer ist Deutscher Meister?
H - H - H - HSV!

Am nächsten Tag ruft mich Paul gleich morgens an. Er wolle nur noch mal sagen, wie viel ihm an unserer Freundschaft läge und überhaupt: „Das Beste war ja wohl, dass da gestern St.-Pauli- und HSV-Fans gemeinsam gefeiert haben."

Und ich sage „Ja, ja…" und tue so, als ob da irgendwas in der Leitung wäre: „Paul? Paul? Bist du noch dran?", frage ich und lege auf. So was kann ich ja ab: Nur weil wir vielleicht beste Freunde sind und Paul ein super Typ ist, muss man hier ja nicht groß auf Fanfreundschaft machen! Ganz ehrlich: Ich weiß, dass ich mich manchmal ein bisschen merkwürdig verhalte, und eigentlich kenne ich auch kaum einen St.-Pauli-Fan, den ich nicht zumindest ganz okay fände, aber was zu viel ist, ist zu viel. Und wenn Paul nicht kapieren will, dass das so nicht geht, dann muss ich mal andere Seiten aufziehen hier!

Noch einen Tag später klingelt das Telefon schon wieder. „Ja! Was denn nun noch?!", rufe ich in das Telefon, und: „Hat man denn nie seine Ruhe?!"

Es ist schon wieder Paul und er sagt: „Ha, ha, du bist ja gut drauf! Du glaubst nicht, was mir passiert ist! Mir ist der St.-Pauli-Aufkleber von meinem Fahrrad abgekratzt worden. Das waren bestimmt wieder die Altona-Punks vom Bahnhof", meint er sauer.

Ich bin ein bisschen entsetzt, hätte ich doch nicht gedacht, dass ich mich Samstagnacht auch am Fahrrad eines besten Freundes vergriffen hab: „Du, äh, bist mit dem Fahrrad zur Party gefahren? Ich dachte, du warst zu Fuß da!"

„Nö, wieso?"

„Och, nur so…" Ich lege auf und schäme mich, wenigstens ein bisschen.

Inken kriegt mit, wer angerufen hat, und fragt: „Na, wie geht Paul das?"

„Och, geht so."

Und ich erzähle ihr das haarklein, wie das nun gewesen ist, mit den Aufklebern und so. Das findet Inken natürlich überhaupt nicht komisch, was ja vorher klar war. Und ich frage mich: Warum hab ich ihr das überhaupt erzählt? Manchmal sollte ich echt mal nachdenken, bevor ich was sage. Man verdirbt sich das mit den nettesten Menschen, wenn man zu ehrlich ist. Inken guckt mich voller Verachtung an: „Manchmal bist du ein richtiger Arsch!"

Ich gucke reumütig zu Inken rüber: „Ja, vielleicht hast du recht."
Inken flucht: „Und das soll der Vater meines Kindes werden…"
Ich gucke betroffen aus dem Fenster und denk so leise vor mich hin: Vielleicht bin ich ein richtiger Arsch. Vielleicht werde ich kein guter Vater sein. Okay. Aber wenigstens bin ich kein St.-Pauli-Fan!

11. Februar 2004

Ich trainiere heute noch mal so richtig mit meiner geliebten Dritten. Erst bekommt jeder einen Ball und dann ruft unser Trainer: „Und nun lasst Moppers Handschuhe man schön glühen, Jungs!"

Mopper ist knapp sechzig Jahre alt, hundert Kilo schwer und unser Torwart. Und zumindest ich rufe lauthals zurück: „Klar lassen wir Moppers Handschuhe schön glühen, Chef!"

Mein erster Schuss rauscht dann allerdings gleich so richtig rüber über den um und bei zehn Meter hohen Zaun, der eigentlich extra für Schüsse wie meinen hinter dem Tor angebracht ist. Hat mal wieder nichts genützt. Rein mit dem Ball ins Gebüsch. Rein mit dem Ball in die Brennnesseln.

„Gleich durchlaufen!"

Das ist wieder unser Trainer. Und ich murmel „Okay, Chef" und laufe gleich durch, schön rein in die Brennnesseln, um meinen Ball zu holen. Und wie ich so „Oh!" und „Aua!" und „Das piekst aber!" rufe, ärgere ich mich nicht nur über meine krummen Füße, sondern auch darüber, dass ich im Gegensatz zu Mopper mal wieder so nachlässig gekleidet bin und weder eine lange Trainingshose noch Stutzen geschweige denn Schienbeinschoner anhabe. Ich Amateur!

Anschließend ist dann „Lattenschießen" dran. Das beste Spiel, das jemals erfunden worden ist. Wer die Latte trifft, darf eine Trainingspause einlegen und eine rauchen. Sogar ich, der sonst ja schon lange nicht mehr schmökt. Wer die Latte *nicht* trifft, der muss weiter schießen, bis er die Latte trifft.

Und während ich als Letzter noch am Draufbolzen bin, steht der Rest schon rum und raucht und quatscht und wird kalt. Unser Trainer ruft: „Leute! Nicht nur rauchen und quatschen! Auch dehnen!" Und dann machen die meisten einen kleinen Ausfallschritt und tun so, als ob sie sich dehnen, während ich verzweifelt versuche, die Latte zu treffen.

Danach machen wir noch das obligatorische Abschlussspielchen. Vorher hat unser Trainer noch die Teams eingeteilt und uns dann die Leibchen gegeben. Ich bin in der Mannschaft von Mopper, der sich über die Teamzusammenstellungen unseres Trainers nach einem Blick auf seine Mitspieler – also unter anderem auf mich – allerdings ein bisschen beschwert hat: „Seeehr fair, Chef!"

Doch unser Trainer hat nur abgewunken: „Sabbel nicht!"

Und während Mopper noch dabei ist, zu sabbeln und sich seine Torwarthandschuhe anzupruckeln, zieht unser Trainer gleich mal trocken ab.

„TOR! 1:0! Ihr Luschen!"

15. Februar 2004
Altona 93, 3. Herren – SC Sternschanze 0:3

Heute fängt also die neue Untere-Herren- (um nicht zu sagen Betonliga-)Saison wieder an. Inken schläft noch, während ich mal wieder viel zu spät aufgestanden bin und mir schnell die Zahnbürste in den Mund ramme. Nebenbei krame ich unter dem Bett. Ich ziehe die
Tasche raus. Die hab ich seit dem letzten Saisonspiel auch nicht mehr in der Hand gehabt, und immer schön rein mit Handtuch, Duschgel, Shampoo, denke ich und packe noch eine frische Unterhose, ein paar frische Socken, ein frisches T-Shirt dazu. Das von gestern Nacht zieh ich einfach noch mal an. Riechen ja eh nur meine Gegenspieler. Ich dusch nachher ja eh noch mal und dann zieh ich mir auch ein neues T-Shirt drüber. Wo ist das Trikot? Das liegt noch ungewaschen im Wäschekorb. Seit Mittwoch. Aber ich dusch nachher ja eh noch

mal. Also rein mit dem Trikot in die Tasche. Die schwarze Sporthose liegt seit Mittwoch ebenso zwischen nassfeuchten Waschlappen und diesem Paar Socken, das ich vor ein paar Wochen mal anhatte, als es beim Training so doll geregnet hatte. Die Stutzen hab ich beim Training ja eh nie an. Die sind also sauber. Rein damit in die Tasche und rein mit mir in die Küche, wo ich aus der Abseite noch schnell eine Plastiktüte finger, für die dreckige Wäsche und die Fußballschuhe, die ich seit Mittwoch ja auch noch putzen wollte. Wo stehen die eigentlich? Mittlerweile dürfte die erste Halbzeit, schon zur Hälfte durch sein und ich suche hier meine Fußballschuhe…

Draußen, auf diesem Ansatz eines Balkons, an die Wand gelehnt, finde ich sie. Man sieht ihnen an, dass ihr Besitzer einen nur wenig sorgsamen und liebevollen Umgang mit ihnen pflegt. An mehreren Stellen ist die Naht aufgeplatzt und Löcher bilden sich deutlich heraus. Das Leder ist hart und verkrustet und drückt auf die Füße. Ich hab ein schlechtes Gewissen. Wie oft hat man – also meine Eltern, Mitspieler, Trainer – mir im Laufe meines Lebens gepredigt, die Dinger gleich nach dem Kauf erst dick einzufetten und dann nach jedem Gebrauch erst mit Wasser abzuwaschen, abzutrocknen und dann mit kräftig Schuhwichse einzucremen und dann mit einer alten Unterbüx glattzupolieren. „Dann halten die Dinger ewig!"

Nach „ewig" sehen „die Dinger" hier in meinen Händen allerdings nicht aus. Und wenn, dann höchstens nach „ewig nicht geputzt". Egal. Ich stecke sie in die Plastiktüte und dann rein in die Tasche und jetzt kann ich ja auch langsam mal die Zahnbürste aus dem Mund nehmen. Schnell den Haustür- und Fahrradschlüssel gegriffen und raus aus der Tür.

Ich hetze aus dem Haus, raus auf den Bürgersteig. Mein Fahrrad steht an einer Laterne. So ein bisschen denke ich beim Anblick der alten Rübe an meine Fußballschuhe. Ich schließe es auf. Schulter meine Tasche. Ich hab meine Badelatschen vergessen. In Kenntnis des Zustandes der Kabinen und Duschanlagen im Hamburger Amateurfußball sollte man seine Badelatschen stets dabeihaben. Zumal ich es mir am Mittwoch noch so fest vorgenommen hab, die Teile heute nicht zu vergessen, nachdem ich mir Moppers Zehennägel einmal genauer angesehen hab. Mist! Ich habe keine Zeit, noch mal nach oben zu tigern. Ich steige aufs Fahrrad und fahr los. Fußpilz, ich komme! Die erste Halbzeit dürfte in diesem Moment abgepfiffen worden sein.

Draußen vor der Kabine steht unser knapp fünfzigjähriger Vorstopper Uwe in kompletter Fußballkleidung. Rot-weiß-schwarzes Trikot, schwarze Hose, schwarze Stutzen. Er ist ein bisschen verschwitzt. Er hat eine Zigarette in der Hand und wippt von einem Bein aufs andere.

„Na? Doch schon so früh da?!"

„Moin Uwe. Wie steht's?"

„Drei null."

„Für uns?"

„Nee."

„Für die anderen?"

„Spielt hier sonst noch wer?"

Ich mach die Kabinentür auf. Es riecht streng.

„Moin. Doch schon so früh da?!" Das ist unser Trainer.

„Sorry."

„Du kommst trotzdem gleich für Jürgen rein."

Ich gucke zu Jürgen rüber. Jürgen ist knapp 65 Jahre alt. Er scheint ein bisschen schlapp zu sein und lächelt mich erschöpft an: „Bist du fit?"

„Was man so unter ‚fit' versteht…"

„Kann ja eh nur besser werden."

Der Schiedsrichter ist, was in unserer Liga gar nicht selbstverständlich ist, pünktlicher als ich gewesen. Die erste Halbzeit ist also beendet. Die Pause ebenso. Er klopft an die Kabinentür.

„Geht weiter, die Herren!"

Mopper klatscht in die Hände. „Kommt noch mal, Männer!"

Wir gehen raus, auf den Platz. Es hat die ganze Nacht geregnet. Der Aschenplatz sieht dafür allerdings noch ganz ordentlich aus. Nur vor den Toren sind kleine Pfützen. Schlimmer finde ich, dass mal wieder nicht gekreidet worden ist. Statt Linien stehen an den Seiten Stangen rum. Zwei für die Mittellinie, vier an den Eckpunkten und weitere vier für jeden Strafraum. Keine Ahnung, wie der Schiedsrichter daraus schlau werden will. Es sieht auf jeden Fall so aus, als würde man bei jedem unfreiwilligen Ausflug vom Platz ständig Gefahr laufen, gegen eine dieser Stangen zu rappeln.

Wie gut, dass ich als Mittelstürmer ausschließlich vorne im Zentrum rumlungere, äh, „operiere" natürlich. Genauso, wie mir unser Trainer das gesagt hat. „Du operierst ausschließlich vorne im Zentrum."
„Okay, Chef."
„Du kommst nicht mit nach hinten."
„Ja."
„Du machst noch mal richtig Druck."
„Mach ich."
„Und wartest auf hohe Bälle."
„Was jetzt? Druck machen oder auf hohe Bälle warten?"
„Beides, Junge. Beides!"
Das mit dem Druckmachen gestaltet sich schwierig, so unfit, wie ich bin. Auf hohe Bälle brauch ich dagegen nicht lange zu warten. Nach nur wenigen Sekunden drischt Uwe den Ball aus der Abwehr nach vorne. Ich höre unseren Trainer rufen: „Los! Hinterher!"
Können vor Lachen. Hinten bei denen stehen drei Abwehrspieler, die es absolut nicht für nötig halten, beim Stand von 3:0 blind nach vorne zu rennen und die Abwehr zu entblößen. Gegen die hab ich heute eh keine Chance. Merke ich gleich. Trotzdem tue ich natürlich so, als hätte ich nicht von vorne herein aufgegeben. Der Ball springt auf dem Grandplatz hoch weg. Und noch mal. Und noch mal. Und ich springe, wie der Ball. Dem Ball hinterher. Ohne Chance, an den Ball zu kommen. Und selbst, wenn ich an den Ball käme. Was dann? Würde ich ihn, knapp vierzig Meter vor dem gegnerischen Tor, mit dem Rücken zum Tor Richtung Tor verlängern? Würde ich den Torwart sensationellerweise mit einer Kopfballbogenlampe überraschen? Wer's glaubt. Der Ball würde allerhöchstens gemächlich in die Arme des Torwarts hoppeln. Und unser Trainer würde rufen: „Gut so!"
Tatsächlich komme ich, nachdem der Ball dreimal aufgetippt ist, knapp vierzig Meter vor der Kiste, doch noch mit dem Kopf dran. Der eine Abwehrspieler von den anderen hebt den Arm hoch, ganz

so als wolle er andeuten: Keine Gefahr! Gemächlich hoppelt die Pille in die Arme des Torwarts. Vom Spielfeldrand höre ich jemanden rufen: „Gut so!" Das ist unser Trainer gewesen.

Das Spiel plätschert so vor sich hin. Die anderen stürmen munter weiter, aber Mopper ist, wenn ich seine Leibesfülle und seine Füße mal außen vor lasse, vor allem eines – ein 1a-Torwart. Er allein wirft sich in die Bälle, die in Hülle und Fülle auf unseren, auf seinen Kasten fliegen. Der Rest unseres Teams, bis auf mich, steht in der Abwehr. Nach einer Aufholjagd sieht das nicht aus. Wir können froh sein, nicht weit höher zurückzuliegen. Ich versuche, die Truppe ein bisschen zu motivieren.

„Kommt doch mal einer von euch mit nach vorne, Mann!"

„Ja, wie denn?! Wir sind hier doch alle hinten!"

„Das sehe ich!"

„Komm du man lieber mit nach hinten und hilf mit!"

„Wobei helfen? Das null drei halten, oder was?"

„Nichts mit null drei halten! Der bleibt vorne!"

Das ist unser Trainer vom Spielfeldrand.

Ich schaue zu ihm rüber. „Ich soll auf hohe Bälle warten."

Er zeigt mit dem Finger auf mich. „Ge-nau! Du sollst auf hohe Bälle warten."

Es ist zwecklos. Unser Team ist nicht nur körperlich nicht auf der Höhe. Unser Team ist überaltert. Und wieder fliegt ein hoher Ball von uns in Richtung Mittellinie. „Los! Hinterher!"

Wieder springe ich halbherzig hoch. Einmal. Ein zweites Mal. Ich erwische den Ball so eben mit dem Kopf. Gemächlich hoppelt er dem Libero des Gegners auf den Fuß. Der spielt den Ball in die Arme des Torwarts. Vom Spielfeldrand höre ich jemanden rufen. „Jawoll! Gut so! Weiter, Jungs!" Wenn das nicht wieder unser Trainer gewesen ist.

Und dann pfeift der Schiedsrichter das Spiel ab.

Ich stemme meine Hände in die Hüften. Ich bücke mich. Ich ziehe mir die Stutzen hoch. Erst den linken. Dann den rechten. Und dafür bin ich heute aufgestanden, durch die Wohnung getapert, hab meine Siebensachen aus allen möglichen Ecken gefingert, bin das Treppenhaus runtergestürzt, mit dem Fahrrad hierher getigert und jedem bekloppten Ball hinterhergelaufen bzw. -gesprungen.

Der Libero der anderen kommt in meine Richtung. Er reicht mir die Hand.

„Gut gekämpft!"

Dass ich nicht lache, du Arschloch. Ich gebe dir gleich mal „gut gekämpft".

Beide Mannschaften kommen jetzt an der Mittellinie zusammen. Sie stehen sich gegenüber. Ich will nach Hause. Ich höre den Schiedsrichter mit lauter Stimme in die Spielertraube reinbölken: „Das Spiel Altona 93 gegen Sternschanze endet 3:0 für Sternschanze. Wir beenden das Spiel mit einem dreifachen ‚Hipp, Hipp'…"

Und die meisten der anwesenden Spieler, vor allem die von Sternschanze, rufen: „Hurra!"

„Hipp, Hipp!"

„Hurra!"

„Hipp, Hipp!"

„Hurra!"

Schon nach dem zweiten „Hipp, Hipp!" des Schiedsrichters drehe ich mich um und mache mich auf den Weg, Richtung Kabine. Nach einigen Metern höre ich Dieter rufen: „Die Stangen bitte noch mit reinnehmen!"

Na toll. Alles muss man hier selber machen. Ich gehe Richtung Eckfahne, oder vielmehr Richtung des Punktes, an dem eigentlich eine Eckfahne im Boden stecken sollte, an dem stattdessen aber nur eine Stange auf einem Sockel steht. Ich nehme die Stange und ziehe sie lustlos hinter mir her. Nach mehreren Metern löst sich der Sockel von der Stange. Ich stecke die Stange wieder zurück in den Sockel. Wieder ziehe ich den Kram hinter mir her. Wieder geht der Sockel ab. Scheiß Betonliga!

(Stange auf Sockel = Betonliga-Eckfahne!)

2004 - 2005
VIP!

22. Juni 2004

Wir haben jetzt so lange gewartet
und nun ist das so weit: Inken ist
Mama geworden. Aber was haben wir bitte in den letzten Mona-

ten gerätselt: Wird's ein Mädchen oder wird's ein
Junge? Für mich war's ja sowieso und von vornherein klar: „Das wird
ein Junge! So ein echtes Fußball-Raubein!"

Und so ein Fußball-Raubein sollte – na klaro – einen Namen haben, der auf den Bolzplätzen der Stadt Angst und Schrecken verbrei-
tet.

Wochenlang hab ich Inken namenstechnisch nach allen Regeln
der Kunst bearbeitet.

„Weißt du was? Wenn wir das Kind Barnaby nennen, dann heißt
der bei den anderen gleich Barny und wird der Obercoolste von allen,
ganz bestimmt!"

Doch Inken hat sich nicht so leicht beeinflussen lassen, wie von
mir erhofft. „Tu mir einen Gefallen und mach mal halblang, hier!"

„Okay, okay. Dann eben Horst, wie Horst Hrubesch! Oder Uwe.
Das wäre fast noch geiler! Wegen Uwe Seeler!"

Was Inken allerdings weniger vom Hocker gerissen hat als gedacht.
„Abwarten, vielleicht wird's ja auch ein Mädchen."

Ja, ja, klar!

„Wie wär's denn mit Jimmy, wie Jimmy Hartwig?"

Doch wieder ist von Inken nur eines gekommen: keine Reaktion.

Wie gut, dass ich von Natur aus nicht so leicht aufgebe. Aber auch
Charly (wegen Charly Dörfel), Heini (wegen Heini Ziegenspeck),

Jupp (wegen Jupp Posipal oder Onkel Jupp Koitka), Manni (wegen Manni Kaltz), Wolfram (wegen Wolfram Wuttke) und Rodolfo Esteban (wegen Rodolfo Esteban Cardoso) ernten nur wenig Applaus und „Manno", hab ich schon leise gedacht, „irgendein HSV-Spieler muss doch einen passenden Namen haben!" So einen wie... „Felix Magath!".

Aber mit Inken ist so gar kein Handel zu machen gewesen: „Blöder Name. Und ein Bayern-Trainer kommt mir sowieso nicht ins Haus, selbst wenn er Felix Magath heißt!" Und, als ob das noch nicht gereicht hätte, hat sie noch hinterhergeschoben: „Außerdem wird's bestimmt ein Mädchen!"

Und ich wieder so: „Ja, ja, klar! Dann eben Hermann, wie Hermann Rieger. Oder Rudi, wegen Rudi Kargus!"

Stille, Kopfschütteln und ein leichtes Augenverdrehen auf der Gegenseite. Und dann sind unverständlicherweise auch noch Valdas (wegen Valdas Ivanauskas), Nando (wegen Fernando Perreira de Pinho, genannt Nando), Yordan (wegen Yordan Letchkov) und Heinz-Josef (wegen Heinz-Josef Koitka, der unter uns HSV-Fans doch eigentlich nur Onkel Jupp Koitka heißt, von daher hab ich den Namen Heinz-Josef auch nur halbherzig ins Rennen geworfen) abgelehnt worden. Von solchen Trendnamen wie Harald (wegen Harald Spörl) oder Mladen (wegen Mladen Pralija) ganz zu schweigen!

Logisch, dass ich da irgendwann die Faxen dicke gehabt hab. „Jetzt habe ich die Faxen aber dicke, Inken! Dann wird das eben ein Mädchen!" Und ich hab ein bisschen die beleidigte Leberwurst gespielt und mich an das kleine Mädchen erinnert, das vor Jahren einmal rotzfrech in der S-Bahn zu mir meinte, als ich da so mit einem Fußball im Arm rumsaß: „Fußball buh!" Darüber könnte ich heute ja noch vor Wut explodieren!

Aber, es hilft ja alles nichts, mittlerweile ist das Baby da und, die Mama hat's mal wieder vor mir gewusst, es ist tatsächlich ein Mädchen: Lene.

Toller Name für eine HSV-Bundesliga-Frauen-Mittelstürmerin!

4. August 2004
HSV – CF Villarreal 0:1

Ich hab das jetzt mehrmals täglich gesagt, dass das „doch nun lang-sam einmal losgehen muss", mit Klein-Lene-zum-Fußball-Mitneh-men. „Damit die gar nicht erst auf dumme Gedanken kommt!" Wo-von die Mama aber, so ein alter Besen, wie die manchmal sein kann, erst mal alles andere als begeistert gewesen ist: „Du mit deinem blö-den Fußball!" Ich halte zwar meistens fachkundig („Du mit deinem blöden Stillen und Wickeln!") dagegen, kann Inken damit aber lange Zeit nicht so richtig überzeugen. Da muss ich also andere Geschütze auffahren.

Dank dem Vater eines ehemaligen Schülers, der mir noch einen Gefallen schuldet, komme ich zufällig an zwei VIP-Karten für den Europacup-Oberknaller („Baby, UI-Cup ist für HSV fast so was wie Champions League!") gegen CF Villarreal ran. Und, was wäre pas-sender, als die Geburt der very importantsten Person überhaupt im HSV-VIP-Bereich zu feiern! Wenn da wer hinpasst, dann ja wohl Klein-Lene! Und, wer sagt es denn, beim Gedanken an Haifischflosse auf Toast und Asti Spumante halbtrocken ist auch die besorgteste Mama weichgekloppt. Groß ist die Freude vor allem bei mir, und „Fußball! Fußball!" krakeele ich laut durch die Wohnung, nachdem Inken mit ihrem obligatorischen Kopfschütteln kombiniert mit Au-genverdrehen endlich eingewilligt hat: „Na gut. Meinetwegen."

Ich rufe noch schnell bei Paul und bei Maik an und gebe mächtig an, dass wir man VIP-Karten haben. Die beiden finden das super, dass Klein-Lene mit ins Stadion kommt, kaum dass die Kleine ein paar Wochen alt ist, und schon geht das los zum Volkspark. Die Vorfreude aufs Spiel ist groß, schließlich soll heute Abend nicht nur Klein-Lenes, sondern auch für den ganzen Verein eine neue, viel su-perere HSV-Ära beginnen. Das hoffe vor allem – na klaro – ich selber am meisten und richtig chefmäßig fahren wir zuerst mal mit unserer ollen Scheese auf den Sonderparkplatz gleich beim Stadion rauf.

Am Eingang protze ich selbstredend ordentlich und extralaut – damit's auch wirklich alle mitkriegen – rum: „Herr Ordner, lassen Sie uns bitte mal kurz durch, ja? Wir haben ein Baby und VIP-KARTEN!"

Die anderen Zuschauer – und ich glaube echt nicht, dass ich mir das hier einbilde – machen vielleicht Augen! So „Guckt mal, die haben VIP-KARTEN!"-mäßig. Nur Inken, die schüttelt den Kopf und verdreht ihre Augen.

„Was denn? Ist doch wahr!", blaffe ich in ihre Richtung und schon sind wir drin.

In der guten Stube nehmen wir direkt neben dem Boss einer großen deutschen TV-Zeitschrift Platz. „Für euch beide nur das Beste!", flüster ich Inken in ihr Ohr rein und denk so stolz bei mir: „Alter Knabe. Du hast es wirklich geschafft!"

Und wie wir so – vor allem ich – beherzt vom Büffet nehmen und – wieder vor allem ich – mit den Jungs und Mädels aus der Hamburger Wirtschaftsbranche etwas rumpalavern, um nicht – wie Inken – zu sagen: rumbraschen, da ist alles tutti mit Klein-Lene. Die ist schön ruhig und nur am Pennen und „Hauptsache, sie verschläft nicht den HSV-Sieg!", kumpel ich laut und jovial die umstehenden HSV-Offiziellen und Nobelfans an. Das darf ich heute natürlich. Schließlich habe ich ja VIP-Karten!

HSV
ESSEN, TRINKEN
UND GENIESSEN.
ARAMARK

Alles ist super, bis das Spiel anfängt. Wir rufen also schnell ein letztes Mal „Cin Cin!" in Richtung des Bürgermeisters und seiner Stadträte und ich meine auch gesehen zu haben, wie sich einige von denen umgedreht haben. Und dann sind wir raus aus dem VIP-Raum auf die VIP-Tribüne. Und dann steht da so ein Clown und meint nach dem Blick auf meine Karte: „Tut mir leid, hier haben Sie nichts zu suchen, junger Mann!"

IM
VIP-RAUM
GEMOPST!
(hehehe...)

Donnerlittchen, denke ich, der will sich hier ja mit den Großen anlegen, und beginne, dezent auf unsere VIP-Karten hinzuweisen: „Psst, Meister! Schau mal, was ich hier habe!"

Inken dagegen hat mal wieder gleich geschnallt, wo der Hase läuft: „Du, wir haben hier nichts verloren!"

Und dabei zeigt sie auf die Karte, auf der Schwarz auf Hellblau „Osttribüne. Block 1" steht. Offenbar haben wir zwar Zugang zum VIP-Bereich drinnen, aber nicht zur VIP-Tribüne. „Beim Fußvolk. Na toll!", raunze ich in Richtung Ordner. Natürlich leise. Man will ja nicht undankbar erscheinen.

Wir gehen also raus auf die Tribüne und machen auf dem Absatz gleich wieder kehrt Marsch. Irgendein DJ Fotzi (oder wie diese Flitzpiepe mit blondierten Haaren und „Hey Baby"-Gekrächze heißt)-Verschnitt betäubt nämlich grad so dermaßen laut die Gehörgänge der Zuschauer, dass es Inken als treu sorgender Mutter heiß und kalt zugleich zu werden scheint: „Was ist das denn bloß für ein Krach? Ich muss hier raus!" Zumindest glaube ich, das herausgehört zu haben. Der neue HSV-„Medienpartner" hat nämlich offensichtlich tatsächlich noch ein paar Dezibel und „bpm" auf den ohnehin schon urgewaltigen Sound des Vorgängers draufgepackt, so dass das selbst in meinen Manowar-, Motörhead- und Peter-Maffay-erprobten Ohren ordentlich klingelt und fiept. Was soll dann erst Klein-Lene davon halten???

Bei aller Enttäuschung, dass das mit Klein-Lenes erstem HSV-Livespiel scheinbar doch nichts wird: Als verantwortungsbewusster Familienvater zeige ich NATÜRLICH Verständnis für meine sorgenvolle Freundin, nehme sie in den Arm und sage: „Hier hast du die Autoschlüssel, Schatz. Wir sehen uns zu Hause."

Dabei bin ich etwas kurz angebunden, versteht sich, schließlich ist das Spiel längst in Gang. Das vergurkt HSV in altbekannter Manier und ich lamentiere spätestens nach dem 0:1 rum, weil mal wieder schon vor Start der Bundesligasaison klar ist, dass es nichts wird mit „HSV wird Weltmeister!".

Und wie ich so missmutig und alleine auf der Osttribüne sitze, da erinnere ich mich mal wieder kurz an mein erstes HSV-Spiel, wie ich mit Mama und mit Papa und meiner Schwester dahin bin und wie ich meine Fahne geschwenkt hab und wie Papa mit HSV und Mama mit Papa geschimpft hat, und ich denke an das öde Spiel damals und ich denke so bei mir: „Wenigstens ist Klein-Lene so ein Start erspart geblieben."

Zu Hause angekommen, sehe ich Inken im Wohnzimmer sitzen, immer noch ganz fertig, weil's im Stadion so laut gewesen sei. Und sowieso: „Alles Scheiße! Bevor ich Lene wieder zum HSV lasse, werden wohl noch einige Jährchen vergehen!"

Die Info trägt natürlich nicht grad zu meiner Stimmung bei, habe ich vor ein paar Wochen doch noch gehofft, dass wir hier den ganz großen HSV-Glücksbringer auf die Welt gebracht haben. Heute würde es mich dagegen nicht einmal wundern, wenn Lene nur zweimal beim HSV gewesen ist – einmal und nie wieder. Wie sagen Mama und Papa beim Anblick ihrer Enkeltochter nämlich immer voller Stolz zu mir: „Das ist ja Inken durch und durch! Die kommt ja so gar nicht nach dir! Das scheint ein ganz plietsches Mädchen zu sein."

11. August 2004

Ich hab mich letztens – zur Abwechslung von all dem Lehrer- und Elternstress – am Sonntagnachmittag mal wieder auf den Weg Richtung Hagenbeckstraße, zum Spiel der

2. HSV-Herren gegen die 2. Herren vom 1. FC Köln, gemacht. Eigentlich voller Vorfreude, hatte die junge Mannschaft doch das erste Spiel in Kiel mit 2:0 gewonnen und der erst 17-jährige Neuzugang Mustafa Kucukovic gleich genetzt.

Alles super also, mag man meinen, vor allem, wenn man weiß, was für ein Faible ich für hoffnungsvolle Mittelstürmer hab, schon seit dem großen Mark McGhee! Aber als passionierter Dauernörgler hab ich meine Klappe natürlich trotzdem nicht halten können. „Wer steht bei uns eigentlich im Tor?", hab ich auf der spärlich besetzten Tribüne in die mir unbekannte Runde reingeraunzt, nur um kurz darauf nachzulegen: „Na ja, ist auch egal. Hauptsache nicht dieser Frech!" Und, erst einmal in Fahrt, hab ich weiter munter drauflos geledert: „Wo ist Andreas Moheit überhaupt? Ist der schon wieder verletzt, oder etwa immer noch?"

Kurz darauf hab ich grad „die Pflaume mit der Nr. 5" aufs Korn nehmen wollen, da hat mir jemand von hinten auf die Schulter gefasst. „Hey Käp'n! Ich heiße André, nicht Andreas Moheit. Und ‚dieser Frech' lässt auch schön grüßen. Der sitzt übrigens neben dir."

Die neben mir sitzende Riege sämtlicher angeschlagener und gesperrter HSV-Spieler war mir doch gleich so bekannt vorgekommen, habe ich mir gedacht und beschlossen, in Zukunft beim Fußball etwas zurückhaltender zu sein. Zumindest vorm Anpfiff, der in genau diesem Moment ertönt war.

Heute nun, einige Tage später, sitzen Inken-Mama, Klein-Lene und ich gemütlich bei uns um die Ecke, im Sternschanzenpark, rum und gucken beim Training der Fußballbubis zu, die so dermaßen hilflos dem Ball nachstolpern, dass man es kaum glauben mag.

Wir trinken unseren Kaffee, den wir uns nicht irgendwo möchtegern-szenig auf dem benachbarten Schulterblatt, diesem degenerierten Werber-Strich, als „to go" oder sonstwas-Variante geholt, sondern grundanständig zu Hause aufgebrüht, in eine Thermoskanne gefüllt und uns selber mitgenommen haben. Inken beschäftigt sich nebenbei mit Klein-Lene, während ich, mal wieder, ein besonders kritisches Auge auf den Platz und – klaro – den Keeper werfe. Auch klaro: Wieder kann ich den Schnabel nicht halten.

„Och nöö! Guck dir mal den Kleenen an! Der wartet doch viel zu lange mit dem Abwurf!"

Zwei Minuten später, bei einer erneut zögerlichen Aktion der Nr. 1, krakeele ich dann wieder lauthals rum: „Das kann ich ja ab! Immer schön lange warten mit dem Abwurf! Laaangweilig!" Und grad will ich ein „Ooooooh" in Erwartung des kommenden Abstoßes anstimmen, da tippt mich der Typ, der neben mir sitzt und mir schon die ganze Zeit so suspekt vorkommt, an: „Der Kleine im Tor trainiert heute das erste Mal mit. Da müssen Sie schon etwas Geduld haben, junger Mann.“

Verwundert drehe ich mich zu ihm rüber.

„Woher wollen *Sie* das denn wissen? Wohl neunmalschlau, oder was?!“

„Das ist mein Sohn.“

13. Mai 2005

Inken lässt sich partout nicht umstimmen. „Meine beste Freundin hat Geburtstag. Natürlich fahre ich da hin.“ Sie hat das schon vor ein paar Tagen angekündigt, aber so richtig ernst genommen hab ich das bis jetzt nicht. Schließlich spielt HSV morgen in Hannover und es ist der vorletzte Spieltag und es geht um alles oder nichts, wie man so schön sagt, zumindest geht es mal wieder um einen Platz im Europapokal. „Inken, tu mir einen Gefallen! HSV spielt in Hannover und es ist der vorletzte Spieltag und es geht um alles oder nichts!“

Ich bin mir bis gerade eben so was von sicher gewesen, dass ich dabei sein würde. Doch nun schaut Inken grantig zu mir rüber: „Was willst du? Dass ich zu Hause bleibe und meine beste Freundin versetze, nur damit du zum Fußball fahren kannst?“

Ich bin innerlich am Jubeln. Ich habe sie so weit! Geht doch! Hannover, ich komme! „Nein, um Gottes Willen! Schließlich hat deine beste Freundin ja nur einmal im Jahr Geburtstag. Ich dachte bloß…“

So oder so ähnlich argumentiert meine Mutter in ähnlichen Situationen auch immer. Und ein bisschen, denke ich so bei mir, hilft das ja auch: schön erwachsen und kompromissbereit tun, äh, sein, hinterrücks vielleicht so ein bisschen auf die Mitleidsschiene rauf und sie damit knacken. „Ich dachte bloß, es müsse doch jemanden geben, der auf Lene aufpasst. Nur für ein paar Stunden.“

Ich dachte bloß, es müsste doch, vielleicht, eigentlich… Die letzten Tage habe ich damit verbracht, Möglichkeiten auszuloten, es irgendwie doch noch nach Hannover zu schaffen. Meine Schwester habe ich angerufen: „Wir sind über das Wochenende verreist.“ Paul habe ich angefleht: „Tut mir leid, Digger. Wir besuchen übers Pfingstwochenende meine Eltern." Und unsere Haus- und Hofbabysitterin aus dem Nachbarhaus? Weg. Nicht da. Keine Chance.

Gefühlte zwanzigtausend HSV-Fans werden in Hannover sein, HSV kann seit ewigen Zeiten mal wieder in den Europapokal rein, Maik wartet quasi vor dem Haus mit laufendem Motor, lauter Hardrock-Musik und Dosenbier und in meiner Hosentasche stecken 1a-Tribünenkarten. Aber ich häng zu Hause vor dem Radio oder, wenn ich Glück habe und Inken davon nichts mitkriegt, vor einem Schwarz-Weiß-Fernseher in irgendeiner verrauchten Eckkneipe wie so ein dummer Schuljunge, und mir bleibt nichts anderes übrig, als die Daumen zu drücken und vor lauter Nervosität verrückt zu werden und mich nebenbei auch noch komplett zusammenzureißen, weil ich ja auf meine Tochter aufpassen muss und sie keinen Schock fürs Leben bekommen soll, während ihr Papa beim Fußball rumhüpft wie Rumpelstilzchen.

Maik hat mir das vorher gesagt: „Du, mit in Ruhe Fußball gucken und so, das kannst du dir ab sofort man getrost abschminken! Getrost abschminken kannst du dir das!" Und ich hab mir das übliche Geschwafel, das man von Leuten ja kennt, die mit Leuten sprechen, die Eltern werden, und nebenbei gute Ratschläge verteilen, was in Zukunft alles anders sein wird, angehört und fleißig mit dem Kopf genickt und verständnisvoll und überhaupt so getan, als sei ich bereit für die anstehenden Aufgaben, damit er auch ja bald aufhört mit seinem klugen Herumgerede.

Ich habe Klein-Lene – die nun knapp elf Monate alt ist – im Arm und ich kann mal wieder gar nicht klar denken, weil Klein-Lene wohl die mit Abstand superste Erfindung seit HSV und Inken ist. Da können sich meine Freunde mal getrost ihre guten Ratschläge an den Hut stecken. Und, nicht nach Hannover können hin oder her: Mit Klein-Lene die Zeit zu verbringen ist mindestens ebenso gut wie mit guten Freunden und Fußball. Sollen meine Freunde man nicht meinen, dass ich ohne sie und Fußball und HSV nicht auch Spaß haben könnte.

Und überhaupt: Wer sagt denn, dass HSV in Hannover gewinnt? Die verlieren eh. Das tun sie ja gerne mal, ach, was sage ich, das tun sie immer, wenn's so richtig um die Wurst geht. Aber diesmal bin ich schlauer als all die anderen HSV-Doofies, die dem HSV wie ferngesteuert hinterherjuckeln und immer noch daran glauben, dass die elf Rumpelfüße da unten auf dem Platz alles für den Verein geben würden. Die sind ja so was von naiv! Ich dagegen hab das ja alles vorher gewusst und bin gleich schön gemütlich zu Hause geblieben und hab mir das am Samstag mal ohne Fußball und HSV so richtig papamäßig bequem gemacht. Ich hab Mama auf die Reise geschickt, die sollte sich mit ihren Freundinnen mal einen richtig schönen Tag ohne ihre besseren Hälften – oder wären, rein mathematisch gesehen, Drittel hier passender? – machen, und ich hab dann schön den Trainingsanzug angezogen und bin in die Pantoffeln reingeschlüpft und den ganzen Tag nicht vor der Tür gewesen. Hab ein bisschen mit dem Töchterchen gespielt, während zwanzigtausend HSV-Fans sich den Samstag mit Bier und Zug- oder Autofahren und Fußball und einer HSV-Niederlage versaut haben!

Es ist jetzt Freitagabend und irgendwie ist das bisher doch immer noch gut ausgegangen, wenn ich irgendwo hin wollte oder irgendwas erreichen musste und es eigentlich ganz schlecht ausgesehen hatte. Warum sollte das eigentlich nicht klappen, mit mir und Hannover und hinkommen und so? Die Lage war schon oft aussichtslos in den letzten Jahren. Und dann ist es doch immer gut ausgegangen.

Man soll die Hoffnung also nie aufgeben. Manchmal laufen die Dinge eben doch anders, als man befürchtet. Das Mädchen, das so wunderschön ist, dreht sich tatsächlich nach einem um und schwuppsdiwupps hat man seine Frau fürs Leben gefunden und bekommt sogar gemeinsam ein Kind und darf die sogar heiraten! Der Tag, von dem man glaubte, dass der also so was von beschissen würde, wird so super wie nur was und HSV gewinnt hoch und heilig gegen St. Pauli.

Es gibt dann allerdings auch Tage, da denkt man an nichts Böses und dann stirbt einfach der beste Freund, mit dem man gerade noch im Stadion gesessen hat. Oder der Papa, mit dem man gerade noch am Telefon über diesen beschissenen Krebs und HSV geflucht hat, stirbt an genau diesem beschissenen Krebs. Vorsicht ist also die Mutter der Porzellankiste! Das Schicksal hat es nämlich nicht immer nur gut mit mir gemeint und der Fußballgott ist in den letzten bummelig zwanzig Jahren auch kein besonders großer HSV-Fan gewesen.

Inken ruft mich von unterwegs an: „Ich hab deine SMS bekommen." Sie klingt nicht besonders gut gelaunt.

„SMS? Ach die!" Die habe ich ja ganz vergessen. Nun erinnere ich mich jedoch, dass das sozusagen mein letzter verzweifelter, nicht besonders erwachsener Versuch gewesen ist, Inken zur Rückkehr nach Hamburg zu bewegen, indem ich kräftig rumgejault hab, dass ich wirklich total ausflippen könnte, wenn ich nicht nach Hannover käme, und ich wäre der Einzige von allen, die ich kenne, die zu Hause bleiben müssten, und grrrr hier und grrr da, und wie Inken jetzt mit mir spricht, da hab ich wirklich so das Gefühl, dass die SMS nicht so super angekommen ist.

„Du, ich kann auch, wenn du UNBEDINGT nach Hannover fahren MUSST, SOFORT nach Hause kommen und SELBER auf Klein-Lene aufpassen. Ich bin ja SOWIESO viel zu oft unterwegs – immerhin ja schon das erste Mal in diesem Jahr – und will dir und deinem HSV-Glück nicht im Wege stehen! Hannover gegen HSV ist natürlich viel wichtiger ALS DER GEBURTSTAG DER BESTEN FREUNDIN!"

Die Frau kämpft wirklich mit allen Tricks! Aber darauf falle ich nicht herein. Das hätte sie wohl gerne, dass ich jetzt „Hurra!" rufe und sie nach Hause kommt und auf Klein-Lene aufpasst und ich nach Hannover fahre und HSV gewinnt und ich feier die ganze Nacht genauso doll, wie Eddie Murphy das mal besungen hat: „Party all the time, party all the time, party all the time!", und sie sitzt zu Hause, und wenn ich nach Hause komme, dann macht sie auf beleidigte Leberwurst und ich frage: „Ist was?", und sie sagt: „Och, nix!" und dann stehe ich schön dumm da, mit meinem schlechten Gewissen. Nee, nee, mit mir nicht, Baby!

„Du fährst zum Geburtstag, basta!", befehle ich, muss allerdings feststellen, dass die einzige Antwort vom anderen Ende ein Piepen ist. Inken hat offenbar längst aufgelegt. Vielleicht war das also gar nicht ernst gemeint, mit ihrem Angebot, auf der Stelle zurück nach Hamburg zu kommen und mich als Babysitter abzulösen…

Na ja. Ich *muss* ja auch gar nicht zum Fußball fahren. Ich werde mir jetzt erst einmal grundanständig Grießpudding kochen und mir das auf dem Sofa gemütlich machen. Die Sexy Sport Clips auf DSF laufen noch nicht, also zappe ich ein bisschen durch das wie jeden Freitagabend beschissene Fernsehprogramm und dann ist auch schon der Grießpudding fertig. Im Grunde genommen ist das Leben doch ganz einfach: schön viel Grießpudding mit Schokosoße essen, Fußball spielen, mit Freunden über Fußball reden, einem halbwegs geregelten Job nachgehen, eine Familie haben, die man gut findet, nicht so viel krank sein, nicht so viel Ärger haben, alle The-Smiths-Platten besitzen und jede Woche mindestens ein HSV-Spiel gucken. Erwarte ich etwa zu viel vom Leben? Ich glaube nicht!

Vom ganzen Grießpudding tut mir wenig später der Bauch weh und ich finde, dass Inken gut da sein könnte, wie Mama oder Papa früher, die mir den Bauch gerieben haben, wenn ich zu viel Grießpudding gegessen hab. Aber Papa ist gestorben, Mama ist jetzt Oma, ich bin Papa und Inken ist Mama und jetzt gerade nicht da und das Baby liegt nebenan und – schreit? Hab ich da ein Geräusch gehört? Ist Klein-Lene etwa wach?

Ich steh auf und geh mal rüber ins Kinderzimmer, um zu gucken, ob auch alles in Ordnung ist. Ich mache die Tür leise auf und die Lütte liegt ganz unten in diesem riesigen Bett, zu einem kleinen Knäuel zusammengekrümelt, in der Zuckerschnute der Schnuller, der sich immer für kurze Zeit ein bisschen bewegt und dann nicht mehr und dann doch wieder: „Schmatzschmatzschmatz" macht es dann und das sieht so süß aus, dass ich ein kleines bisschen ausrasten könnte. Und wie sie da so friedlich liegt, da will ich am liebsten das Fenster aufreißen und laut rausbrüllen, damit es auch jeder in Eimsbüttel – wo wir jetzt wohnen – klar und deutlich hört: „MANNOMANN, IST MEINE TOCHTER VIELLEICHT NIIIIEDLICH!" Und dann würde ich sie am liebsten aus dem Bett zerren und sie aufwecken und knuffen und durchrubbeln und – ich gehe leise wieder aus dem Zimmer, mache die Tür zu und denke: Wie schön, dass in meinem Leben alles in Ordnung ist und ich alles habe, was ich brauche.

Jetzt nur noch pieschen, waschen und zu Bett, wie Opa Hennstedt immer meinte, wenn Oma Hennstedt meinte, dass Opa Hennstedt nun man besser zu Bett gehen sollte, als Opa Hennstedt noch lebte und als Oma Hennstedt noch lebte, Opa Hennstedt aber schon ein bisschen wunderlich war. Und für Papa ist jetzt auch Bettgehzeit, finde ich und denke an Oma und Opa Hennstedt und wie schön es doch immer bei denen im Urlaub war.

Ich mach das Licht aus und will schlafen. Morgen muss ich schließlich fit sein. Klein-Lene braucht meine ganze Kraft und ich finde, das wäre ein passender Abschlussgedanke für diesen Tag, da stelle ich mir unweigerlich vor, wie das morgen liefe, wenn HSV kurz vor Schluss das Siegtor schösse und alle HSV-Fans ausflippten und wir uns umarmen würden und danach die ganzen Kneipen in Hannover leertränken und mit dicken Schädeln nach Hause kämen, zu unseren Frauen, die uns allen Bratkartoffeln machen und uns die verkaterte Rübe mit Eisbeuteln kühlen und uns die Brusthaare kraulen und ganz genau hören wollen würden, wie HSV das so gemacht hätte, in Hannov...

14. Mai 2005
Hannover 96 – HSV 2:1

War da was? Ist die Nacht etwa schon zu Ende? Ich suche den Wecker. Es ist sieben Uhr morgens. Da nebenan, das ist eindeutig Klein-Lene. Sie scheint schon wieder putzmunter zu sein, erzählt – oder besser: brabbelt – einen vom Pferd und strahlt über beide Backen, wie ich so in das Zimmer reinkomm. Sie schimpft mit mir, wie ich ihr die vier Buchstaben abwischen will und sie protestiert – wie wir in die Küche gehen und sie das Fläschchen stehen sieht –, dass es doch endlich mal was zu essen geben solle, und dann wirft sie mit dem Fläschchen rum. Kurz darauf krieche ich auf dem Boden herum. Ich bin auf der Suche nach dem Fläschchen, während Klein-Lene durch die Wohnung krabbelt. Ich krabbel also hinterher und ich denke: Warum gibt es in dieser Wohnung nur so verdammt viel zu entdecken?

Langsam wird es Mittag, und Klein-Lene und ich haben erst das Bällebad unsicher gemacht, dann haben wir eingekauft und dann sind wir mit dem Bobby-Car durch die Wohnung geschruppt wie nix Gutes und wir haben so richtig Fetz gemacht, mit Durchkitzeln und Toben und Singen und Vorlesen, und als die Lütte später in der Mittagsstunde liegt, da glaub ich nicht mehr daran, dass das heute noch was wird, mit mir und HSV und Hannover. Ich bin mittlerweile eh viel zu kaputt, um noch irgendeinen Gedanken daran zu verschwenden. Hannover? War da was?

Während Klein-Lene schläft, räume ich die Küche auf, hole die Spielsachen aus sämtlichen Ecken und verstaue sie in irgendwelchen dafür vorgesehenen Behältnissen, befreie den Boden von den Resten des Frühstücks, entsorge die vollgekackten Windeln, wasche das Geschirr ab, bringe den übrigen Müll raus und jetzt muss ich mich erst mal kurz hinsetzen, sonst kipp ich um. Ich atme tief durch. Wenigstens ein bisschen Ruhe. Ich sage zu mir selber, schön laut, damit ich das auch selber glaube: „So. Jetzt legt Papa mal die Füße hoch und lässt den lieben Gott einen guten Mann sein." Und ich lege zur Beruhigung ein bisschen Musik von The Notwist auf, verschränke demonstrativ die Arme hinter dem Nacken und schließe die Augen. Und wie ich das so tu, da frag ich mich: Hab ich da nicht was gehört? Klein-Lene ist wach. Hat die überhaupt fünf Minuten geschlafen? Ich schaue auf die Uhr. Es ist halb drei. Noch eine Stunde bis zum Spiel. Mein Bauch kribbelt.

Um Viertel nach drei habe ich Lene gewickelt, was zu essen und trinken eingepackt, Klein-Lene mit HSV-Body, -Schnuller und -Mütze ausgestattet, und nun jage ich mit Kind und Kinderwagen durch Hamburgs Straßen. Wir sind ein paar Minuten unterwegs und schon bin ich ganz gehörig aus der Puste. „In irgendeinem verdammten Laden", sage ich zu Klein-Lene, die mich strahlend anguckt, „muss doch dieses verdammte Spiel live übertragen werden, oder was meinst du?!"

Die Lütte brabbelt ein bisschen herum und ich finde, sie hat gut reden. Sie lässt sich schieben und ich finde keinen Laden, der HSV zeigt.

Es ist fünfzehn Uhr dreißig. Wir erreichen die Taverna Romana am Schulterblatt und haben Glück. Hier – endlich –
wird Fußball gezeigt, und zwar, wie sich das
in Hamburg gehört: HSV. Das Spiel läuft
schon, ich bestelle zwei Bier, eins gegen den
Durst und eins, weil das so gut schmeckt,
und frage in die Runde: „Wie läuft's?"

Die Männer, die mit mir hier rumsitzen, scheinen nicht gerade das zu sein, was man auskunftsfreundlich nennt, und
grummeln sich was in ihre Biere rein. Ich glaube, sie sind einfach
genauso nervös wie ich und Klein-Lene, die in ihrem Kinderwagen herumzappelt, als ob's um die Deutsche Meisterschaft ginge.

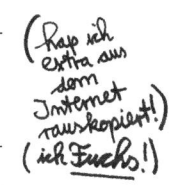

„Na, so nervös? Ist Papa doch auch", versuche ich, die Kleine zu beruhigen, die aber weiter herumzappelt. Und jetzt dämmert mir das:
Die hat Hunger! Gut, dass ich ein bisschen Ahnung von Babys hab
und kein blutiger Anfänger bin.

In Hamburg bekommt Klein-Lene einen Birnenbrei und in Hannover HSV-Verteidiger Collin Benjamin den Ball. Er steht so zwanzig,
dreißig Meter vor dem Tor, fast an der Außenlinie, also unmögliche
Position. Und wie ich Klein-Lene grad wieder einen Löffel Birnenbrei
reinschieben will, da flattert der Ball durch die Luft und – „TOOOO-
OOOOOR! EIN WAHNSINNSTOR! EIN SCHUSS WIE EIN
STRICH, DIREKT IN DEN WINKEL! ES STEHT 1:0 FÜR DEN HSV!"

Es sind nun schon dreißig Sekunden seit dem Tor vergangen und
Klein-Lene macht immer noch große Augen. All die Leute, der ganze
Qualm, das ganze Bier, der ganze Schweiß und dann auch noch mein
Jubel beim 1:0. Das ist wohl alles ein bisschen viel, gerade, aber ich
denke, dass sie das schon überleben wird, schließlich führt HSV 1:0
und auch auf den anderen Plätzen der Fußball-Bundesliga sieht das
ganz hervorragend aus – alle spielen sozusagen für den HSV – und
eigentlich müsste es schon fast mit dem Teufel zugehen, wenn das
heute nicht klappen sollte.

Ich lehne mich zurück und kann das auch, denn HSV kontrolliert
das Spiel. Wenn nur die Kleine nicht so zappeln würde. Kann ja nicht

schaden, sie mal ein bisschen herumkrabbeln zu lassen, denke ich mir, auch wenn mir Inken immer wieder davon abrät, sie in irgendwelchen Cafés frei herumkrabbeln zu lassen: „Wer weiß, was da alles rumliegt!" Aber wir befinden uns hier ja nicht in einem Café und außerdem kann ich jetzt neben dem Spiel nicht auch noch groß auf Klein-Lene aufpassen. Da kommt nämlich gerade ein langer Pass auf HSV-Stürmer Emile Mpenza, ausgerechnet den, der leistungsmäßig ja nun wirklich rein gar keine Wurst vom Teller gerissen hat diese Saison, aber jetzt ist er allein durch „und Mpenza vor Enke und Enke reißt ihn um und Elfmeter für den HSV! Elfmeter für den HSV, meine Damen und Herren!" Ich glaub das alles nicht und denke: Wie geil ist das denn hier jetzt alles bitte?! Elfmeter für HSV und 2:0 und dann aber so richtig „Pfeif dat Dingens ab" und so. „Da kannst du aber Gift drauf nehmen, Lene!"

„Lene?"

Die fummelt – apropos „Gift drauf nehmen" – gerade unter dem Tisch an einem Zigarettenstummel herum und ich hechte runter und greife sie, weil, *ich* hab hier schließlich die Verantwortung, und will gerade schnell wieder zurück nach oben, um auch ja nicht den Elfmeter zu verpassen, da fängt Klein-Lene an zu weinen. Klein-Lene weint, und wenn Klein-Lene weint, dann weint sie *richtig*. Das ist nicht schön, aber ich denke, halb so schlimm, beim 2:0 wird sie sich schon beruhigen. Ich halte sie also im Arm und sie weint immer noch. Und HSV-Mittelfeldspieler Stefan Beinlich steht bereit.

Er will den Elfmeter schießen.

„2:0, und wir sind durch!" Das sagt einer vor uns.

Ich sage nichts, nur leise zu mir selber: „Bitte! Geh rein!"

Ich kann kaum hingucken, wie Stefan Beinlich anläuft.

Er schießt und – 96-Torwart Enke HÄLT!

Und Nachschuss – ABGEBLOCKT!

Und noch mal – VORBEI!

Es bleibt beim 1:0 für HSV und Klein-Lene weint immer noch und ich kann sie jetzt gut verstehen.

Es steht 1:0 für HSV, aber, was komisch ist, ich weiß schon kurz nach dem verschossenen Elfmeter ganz sicher, dass HSV auch dieses Spiel nicht gewinnen wird und mal wieder nicht in den Europapokal reinkommt und es genauso läuft wie eigentlich immer in den letzten Jahrzehnten. Große Ziele, großes Gequatsche, nichts erreicht. Und als ob meine Resignation nun auch nach Hannover durchgesickert ist, da kommt auch schon irgendein 96er im HSV-Strafraum seelenruhig angezuckelt und nickt zum 1:1 ein. Es steht nicht 2:0 für HSV und daddeldu, sondern 1:1 und Hannover jubelt. Die Leute in der Kneipe fluchen, Klein-Lene spielt gemütlich mit der Rassel und strahlt dabei und der Schiedsrichter pfeift die ersten fünfundvierzig Minuten ab.

In der Halbzeitpause telefoniere ich mit Inken, damit die sich schon mal auf was gefasst machen kann, wenn sie morgen früh nach Hause kommt. Da werde ich ganz gewaltig geladen sein, das kann sie mir glauben, weil, es ist doch so, dass es nicht zuletzt an mir, vor allem aber an Inken liegt, dass es nur 1:1 steht, weil, sie wollte mich ja partout nicht fahren lassen und nun sitze ich hier mit meiner Kunst und kann nichts machen, nur zusehen, wie das alles mal wieder den Bach runtergeht, und das werde ich nun auch Inken am Telefon mal ganz klipp und klar…

„Hallo Schatz! – HSV nur 1:1. – Ja, doof! – Lene? Der geht es gut! – Och, wir sitzen hier im Garten und ich höre Fußball und Lene spielt in der Sandkiste. – Ja, ganz niedlich! – *Ganz* niedlich! – Stimmt! – Nein, ich muss jetzt auch Schluss machen. – Ich liebe dich auch. – Ja, tut mir auch leid. – Ja, mach ich. – Mach ich auch. – Ja, auch das. – Ich denke dran. – Ja, mach ich. – Okay. –Wir freuen uns auch auf dich. – Tschühüss!" Ich winke dem Wirt zu. Ich brauche dringend ein Bier. Anders ist das hier alles nicht auszuhalten.

„Die zweite Halbzeit plätschert so dahin." Das sagt der Fernsehkommentator, als ob man das nicht selber längst gemerkt beziehungsweise als HSV-Fan schon vor Anpfiff der zweiten Halbzeit – ach was sag ich, vor Anpfiff der Saison! – gewusst hätte. Klein-Lene krabbelt wieder herum und schäkert mit den Gästen, die dafür allerdings keine Augen haben. Die gucken auf den Bildschirm.

„Und Rückgabe. – Und wieder nach links gespielt. – Und Klingbeil. – Und wieder Rückgabe. – Und jetzt nach rechts. – Und ein Pass. – Aber abgewehrt. – Und wieder zur Seite. – Und auf Barbarez. – Und vertändelt. – Und Hannover. – Und Abseits."

Und so weiter und so fort…

Wenig später sind nur noch ein paar Minuten zu spielen. Ich habe keine Hoffnung mehr, als ich sehe, dass jetzt alle Spieler, die über 1,90 Meter groß sind, eingewechselt oder in den 96-Strafraum beordert werden, damit die noch den Ball an die Rübe kriegen und dann 2:1 für HSV und super! Was soll *ich* hier groß träumen und fantasieren? Ich bin lange genug dabei, um es besser zu wissen: HSV schießt so oder so kein Tor mehr. Und so fange ich an, Klein-Lene anzuziehen.

Die Kleine hat schon die Mütze auf, da kommt HSV noch mal in Tornähe. Eine Flanke segelt rein und einige rufen echt noch: „Los, jetzt aber!"

Ich winke ab. „Komm, wir gehen, Süße."

Hannover 96 kann den Ball abwehren. Aber HSV versucht es noch mal, wenn auch nicht so richtig. Noch eine Flanke juckelt rein. Und wieder winke ich ab und sage laut und deutlich, damit das jetzt auch wirklich losgeht: „Wir gehen!"

Aber wir gehen nicht. Klein-Lene sitzt im Kinderwagen und strampelt ein bisschen vor sich hin und ich stehe hier, im hinteren Bereich der Kneipe, und kann meinen Blick nicht von dieser Scheiß-Glotze abwenden. Das, was HSV hier spielt, ist totaler Mist und sieht überhaupt nicht nach einem Tor aus. Aber ich warte, bis das Spiel zu Ende ist. Und tief drin hoffe ich doch, wenn ich es auch nicht glaube, dass hier noch irgendwas passiert.

Ich stehe mit den Händen in den Taschen und Klein-Lene schaut mich an. Und ich lächele sie an und sie lächelt mich an und ich gucke nach vorne, wo Sergej Barbarez den Ball verdaddelt und nun Hannover noch einmal im Angriff ist. Es sind nur noch wenige Augenblicke zu spielen und jetzt umdribbelt dieser Spieler, der seit fünf Jahren oder so kein Tor mehr geschossen hat, HSV-Torwart Wächter und schiebt locker ein.

Es steht 2:1 für Hannover. Und ich stehe immer noch mit den Händen in den Taschen und Klein-Lene schaut mich immer noch mit großen Augen an. Und ich lächele sie an und sie lächelt mich an und die Leute verlassen die Kneipe. Das Spiel ist noch nicht zu Ende und ich bleibe stehen.

Ich kann nicht anders. Mama würde mir die Ohren lang ziehen, wenn sie mitkriegen würde, dass ich vor dem Schlusspfiff abhau, obwohl noch eine klitzekleine theoretische Chance für HSV besteht, und Papa hätte geflucht und geschimpft und sich ohne Ende aufgeregt über diese überbezahlten Millionäre und alles wäre „primitiv" oder „brotlose Kunst" gewesen, aber er wäre niemals früher gegangen. Und meine Schwester rätselt jetzt bestimmt gerade, wie das angehen kann, dass HSV gegen Hannover – „Du, das geht doch gar nicht! Gegen Hannover!" – verliert, während Barny oben im Himmel verbal ganz sicher alles kurz und klein schlägt vor lauter Ärger über HSV. Beim Gedanken daran muss ich ein bisschen lächeln. Nun endlich pfeift der Schiedsrichter das Spiel ab. HSV hat verloren.

Ich bezahle meine Biere, hieve den Kinderwagen aus der Gaststätte und atme draußen tief durch. Ich schaue in den wolkenverhangenen Himmel und hol mal mein Handy raus, das mir anzeigt, dass ich zwei Kurzmitteilungen bekommen habe. Maik schreibt: „Mir reicht's echt langsam mit HSV!", und ich muss wieder lächeln. „Guter, alter Maik", denke ich, während ich die zweite Kurzmitteilung öffne, in der Paul – mal wieder typisch für ihn – zu trösten versucht: „Das tut mir echt leid für dich. Wenn du magst, können wir ja noch mal telefonieren, nachher." Guter, alter Paul, denke ich und stecke das Handy ein.

Ich muss breit grinsen, atme noch mal tief durch und strahle Klein-Lene an: „Endlich frische Luft, was, Kleine?!"

Die strahlt zurück und – es fängt an zu regnen.

Echtes HSV-Wetter eben…

2005 – 2008
IMMER GEWINNEN

12. September 2005

Bei uns im Haus sind neue Mieter eingezogen, und zwar ein gar nicht mal so unsympathisches Pärchen in unserem Alter, mit Sohn Michel, der gerade sechs Jahre alt geworden ist. Michel hat neulich – so mir nichts, dir nichts – in unserer Tür gestanden und sich vorgestellt: „Ich bin Michel. Ich mag kleine Kinder. Und Fußball."

Offenbar hat der kleine Mann gerochen, dass ich ähnliche Interessen habe, und kommt nun alle naselang bei uns vorbei und möchte mit Klein-Lene spielen oder sich zumindest all mein Fußballspielzeug ausleihen.

Und kaum steht er gestern wieder in der Tür, da fragt er schon: „Kann ich mal dein Tipp-Kick ausleihen?"

„Nein."

„Kann ich mal die Schlümpfe mit nach oben nehmen?"

„Nein."

Und wie er so fragt und fragt und ich so „nein" und „nein" sage, da bittet Michel, als er den Karton mit HSV-Eintrittskarten und Autogrammkarten findet: „Kann ich eine Autogrammkarte haben?"

Ich sage „Nein", doch er guckt mich mit großen Augen an.

„Bitte!"

„Okay, du kannst dir eine aussuchen."

„Ich nehme van der Vaart!"

„Nein."

„van Buyten?"

„Nein."

„Boulahrouz?"

„Nein."

Und ich denke: „Warum will er ausgerechnet die besten Spieler haben? Woher kennt der die alle?" Und ich krame mal selber rum und finger nach einiger Zeit eine absolut verzichtbare Autogrammkarte von der vielleicht einzigen Pflaume im aktuellen HSV-Kader raus: Emile Mpenza. Als ich ihm genau die Karte unter die Nase reibe, jubelt Michel laut: „Juhu!" Und er guckt sich bestimmt zwei Minuten diese Karte an und sagt. „Cool!" Ich weiß zwar nicht, was ausgerechnet an einer Emile-Mpenza-Autogrammkarte so „cool" sein soll, aber nun gut. Michel ist glücklich und rennt mit seinem Schatz nach oben.

Wenige Minuten später klingelt es schon wieder an der Tür. „Was denn noch!?", maule ich, während ich die Tür genervt und mit rollenden Augen aufmache. Es ist der Papa von Michel, der mindestens genauso genervt wie ich zu sein scheint:
„Nur eine Frage: Wann spielt der HSV wieder zu Hause?"

Da muss ich nicht groß überlegen.

„HSV spielt am Samstag, um 15:30 Uhr. Gegen Frankfurt."

Er sieht nicht besonders begeistert aus.

„Herzlichen Dank. Da wird sich Michel ja freuen."

Und er nickt stumm und macht sich wieder auf den Weg nach oben, während ich die Tür schließe und mich wundere, wie wunderbar das HSV-Leben doch zurzeit ist, und mich darüber freue, dass mit Michel ab sofort offensichtlich ein weiterer HSV-Fan in unserem Haus wohnt. Da können wir am Samstag ja gleich alle zusammen ins Stadion gehen.

Emile Mpenza sei Dank!

1. Oktober 2005

Ich bin ausgelacht worden, man hat mit dem Finger auf mich gezeigt und „Haha!" hier und „Hoho!" da gespottet. Als HSV-Fan bin ich in den letzten Jahren und Jahrzehnten immer Außenseiter gewesen und musste unter der Woche ins Kino gehen, während meine Fußball-fans-von-anderen-und-viel-erfolgreicheren-Vereinen-Freunde sich mittwochs und donnerstags entschuldigen ließen: „Keine Zeit, Kumpel! Heute Abend ist Europapokal!" Nur nicht für mich und meinen mittelmäßigen, notorisch erfolglosen HSV.

Aber ab sofort gehen die Uhren anders und das weiß nicht nur ich, sondern auch Michel, der nur kurz nach unserer Emile-Mpenza-Begegnung nun schon seit einigen Tagen unermüdlich Papierflieger aus dem vierten Stock in unseren Garten segeln lässt, auf denen „HSV-Jumbo" und „HSV-Bomber" steht, und er winkt danach aus dem Fenster und ruft laut „HSV!" oder wahlweise „E-mile M-penza!".

Ein anderer Nachbarsjunge, Otto, ist zehn und spielt in letzter Zeit so oft draußen Fußball, dass ich da heute mal hin bin, um ihn so über den Gartenzaun rüber mal zu fragen, was er denn eigentlich für ein Fan sei.

„Bayern!", meint er und ich seufze laut: „War ja klar!"

„Wie, war ja klar?"

„Na, war ja klar, dass so ein kleiner Hosenscheißer wie du Bayern-Fan ist!"

„Und was ist daran so schlimm?"

„Na, das ist doch total langweilig. Die gewinnen doch immer!"

Und ich denk zurück an die Zeit, als ich zehn Jahre alt und HSV so supererfolgreich war und ich nicht damit rechnen konnte, später einmal als HSV-Fan so dermaßen viele Fußballdemütigungen erfahren zu müssen. Diese Fußballdemütigungen werden Otto mit hundertprozentiger Sicherheit in seinem Leben erspart bleiben. Wenigstens was, wenn man schon Bayern-Fan sein muss, denke ich so bei mir und will schon wieder gehen, weil, worüber will man sich mit Bayern-Fans schon unterhalten? Über Fußball ganz sicher nicht!

Das mit dem „Die gewinnen doch immer!" will Otto allerdings als reines Bayern-Argument offenbar nicht gelten lassen. Ich habe mich schon umgedreht, da ruft er mir hinterher: „Und du bist HSV-Fan, oder was?" Was ich, ohne mich groß umzudrehen, lustlos bejahe: „Klar! Was sonst!?"

Und ich höre Otto rufen: „Na. Die sind doch auch langweilig! Die gewinnen doch auch immer!"

Nun bleibe ich dann doch stehen und drehe mich um. Otto flitzt, kaum hat er das gesagt, weg und ich stehe bestimmt fünf Minuten nur so im Garten – alleine – und gucke in die Luft. „Die gewinnen doch auch immer…" Wie schön sich das anhört. Und er meint wirklich HSV. Und er will mich damit gar nicht

verarschen. HSV gewinnt im Moment tatsächlich fast immer, egal ob im Europapokal (den sie durch das Hintertürchen UI-Cup dann doch noch erreicht haben), im Pokal oder in der Bundesliga. Gerade eben hat HSV seit ewigen Zeiten sogar mal wieder gegen Bayern gewonnen, und seit dieser holländische Supertechniker Rafael van der Vaart da ist, gewöhnt man sich als HSV-Fan fast so richtig ans Gewinnen.

Ich gehe in die Wohnung und bin so richtig gut gelaunt. Ich will doch glatt mal gucken, ob ich nicht doch noch irgendwo eine Emile-Mpenza-Autogrammkarte übrig habe, als Lesezeichen oder Anti-Tischwackler oder was auch immer. Die würde ich dann Otto schenken. Denn, die Frage ist nach der Bayern-Pleite in Hamburg doch die: Wer will schon Fan von einem Verein sein, der *nicht* immer gewinnt?!

4. März 2006
Bayern München – HSV 1:2

Wenn man bei so was nicht melancholisch wird, wann dann?

Maik und ich sind in München gewesen und es hat geschneit, als ob es niemals aufhören würde zu schneien, und wir haben erwachsene Männer vor Freude weinen gesehen. Selbst Klein-Lene ist von der sonst so besorgten Mama in Hamburg-Eimsbüttel mehrmals in die Luft geworfen worden, während Maik und ich bummelig tausend

Lederhose (den Bayern grad ausgezogen!)

Kilometer weiter südlich fünfe gerade sein lassen und lauthals in den siebentausendfachen HSV-Chor eingestimmt haben: „Oh, wie ist das schön! Oh, wie ist das schön! So was hat man lange nicht gesehen, so schön, so schön, ja, ja, ja, oh, wie ist das schön, oh, wie ist das schön, so was hat man lange nicht gesehen, so schön, so schön!"

Ziemlich lange nicht, würde ich sogar sagen, um genau zu sein, knappe vierundzwanzig Jahre, denn so lange ist es jetzt her gewesen, dass HSV in München gewonnen hat, und ich bin zehn gewesen, als Horst Hrubesch im April 1982 kurz vor Schluss mit dem Kopf den 4:3-Siegtreffer für HSV gemacht hat, und Maik und ich haben uns wie irre in den Armen gelegen. Erst heute haben wir uns wieder daran erinnert, kurz nachdem ich gestern vierunddreißig Jahre alt geworden bin, genau rechtzeitig, bevor Nigel de Jong, wieder mit dem Kopf, wieder kurz vor Schluss, den ersten HSV-Sieg bei Bayern München seit fast genau vierundzwanzig Jahren klargemacht hat. Gott ist doch gerecht!

Und so singen wir und alle anderen HSVer um uns herum lauthals in Anlehnung an das beliebte „Wir sind alles Hamburger Jungs" das schöne und heute so passende „Wir sind alle Hamburger de Jongs", während Paul – der Gute – per SMS aus Hamburg unsere sofortige Rückkehr an die Elbe fordert, da auf der Reeperbahn seit 17:20 Uhr die Bierreserven knapp würden.

Und wie Maik und ich viele Biere und viele Gesänge später dann tatsächlich glücklich und erschöpft im Zug Richtung Heimat sitzen, da unterhalten wir uns erst einmal übermütig darüber, welche Dinge wir außer HSV am supersten finden.

„Schimpansen mit Klamotten!"

„Nee, Leute, die ihre Unterlippe über die Nase ziehen können!"

„Nee! Didi Hallervorden in ‚Didi, der Doppelgänger', wie er so aus der Kneipe nach Hause kommt und sich kurz vor der Wohnungstür selber fragt: ‚Och, soll ich noch einen trinken?', nur um sich gleich darauf selber zu antworten: ‚Überredet!'"

Als wir nicht mehr können, weil uns die Bäuche vor Lachen so weh tun, da malen wir uns aus, wie morgen früh in Hamburg alle Kinder auf den Bolzplätzen darum streiten, wer nun Bastian Reinhardt, wer Mario Fillinger, wer René Klingbeil sein darf und wer Olli

Kahn, Michael Ballack oder Claudio Pizarro sein muss, während wir unsere blau-weiß-schwarzen Schals überwerfen, um mit klötterigem Kopf Brötchen zu holen, aber nicht beim Bäcker um die Ecke, sondern schön irgendwo am anderen Ende der Stadt, damit wir auch ja oft genug auf unseren superen HSV und diesen fantastischen Sieg in München angesprochen werden!

Und wenn wir dann mit zehn Brötchen, einem Pfund Butter, zwei Packungen Cervelatwurst, zwei Flaschen Vanillemilch und allen Sonntagszeitungen, die wir kriegen können, wieder zu Hause sind, dann gucken wir den ganzen Tag nur DSF-Doppelpass, Bundesliga pur, die Wiederholung von Bundesliga pur und die stündlichen DSF-Sportnachrichten, bis endlich die ZDF-Sportreportage und dann die ARD-Sportschau anfangen – das ganze Programm halt. Da ist die Vorstellung schon so dermaßen super, dass wir vor lauter Glück mit einem Lächeln auf den Lippen einschlafen – und verhängnisvollerweise einer noch fast vollen Dose Bier auf dem Schoß.

10. Juni 2006
Argentinien – Elfenbeinküste 2:1

Die Fußball-Weltmeisterschaft findet in Deutschland statt, und wenn ich auch jedes beliebige HSV-Freundschaftsspiel einem WM-Finale vorziehen würde, so hat Paul mich dann doch breitgeschlagen und nun gehen wir zwei heute zum Spiel Elfenbeinküste gegen Argentinien, das bei uns gleich um die Ecke im Volksparkstadion stattfindet.

Zur Feier der Weltmeisterschaft und getreu dem Motto „Die Welt zu Gast bei Freunden" bringe ich den argentinischen und elfenbeinküstischen Gästen die deutsche Kultur nahe, indem ich mir pünktlich zur WM einen Schnauzbart hab wachsen lassen. Der sähe so dermaßen scheiße aus, dass man es im Kopf kaum aushalten könne, meint Inken, wie ich mich nachmittags so hübsch zurechtmache im Badezimmer, und auch Klein-Lene krakeelt wie so ein Frechdachs

„Iiiieh, Papa!" herum. Ich hab mich lange Wochen nicht rasiert, nur um heute rund um die Oberlippenzone mal so richtig blank zu ziehen. Und wie ich mich so im Spiegel betrachte, da muss ich schon sagen: Das mit mir und dem Schnauzer, das sieht fast so aus, als wäre ich mit der toten Maus da über dem Mund – wie es Inken frecherweise nennt – schon auf die Welt gekommen. Passt, wackelt und hat Luft, denke ich mir, ignoriere die Kritik meiner beiden Mädels, streife mein altes HSV-BP-Trikot über den Wanst und los geht's, Richtung Sternschanze, wo mich Paul an der S-Bahn schon erwartet.

Es ist ja sowieso so, dass Fußball manchmal wirklich noch mehr schockt, wenn HSV nicht dabei ist. Man hat einfach nicht so den Kackstift in der Hose wie beispielsweise letztens, als HSV am allerletzten Spieltag der Saison und dann auch noch ausgerechnet gegen Werder die sichere Champions-League-Teilnahme verspielt hat und wir danach dermaßen traurig und deprimiert gewesen sind, dass wir beim Stadionsprecher mehrere Male versucht haben, einen gewissen „Reiner Hass" im Gästeblock ausrufen zu lassen. Aber nicht einmal das hat geklappt. Außerdem, da muss man auch ehrlich sein, ist Fußball – die, bis auf Spieltag 34, gute letzte HSV-Saison hin oder her – doch eh meist hübscher anzuschauen, wenn HSV nicht mitspielt. Wie hat mich Inken letztens noch gefragt, nachdem sie mir beim Champions-League-Finale FC Barcelona gegen Arsenal London mal kurze Zeit heimlich über die Schulter geschaut hatte: „Ist das eigentlich der gleiche Sport wie das, was HSV macht?"

Auch das Wetter ist so wunderbar, wie es selten ist, wenn HSV spielt, und so trudeln wir ganz entspannt und gut gelaunt im Stadion ein, das prall gefüllt ist, vor allem dank Diego Armando Maradona, der wie Rumpelstilzchen auf der Osttribüne rumhüpft, und all den argentinischen und elfenbeinküstischen – oder wie auch immer man zu Fans sagt, die von der Elfenbeinküste kommen – und deutschen Fans, die sich das Spektakel mal genauso entspannt aus der Nähe anschauen möchten, wie wir das hier tun und diejenigen, die vor uns sitzen. Die kommen aus Braunschweig, was man unschwer an ihren blau-gelben Mützen und Trikots erkennen kann, und wenn die eines sind, dann auf jeden Fall entspannt. Entsprechend riecht es schon nach kurzer Zeit unnachahmlich nach Furz, oder, wie ich es nach fünf Minuten und ohne viel Federlesen deutlich ausrufe: „Puh, was stinkt das hier nach Scheiße?!"

Paul hält mir die Hand vor den Mund. Zu groß ist der Respekt – Eintracht Braunschweig-Fans sind ja nicht gerade als übermäßig friedvoll bekannt – vor den grobschlächtigen Niedersachsen vor uns. Doch, keine Sorge, die Braunschweiger haben – kein Wunder bei der ohrenbetäubenden Lautstärke – von meinem Geschnatter nichts mitbekommen, ganz im Gegensatz zu uns, die von dem Geblähe aus der Vorderreihe – kein Wunder bei dem nasenbetäubenden Gestank – so einiges mitbekommen haben und im weiteren Spielverlauf auch werden.

Immer wieder mal erahnt man einen Hauch von Nicht-Furz in der Luft, aber zu fünfundneunzig Prozent des Spiels stinkt es einfach erbärmlich nach Scheiße, und die Braunschweiger Jungs hören und hören nicht auf zu blähen, zu pupsen, zu furzen, was auch immer man dazu sagen will, so ein richtig schönes, zurückhaltendes Wort fällt mir dazu einfach nicht ein. Bis zur um und bei 60. Minute tun sie das, als plötzlich die ganze Bagage aufsteht und ihre Plätze verlässt. Endlich können wir frei durchatmen und unsere Taschentücher von den Nasen nehmen. Paul ist erleichtert: „Puh, wurde auch mal Zeit. Zwei Minuten länger, und ich wäre ohnmächtig geworden."

Und auch ich habe das Gefühl, dass die Fußballweltmeisterschaft 2006 nun, nach zirka 60 Minuten, auch endlich für uns zwei angefangen hat.

Wir geben uns „fünf" und lachen und genießen das Spiel, das wirklich vom Allerfeinsten ist, bis wir zehn Minuten vor Abpfiff plötzlich aus unseren Augenwinkeln vier Gestalten durch die Reihe wanken sehen. Es sind die Braunschweiger. Sie sind zurück und Paul entfährt ein „Och nö!", während ich mit Schrecken sehe, was die Jungs in ihren Händen halten. Ich rufe panisch: „Du guck mal! Die haben sich Fischbrötchen geholt! Jeder von denen!"

Bei genauerer Betrachtung kann ich kurz darauf sogar erkennen, dass es sich bei den Fischbrötchen um echte Matjesbrötchen mit extra viel Zwiebelbelag handelt. Und so setzen sich die Jungs wieder auf ihre Plätze, grölen und lachen und – kein Wunder, bei der Mischung Bier + Fisch + Zwiebeln + Braunschweiger Fußballfan – furzen und pupsen und blähen, was auch immer man dazu sagen will, so ein richtig schönes, zurückhaltendes Wort fällt mir dazu immer noch einfach nicht ein.

Paul und ich nicken uns kurz zu. Wir geben uns knapp acht Minuten vor Spielende geschlagen und verlassen das Stadion. Eintracht Braunschweig siegt am heutigen Abend gegen Hamburg United glatt mit 4:0.

16. Dezember 2006
Alemannia Aachen – HSV 3:3

Maik und ich sind echt davon ausgegangen, dass nun, wo HSV mal wieder in der Champions League mitspielen darf, wir endlich dauerhaft nicht nur in Europa, sondern auch und vor allem in der Bundesliga ganz oben angreifen und am Ende vielleicht doch noch mal Meister werden, bevor wir alt oder grau oder tot oder alles zusammen sind. Aber wie gewonnen, so zerronnen, das ist doch ein Sprichwort, das auf den HSV passt wie Senf zur Bratwurst, und so ist HSV Mitte Dezember nicht nur längst achtkantig aus der Champions League rausgeflogen, sondern steht auch in der Bundesliga auf dem vorletzten Platz, mit einem kümmerlichen Sieg in sechzehn Spielen!

Es herrscht HSV-mäßig mal wieder ein schlimmer Notfall, also fahren Maik und ich HSV auch heute hinterher, unterstützt sogar von Paul, der nicht mehr mit anschauen mag, wie HSV und vor allem ich zugrundegehen. Er hat mich gestern spontan angerufen und lauthals „Auf nach Aachen!" in den Hörer reingebrüllt. „Gute Freunde kann niemand trennen, gute Freunde sind nie allein, weil sie eines im Leben kennen – füreinander da zu sein!", hat Franz Beckenbauer vor langer Zeit mal gesungen und wie auch sonst immer, so hatte und hat er offenbar auch damit mal wieder recht.

Fußball in der heutigen Zeit lässt sich ja mit dem Fußball, den ich mir in meiner Jugendzeit angeschaut habe, kaum noch vergleichen. Ich meine, nicht dass HSV von heute nicht genauso kümmerlich rumkickt wie die Truppe um Waldemar Matysik, Carsten Kober und Frank Rohde Anfang der neunziger Jahre. Aber sie tun das heute

meist vor 50.000 Zuschau-
ern in irgendeinem komplett
überdachten, komfortablen
Stadion, das in vielen Fällen gar nicht mehr „Stadion",
sondern „Arena" heißt.

Am Aachener Tivoli ge-
hen die Uhren zum Glück
noch anders. Das komplette Stadion ist unüberdacht und an allen
Ecken und Enden rott. Dazu regnet es Bindfäden und das Flutlicht
ist schon seit vierzehn Uhr an. Und wie ich mich grad triefnass stau-
nend und fasziniert umgucke, weil ich das alles so super abgerissen
finde, da quakt es hinter mir: „Hätten wir bloß Gummistiefel eingepackt!" Ich sehe so eine aufgetakelte Schnalle, die gerade hinter der
Tribüne in eine Riesenpfütze gestiefelt ist. Maik, Paul und ich lachen
und vergessen fast so ein bisschen die Anspannung.

Es ist nicht nur so, dass wir schon um fünfzehn Uhr triefend nass
und durchgefroren sind, nein, uns geht der Arsch ganz gehörig auf
Grundeis, um nicht zu sagen, wir haben totale Panik, was HSV angeht. Wenn heute auch das letzte Spiel vor der Winterpause nicht gewonnen wird, dann sieht es echt zappenduster aus und der Abstieg ist
nahe. Aber, wer sagt es denn, HSV kämpft verbissen und führt eine
Viertelstunde vor Schluss folgerichtig mit 3:1 und Paul und Maik joh-
len schon und machen inmitten der Aachener Zuschauer einen auf
dicke Hose, und selbst ich Dauerpessimist feiere innerlich ein bisschen und ich denke daran, wie viel auch Inken und Klein-Lene in den
letzten Monaten durchmachen mussten, während ich immer gereizter
und genervter geworden bin. Aber nun wird alles besser, nun gewinnt
HSV zum ersten Mal nach Monaten wieder einmal und das ist doch
mal ein Hoffnungsschimmer und da kann man sich endlich mal wieder darauf konzentrieren, ein vernünftiger Familienvater zu sein.

Kaum habe ich das Wort Hoffnungsschimmer vor meinem inne-
ren Auge stehen, da macht Aachen auch schon den 2:3-Anschluss-
treffer und es sind jetzt noch zwölf Minuten zu spielen. Zwölf Minuten Zittern, zwölf Minuten Hoffen. Zwölf Minuten Daumendrücken,
dass HSV nicht auch dieses Mal noch kurz vor Schluss vergeigt.

Noch elf Minuten.

Noch zehn Minuten.

Noch neun Minuten.

Noch acht Minuten.

Noch sieben Minuten.

Noch sechs Minuten.

Noch fünf Minuten.

Noch vier Minuten.

Noch drei Minuten.

Noch zwei Minuten.

Noch eine Minute.

Ich kann kaum noch hingucken. Ich weiß, es ist angeblich nur Fußball. Von einem vergebenen Sieg in Aachen geht die Welt nicht unter. Es gibt doch so viel Wichtigeres im Leben als Fußball und HSV und den Bundesliga-Klassenerhalt… Der Bundesliga-Klassenerhalt… HSV in der zweiten Liga? Das kann man sich nicht vorstellen. Ich mir auch nicht und trotzig schaue ich auf den vom Regen längst mehr braunen als grünen Rasen. Noch ein letztes Mal segelt eine Aachener Flanke in den HSV-Strafraum und ich höre Maik neben mir rufen: „Den hat Reinhardt sicher!" Und selbst Paul fiebert mit: „Das war's! Pfeif ab, Sch…!"

Doch weiter kommt er nicht. Die Flanke segelt rein, direkt auf den Kopf von HSV-Verteidiger Bastian Reinhardt, der den Ball wuchtig trifft – und knapp neben den Pfosten ins Tor platziert.

Wohlgemerkt ins eigene Tor!

Ins HSV-Tor!

Um uns herum bricht die Hölle los. Nur Maik und Paul und ich setzen uns – nachdem wir zuvor knapp zehn Minuten gestanden haben – wieder hin und schweigen. Ich höre Paul neben mir seinen letzten Satz – anders als eigentlich gedacht – vollenden: „…EISSE! SCHEISSE! SCHEISSE!"

So sitzen wir noch lange im kalten Aachener Regen rum.

HSV hat vier Punkte Rückstand auf den ersten Nichtabstiegsplatz und damit auf Energie Cottbus. Energie Cottbus hat vier Punkte mehr auf dem Konto als HSV!

Man müsste sich eigentlich die ganze Winterpause lang den Bauch vor Lachen halten. Wenn es nicht so verdammt traurig wäre…

29. November 2007
HSV – Stades Rennes 3:0

Ich bin heute mal wieder so richtig schön mit Maik unterwegs, so richtig mit Hemd und Hosenträger an, ordentlich Schuhwichse auf den Lackschuhen drauf und frisch gestutztem Schnurbart. Zumindest ungefähr so ähnlich sehen wir aus, wollen wir doch anlässlich des UEFA-Cup-Heimspielknallers gegen Stades Rennes aus Frankreich die Kuh mal wieder so richtig schön fliegen lassen. Das haben wir uns schon lange vorgenommen, zumal wir am Ende der letzten Saison ja nicht nur in letzter Minute noch den Abstieg verhindert, sondern zu allem Überfluss am letzten Spieltag dann auch noch den ruhmreichen UI-Cup erreicht und es durch ein paar Gurkenkicks nun tatsächlich schon wieder bis in den UEFA-Cup geschafft haben.

Unkraut vergeht halt nicht und genauso wie mit HSV ist es auch mit mir wieder bergauf gegangen in den letzten Monaten. Mit den ersten Siegen unter dem neuen Trainer Huub Stevens bin ich ein bisschen lockerer geworden und konnte mich dann irgendwann mal wieder darauf konzentrieren, dass ich nicht nur HSV, sondern auch und vor allem noch eine richtige Familie und mit Inken und Klein-Lene die supersten Girls weit und breit zu Hause hab. Das vergisst man ja manchmal, wenn man, wie ich, Fußball ziemlich ernst nimmt. Ich weiß, das ist doof, aber als Fußballfan ist man wohl immer auch ein bisschen doof, wenn man das Fußballfansein ernst genug betreibt und den Lieblingsverein nicht nur als spannendes Event, schmückendes Beiwerk oder als szenige Klamottenmarke begreift.

Es gibt also genug zu feiern und so trinken Maik und ich uns – was ja die ganz alte nordfriesische Zeltfest- und Dorfdisko-Schule ist – schon vor dem Spiel Mut an. Ein, zwei Drinks nehmen wir schon bei uns in der Küche ein, doch schon bald darauf müssen wir los, zum HSV. Nichts wird es also mehr mit Maiks Plan, vor Spielbeginn „erst noch alle Platten von Adriano Celentano und dann noch alle Otto-Platten anhören und dazu Cola-Sterni satt!". Mit „Sterni" meint Maik den Weinbrand Sternmarke, den wir bevorzugt trinken, wenn wir alle Jubeljahre mal am Ausflippen sind, warum auch immer, gibt ja genügend Kram, den andere vielleicht leckerer finden, aber wir eben nicht. Ist mit HSV ja genauso. Irgendwann sind wir damit angefangen und bis heute dabeigeblieben, warum auch immer, gibt ja genügend Vereine, die andere vielleicht geiler finden, aber wir eben nicht.

Heute gibt es also, wenn schon nicht Adriano Celentano oder Otto, so doch wenigstens „Sterni to go", wie es Maik nennt. Schnell bastel ich also eine Tasche für die Buddeln, die Gläser und so, weil, wenn wir das Zeugs schon unterwegs trinken müssen, dann doch wenigstens gepflegt. Dazu brauch ich einen Jute-Beutel und Stifte. Mit den Stiften male ich auf die eine Seite „Sterni und HSV finden wir super!" drauf. Nur, damit die Leute auf dem Weg zum Stadion auch Bescheid wissen, was Trumpf ist, heute Abend. Auf die andere Seite der Tasche, um der Message etwas Nachdruck zu verleihen, male ich fein säuberlich ein Herz mit „HSV + Sterni in Freundschaft" rein, in alter „HSV und BVB in Freundschaft"-Aufnähertradition. Wir düsen also los, allerdings nicht, ohne uns vorher Eiswürfel eingepackt und eine Zitrone zurechtgeschnippelt und die ebenso rein in ein Plastiktütchen getan zu haben. Ich sag's noch einmal: Wenn wir das Zeugs schon unterwegs trinken müssen, dann doch wenigstens gepflegt. Und wie wir dann einige Minütchen später in der S-Bahn Richtung Elbgaustraße sitzen und uns schön kommodig einen einschenken, da setzt sich so ein Bauarbeiter auf die Nachbarpritsche. Der erzählt uns erst mal einen vom Pferd, dass er nun endlich Feierabend hätte und so weiter, bis Maik stöhnt: „Du hast es gut! Wir müssen noch richtig ran, heute Abend!"

Maik rollt mit den Augen und schenkt uns noch einen ein. Der Bauarbeiter muss laut lachen und allein dafür bekommt er auch noch einen Schluck ab. Prompt findet er uns „so super wie nur was". Echt jetzt, das sagt er: „Ihr seid ja wirklich so super wie nur was!" Für den Spruch bekommt er gleich noch ein Scheibchen Zitrone obendrauf und das findet er dann ja „nur noch geil". Den Spruch finden wir dann auch wieder super und so schaukeln wir drei Hübschen uns hoch bis nach Eidelstedt. Da zieht mich Maik, der seit jeher mehr als ich vertragen kann, aus dem Zug und ich höre noch, wie der Bauarbeiter uns ein „Ihr zwei habt die gleiche Power, wie Elvis sie hatte" hinterherruft. Als ich das höre, allein das Wort „Power", würde ich gerne den Zug anhalten, um ihm auch noch für den letzten Spruch einen Drink zu spendieren. Man trifft in der S-Bahn doch wirklich die geilsten Typen!

Im Bahnhofsbereich liegen schon diverse HSVer „vor Anker und in den Seilen", wie Papa stets zu sagen pflegte, wenn er mich früher – zu meinen Junggesellenbudenzeiten in Husum – samstagmorgens mal ungünstigerweise besuchte und ich am Abend zuvor ein bis zwei Bier getrunken hatte.

Nahezu auf allen vieren marschieren wir Richtung Volksparkstadion, dessen Flutlicht Gott sei Dank schon an ist, sonst würden wir es in unserem – vor allem meinem – Zustand bestimmt nicht mehr finden. Durch den dunklen Sumpf der Parkplätze hinter der Color Line Arena waten wir fernab von Gut und Böse mit klötterigem Kopf, als wir plötzlich einen verlassenen Transporter mit beschlagenen Scheiben sehen. Aus dem Transporter dröhnt uns laut Musik entgegen: „Like a briiiidge ooooover troubled waaaater…!" Nicht gerade das, was ich auflegen würde, um mich vor einem UEFA-Cup-Spiel auf Betriebstemperatur zu bringen, um mal ganz ehrlich zu sein, aber okay, die Geschmäcker sind halt verschieden. Ganz abgesehen davon fragen Maik und ich uns ernsthaft, wer außer uns Trunkenbolden um diese Uhrzeit immer noch nicht im Stadion ist, sondern lieber hier in der Einöde des Parkplatzes im Transporter sitzt und sich mit Simon and Garfunkel freiwillig dermaßen die Ohren volldröhnt.

Wir also hin da und an die Scheibe geklopft und unseren üblichen Willkommensspruch aufgesagt: „Moin Jungs! Ihr habt das ja schön kommodig hier!"

Was wir von den vier Typen – drei Jüngere, ein Älterer, der aussieht wie der britische Schauspieler Robert Carlyle, der in dem ganz okayen Film „Trainspotting" mitspielt – dann jedoch als Antwort bekommen, sind lediglich Achselzucken und fragende Blicke. Robert Carlyle spricht als Erster: „In English, please!"

Ich bin ja gleich begeistert. „Maik, ist das zu fassen? Ein Sack voll englischer HSV-Fans, die extra wegen des Spiels heut Abend den weiten Weg im Transporter von der Insel nach Hamburg auf sich genommen haben. Suuuper!"

Ich knie schon nieder und lecke zum Dank die Beifahrertür ab, als Maik mich zur Seite nimmt: „Du, das sind keine HSV-Fans. Die haben mit Fußball, glaub ich, gar nichts am Hut. Das sind irgendwelche englischen Gastarbeiter, die hier nur in Ruhe einen kiffen wollen."

„Wieso weißt du, dass die einen kiffen wollen?"

„Die wollen nicht kiffen. Die kiffen schon!"

„Wie, die kiffen schon!?"

„Das riecht man doch."

„Ich riech nichts. Lass uns da nochmal hin. Ich will mal riechen."

„Nun lass uns mal weiter. Wir sind eh spät dran."

Da hat Maik – na klaro – auch wieder recht, auch wenn ich trotzdem zu gerne nochmal gerochen hätte und auch wissen würde, warum Maik sich mit Kiffen so gut auskennt. Wohl mal Polizeihund gewesen oder was?!

Wir sind längst hundert Meter vom Bus entfernt, da drehen die Jungs auch die Musik wieder hoch. Diesmal ist Britney Spears mit „Oops, i did it again" an der Reihe, die man bei der Lautstärke sicher auch im Stadioninneren, wo das Spiel längst in Gang ist, noch hört. Ich glaube ja, dass es in ganz England – dem Land, aus dem doch sonst so wunderbare Gitarrenmusik herkommt – keine weiteren vier Männer gibt, die zusammen solch einen hanebüchenen Musikgeschmack haben! Wir schütteln also lachend unsere Köpfe und skandieren lauthals unser Lieblings-HSV-Lied: „HSV, ja der gewinnt bestimmt!"

DAS ist Musik, Freunde!

Kurze Zeit später, unsere Drinks sind alle, die Eiswürfel eh geschmolzen und die Zitronen liegen irgendwo ausgequetscht am Wegesrand,

kommen wir endlich auf der Nordtribüne an. Bevor wir uns allerdings ins Stadioninnere begeben, widmen wir uns erst einmal der
Imbissbude. Kein Wunder, sind wir nach unserer halben Weltreise
doch hungrig wie die Büffel und vom Fleischjieper gepackt. Maik
ist nun endlich auch fernab von gut und böse und labert die Alte
hinterm Tresen voll, von wegen: „Ich hol dich hier raus, Puppe! Wir
brennen gemeinsam durch!" Als uns die Alte irgendwann, ein paar
Bratwürste später, partout nicht mehr bedienen will und wir uns auf
den Weg zu unseren Plätzen machen wollen bzw. müssen, kommen
uns auch schon allerhand HSV-Fans entgegen. Die verklickern uns,
dass der Schiedsrichter das Spiel gerade abgepfiffen und – wer sagt es
denn – HSV 3:0 gewonnen hätte! Maik und ich liegen uns glücklich
in den Armen. So müssten Europapokalabende immer sein!

17. Mai 2008
HSV – Karlsruher SC 7:0

Was wäre Simon ohne Garfunkel?

Was wäre Horst Hrubesch ohne
Manfred Kaltz?

Was wäre ich ohne Inken?

Und was wäre Lene ohne einen kleinen Bruder und Inken ohne einen
Sohn und ich ohne einen Stammhalter
und HSV 2030 ohne einen vernünftigen Stürmer, der nicht nur pfeil-
schnell und trickreich, sondern auch dribbel- und
zweikampfstark und obendrauf auch noch pro Saison für zwanzig bis
fünfundzwanzig Buden gut ist? Richtig!

Gar nichts!

Und darum ist er jetzt da: unser kleiner Luke.

So heißt er, schon allein, weil das so gut passt, weil ich ja früher
schon so gerne auf dem Weg nach Hamburg, ins Volksparkstadion,
in der Bahn Lucky-Luke-Comics gelesen hab und in den letzten Wochen und Monaten so gar keine Lust gehabt hab, mit Inken schon

HRUBESCH YOUTH

NICHt VERGESSEN:
KOPFbALL-PENDEL
FÜR KLEIN-LUKE
KAUFEN! BALD!

wieder wegen aller möglichen Jungsnamen rumzudiskutieren.

Was dann allerdings nicht so super passt, ist unsere Wohnung in Hamburg-Eimsbüttel. Die ist nämlich für dann vier Personen zu klein und so haben wir gesucht und gesucht und gesucht und nichts, nichts und wieder nichts Gutes und Bezahlbares und von der Lage in Hamburg her – wie sagt man so scheiße – „Ansprechendes" gefunden. Zu schlechter Letzt haben wir uns dann, der Verzweiflung nahe, dazu entschieden, aus Hamburg rauszuziehen, aufs Dorf. Soll ja auch deutlich besser sein für die Kinder, von wegen, da können sie auf Bäume klettern und frische Luft atmen und haben um sich herum nicht so viele Autos und Abgase und Straßen und Kneipen und Cafés und Kinos und Stadien und coole Klamottenläden und Clubs und all die anderen Dinge, mit denen man seine Freizeit so wunderbar, äh, so sinnlos verplempert.

Wir ziehen jetzt also wirklich bald raus aus Hamburg und ich kann es immer noch nicht glauben! Wir verlassen freiwillig – ich nenn es jetzt einfach mal so, schließlich will ich hier meinem nicht einmal einen Monat alten Sohn ja nicht die alleinige Schuld dafür geben, dass wir wegen seiner Geburt aus der gelobten Stadt raus müssen – den Traum meiner vielen schlaflosen jugendlichen Nächte, die Heimat des trotz allem allersupersten Fußballvereins, die Stadt der Städte – Hamburg.

Und was bietet sich für einen herzzerreißenden Abschied besser an als das letzte HSV-Saisonspiel gegen Karlsruhe? Selbstverständlich fahren wir heute aus Eimsbüttel mit dem Fahrrad zum Stadion, schon allein, weil wir es noch ein letztes Mal können. Inken hat Maik ihr Fahrrad geliehen und so radeln wir, nachdem wir uns bei Penny um die Ecke noch in Sachen Bier bevorratet haben, Richtung Volkspark, wo HSV uns mit einem seltenen Schauspiel von sieben Toren beglückt, als wolle man mich höchstpersönlich aus Hamburg hinauskomplimentieren, von wegen: „Schöner wird's nicht, Käpt'n! Kannst beruhigt abhauen!"

Nachdem wir ob des Ergebnisses von 7:0 im Stadion verständlicherweise total eskalieren, treffen wir nach dem Spiel, auf dem Weg Richtung Sternschanze, an einer Ampel eine Batterie Frauen in den Wechseljahren, die – allesamt mit Lederjacken bekleidet – in ihrem Ford Ka mit Scheiben runter Tina Turner hören und sich offensichtlich für heute Abend noch einiges vorgenommen haben. Entsprechend laut dröhnt es aus den Boxen: „Nutbush City Limits!"

Maik stellt trocken fest, dass, wenn er nur noch einen einzigen Musikwunsch erfüllt bekommen dürfte, es genau dieser Song wäre. Ich denke dagegen, dass die vier Ladys ihre beste Zeit auch schon länger hinter sich haben, und ich krame in meinem plattdeutschen Wortschatz herum und fummele doch tatsächlich aus einem der hinteren Stübchen die Sprüche raus, die Papa immer vom Stapel gelassen hat, wenn ihm eine Frau nicht sonderlich gefallen hat: „Puh, von de is uck dat Beste von aff! De hebb se twei speelt!", was so viel heißt wie „Puh, bei denen ist auch der Lack ab. Die haben sie kaputtgespielt."

Und wir lachen, bis die Ollen auf uns aufmerksam werden.

„Ey, lacht ihr über uns?"

„Nein, mit euch! Mit euch!"

„Ihr könnt uns echt mal am Arsch lecken!"

„Jaja, machen wir später!"

Und während die Ladys mit ihrem Ford Ka spektakulär auf die Tube drücken, weil die Ampel offenbar schon länger grün hat, verabschieden wir die abgetakelten Fregatten mit lautem AC/DC-mäßigen TNT-Geschrei und gereckten Fäusten: „Cause I'm Tina T! Hoy! Hoy! Tina T! Hoy! Hoy!"

Wir nehmen noch ein paar weitere Grün- und Rotphasen in Kauf und genießen den bisher so wunderbaren Tag mit einem schönen Bier und singen immer weitere TNT-Variationen auf Tina Turner, und Maik redet sich richtig in Rage und philosophiert mit den Armen fuchtelnd auf offener Straße herum, dass ihr das Lied ja nun wirklich wie auf den Leib geschneidert sei, schließlich sei Tina Turner ja tatsächlich „Dynamite" und ein „Powerload" sowieso und auf der Bühne explodiere die alte Sexbombe ja auch „in schöner Regelmäßigkeit, das weißt du doch! In schöner Regelmäßigkeit! Und wenn die nur dreißig oder vierzig Jahre jünger wäre! Die würde ich ganz und gar nicht von der Bettkante stoßen!"

Beim Rest von Maiks Ausführungen höre ich lieber weg, muss aber trotzdem breit grinsen und feststellen, wie sehr ich es liebe, wenn bei uns solche Themen wie Tina Turner oder Schimpansen mit Klamotten oder alte Bundesligaspieler wie Radomir Dubovina oder Atli Edvaldsson oder Lothar Wölk oder der Fallrückzieher Ende der Achtziger von Dietmar Beiersdorfer zum 1:0-Sieg gegen den 1. FC Nürnberg in der 90. Minute oder Menschen, die ihre Unterlippe über die Nase ziehen können, behandelt werden, als gäbe es keine wichtigeren Themen auf der Welt!

Dabei weiß ich nun wirklich, nicht zuletzt, seit nach Lene auch Klein-Luke da ist und meine kleine, supere Familie komplett ist und feststeht, dass wir aus Hamburg rausziehen, dass mein Leben in Zukunft ein anderes sein wird und dass es wirklich wichtigere Themen gibt, als Tina Turner oder Schimpansen mit Klamotten oder alte Bundesligaspieler wie Radomir Dubovina oder Atli Edvaldsson oder Lothar Wölk oder der Fallrückzieher Ende der Achtziger von Dietmar Beiersdorfer zum 1:0-Sieg gegen den 1. FC Nürnberg in der 90. Minute oder Menschen, die ihre Unterlippe über die Nase ziehen können.

Ich denke an Klein-Luke und an dies und das und werde gerade fast so ein bisschen melancholisch, was ich ja gerne mal werde, wenn alles zu gut wird und ich ein Bier zu viel getrunken hab, da haut mich Maik von der Seite an: „Guck mal die Olle da, die mit dem Radiogesicht, die wäre doch was für dich!"

Und dabei zeigt er auf eine Frau, die im HSV-Poncho auf der anderen Straßenseite an der Ampel steht und vom Look her Didi Hallervorden frappierend ähnelt, ohne Scheiß, was für uns Lacher und Aufforderung zugleich ist: „Noch ein Bier?"

„Überredet!"

echt jetzt!
so sah die aus!
(fast!)

2008 – 2010

SCHEISSE SAGT MAN NICHT!

13. September 2008
HSV – Bayer Leverkusen 3:2

Ich bin selig. Heute ist HSV das erste Mal seit Menschengedenken mal wieder Tabellenführer der Bundesliga geworden. Ist – na klaro – doof, dass ich gerade heute Abend bei uns auf dem Dorf, in unserem neuen Zuhause, auf die Kinder aufpassen muss und den Sieg gegen Bayer Leverkusen nicht gemeinsam mit Maik vor Ort in der Großstadt auskosten kann, aber in meinem Alter entwickelt man sich ja doch so ein bisschen zum stillen Genießer, zum Grandseigneur unter den Fans, da macht es doch fast gar nichts, dass man die Tabellenführung irgendwo in einem kleinen Nest bei Itzehoe mit den eigenen Kindern feiert.

Kaum sitze ich mit Klein-Luke also am Abendbrottisch, da kommt auch Lene vom Spielen bei einer Freundin zurück und hält in ihren Händen ein „Hello Kitty"-Freundschaftsbuch. So ein Ding, in das die Lütten von heute reinschreiben müssen, wenn sie „dazugehören" wollen. Aber nicht wie früher solch geile Sprüche wie „Wer in dieses Büchlein schreibt, den bitte ich um Sauberkeit" oder wenigstens „Bayern weg, hat kein' Zweck", sondern nur so Antwortfetzen auf Fragen im Fragebogenstil.

Und bevor Lene überhaupt dazu kommt, mir irgendwas zu diktieren, was ICH dann für SIE da reinschreiben soll, schicke ich sie zum Händewaschen, gibt ja schließlich gleich Abendbrot, und blättere in

227

der Zwischenzeit darin herum und muss überraschend oft den Antworten der Kinder, die bereits in das „Hello Kitty"-Büchlein reingeschrieben haben (bzw. reinschreiben haben LASSEN) zustimmen.

„Mein Lieblingsessen? Pfannkuchen!" Volle Zustimmung!

„Was ich später mal werden möchte? Fußballprofi!" Sag ich doch, man muss sich realistische Berufsziele stecken!

„Meine Lieblingsmusik? Rocken Rohl." So sieht das aus, Kollege! Hauptsache es rockt!

„Ich bin ein Fan von: Bayer München, HSV." Genau meine Wah…. Äh, bitte, WAS!?

Ich echauffiere mich laut und deutlich, was Inken auf den Plan ruft: „Was ist los?! Das klingt doch lustig und überhaupt: Da hat der Kleine wenigstens jedes Wochenende ZWEI Gewinnchancen!"

„Zwei Gewinnchancen? Spinnst du? Was würdest du denn bitte sagen, wenn Lene so'n Scheiß hier reinschreiben beziehungsweise reinschreiben *lassen* würde? Oder sogar Klein-Luke! Bald!"

„Dann wäre das eben so."

„Dann wäre das eben so? Baby, ich sag dir mal, was ‚EBEN SO' *wäre*: Solange ICH hier für Lene die Antworten schreib, wird da ganz sicher nie was von ‚Bayern' stehen! Und überhaupt: Wolltest du nicht längst unterwegs sein? Du triffst dich doch heute mit deinen Mädels!?"

Zufrieden lehne ich mich zurück. Ende der Durchsage. Hugh. Das Familienoberhaupt hat gesprochen.

Nach einer kurzen Pause meldet sich Inken allerdings wieder zu Wort: „Ich gehe ja auch gleich, keine Sorge. Aber du willst mir doch wohl nicht im Ernst sagen, dass du dich weigern würdest, ‚Bayern' reinzuschreiben, wenn Lene ‚Bayern' sagen würde."

„Ich sage es jetzt noch mal so, dass es auch die Doofe von uns zwei versteht: In DIESEM Büchlein hier wird bei MEINER Tochter auf die Frage ‚Ich bin ein Fan von:' ebenso wenig ‚Bayern oder Bayer München' stehen, wie auf unserem Rasen JEMALS dieses verfluchte ‚Handball' gespielt wird, auf das sie in diesem Dorf hier scheinbar alle stehen!"

„Du bist echt ein Idiot."

„Wer hier wohl der ‚Idiot' ist! DAS ist ja wohl eher dieses verzogene Kind, das auf die Frage ‚Ich bin ein Fan von:' tatsächlich ‚Bayer München, HSV' hinschreibt oder – was ist das bitte für ein VATER?! – hinschreiben LÄSST!"

In genau dem Moment, als ich komplett zu eskalieren drohe, kommt Lene vom Händewaschen zurück. Und ich wäre nicht ich, wenn ich die Lütte nicht gleich auf den Pott bzw. den Schoß gesetzt und zügig die erste Frage gestellt hätte.

„Lene, wovon bist du eigentlich ein Fan? Und überlege ganz genau, was du sagst!"

„Hab ich schon!"

„Bist du sicher?"

„Ja."

„Also?"

„Von Pippi Langstrumpf!"

„Von Pippi Langstrumpf?"

„Von Pippi Langstrumpf."

„Aber, äh, das hat ja gar nichts mit Fußball zu tun."

„Wieso Fußball?"

„Äh, nur so. Kein Problem."

„Wollen wir jetzt essen?" Lene schaut mich erwartungsfroh an. Ich machte eine nachlässige Handbewegung aus der Abteilung „Ja, ja, schon gut…" und schaue gedankenverloren aus dem Fenster.

Okay, okay. Das muss ich wohl fürs Erste gelten lassen, denke ich so bei mir, schreibe „Pippi Langstrumpf" ins Büchlein rein und beschließe: Beim nächsten Mal frage ich nicht groß nach. Da schreib ich's lieber gleich selber rein: „HSV!" Und dick daneben: „Bayern weg, hat kein' Zweck!"

22. April 2009
HSV – Werder Bremen 2:4

HSV ist im Halbfinale des DFB-Pokals *und* des UEFA-Cups und sogar in der Bundesliga sind sie *ganz oben* mit dabei! Welch eine Entschädigung dafür, dass Inken und ich uns immer noch nicht ganz heimisch

fühlen, bei uns auf dem Dorf, fernab von Hamburg, wo die Menschen zwar alle lieb und nett und hilfsbereit sind, das Leben aber eben so gar nicht mehr aus Punkrockkonzerten und Fußball- und Shopping- oder wenigstens Café-Exzessen besteht, woran ich mich noch so überhaupt nicht gewöhnen kann und mag, ganz im Gegensatz zu Lene, die mit den Nachbarskindern stundenlang auf den Wiesen und in den Bäumen herumturnt, und Klein-Luke, der tagein, tagaus mit einem Spielzeugtrecker oder Schaufelbagger in der linken Hand und einem Ball in der rechten durch den Garten krabbelt. Ich vermisse Hamburg trotzdem. Ich vermisse dieses Gefühl, meine Tage nutzlos in Stadien oder Geschäften oder Cafés oder Clubs und damit auch mein Geld für Fußball oder Klamotten oder CDs oder Bier oder Kaffee oder Konzerte zu verplempern, auch wenn das vielleicht nicht besonders erwachsen klingt und ich jetzt – als zweifacher Familienvater und Hausbesitzer – eh keine Zeit und kein Geld mehr dafür übrig habe.

Wie tröstlich, dass in dieser Saison wenigstens HSV abgeht wie eine Rakete und Anfang April immer noch dicke Chancen auf drei Titel hat. Okay. Meine innere Stimme quakt zwar schon seit Wochen rum, dass HSV eh wieder nichts holt, weil, ist ja schließlich HSV und nicht irgendein anderer Club, der ausnahmsweise mal – so blindes-Huhn-findet-Korn-mäßig – irgendwelche Titel holt, aber bislang hab ich diese innere Stimme irgendwie immer noch abwürgen können, von wegen, nein, ich glaube nicht an Schicksal und ewiges Pech, sondern vertraue darauf, dass HSV nach bummelig tausend Jahren nun einfach mal wieder dran ist, einen Titel zu holen.

Chance Nummer 1 ist der DFB-Pokal. Wie auch im UEFA-Cup, so heißt auch hier der Gegner Werder Bremen, wobei wir zumindest das Glück haben, dass HSV, wie schon

in den drei Runden zuvor – nicht zuletzt wegen all der Spiele zu
Hause hat HSV es zum ersten Mal seit knapp zwanzig Jahren mal
wieder bis in ein Halbfinale geschafft – ein Heimspiel zugelost wird.
Da sollte es doch mit dem Teufel zugehen, wenn HSV nach all den
ganzen Niederlagen in entscheidenden Spielen gegen Werder diesmal nicht das große Glück hold sein und die Reise in ein paar Wochen Maik und mich aber so was von ganz kommodig nach Berlin
zum Pokalfinale verschlagen würde. Super! Und was bekomme ich
nicht alles für Kurzmitteilungen und Nachrichten von alten Bekann-
ten und der Familie im Vorfeld: „Diesmal packt ihr das!" Und genau
das macht mich nur noch zappeliger.

Bloß die SMS von Paul irritiert mich etwas. „Ich liebe dich!", schreibt
er mir nachmittags unversehens, korrigiert sich dann allerdings später,
dass die Nachricht wohl doch nicht für mich, sondern für seine Liebste
gedacht gewesen sei. Da hab ich meine Antwort „Ich dich doch auch!
Ich dich doch auch!" allerdings längst zurückgesendet.

Ich bin zwar mit Maik da, kann aber das ganze
Spiel über nicht stillsitzen und laufe bestimmt
dreißigmal zwischen B- und
C-Rang im Stadion rum und
bekomme mit, wie Werder,
ich hätte es besser wissen
müssen, nach nur we-
nigen Minuten in Führung
geht. HSV kämpft zwar richtig geil,
aber es soll wohl nicht sein, denke ich gerade,
da macht Ivica Olic, der vielleicht superste Stürmer
seit Mark McGhee, bestimmt aber seit Jan Furtok, den 1:1-Ausgleich,
was das Stadion dem Abriss nahe bringt. Es ist so laut, dass man sein
eigenes Wort nicht verstehen kann, und mir kommt es so vor, als
würden mindestens zweitausend andere Fans ebenso wenig stillsitzen können und genauso das Stadion umlaufen wie ich.

Es ist eines der spannendsten Spiele, die ich je gesehen hab, spätestens in der Verlängerung, nachdem David Jarolim in der 90. Minute
vom Platz geflogen und HSV nun ein Mann weniger auf dem Platz

ist. Als ich so fickerig bin, dass ich kaum noch hinschauen mag, bekomme ich eine Kurzmitteilung, was dann doch wieder eine gute Ablenkung ist. Ist von Inken. „Lebst du noch?" Geht so. Zurückschreiben geht auf gar keinen Fall. Ja. Ich lebe noch. Auch wenn sich das hier nicht so anfühlt. Kurz vor Schluss geht HSV-Stürmer Jonathan Pitroipa alleine auf den Bremer Torwart Wiese zu, doch nichts zu machen, der Ball geht nicht rein. Es kommt zum Elfmeterschießen. Ich habe Maik – seitdem ich in der zehnten Spielminute, kurz vor dem 1:0 von Werder kurz zwei Bier zu unserem Platz gebracht hab und dann nach dem 1:0 von Werder gleich wieder abgedüst bin – nun schon ewig nicht mehr gesehen und, ganz ehrlich, ich will jetzt auch niemanden sehen. Es ist Elfmeterschießen und ich möchte alleine sein und an früher denken, an Mama und an Papa und an meine Schwester und an Barny und auch an Maik, ja, okay, klar auch an Maik, an meinen guten, alten HSV-Kumpel, aber ich will den jetzt nicht sehen, keine Ahnung warum.

Das Elfmeterschießen beginnt. HSV-Verteidiger Joris Mathijsen läuft an und Tor und Werder-Stürmer Claudio Pizarro läuft an und Tor und HSV-Verteidiger Jerome Boateng läuft an und – Werder-Torwart Wiese, ausgerechnet die wohl öligste Fußball-Pizza seit Pippo Inzaghi, hält. Spätestens nun wird mir klar, dass der Fußballgott eine doofe Sau ist und das mit HSV und Hoffnung einfach nicht zusammenpasst, und in mir kommt schon jetzt das Selbstmitleid hoch. Andere Fans von anderen Vereinen würden jetzt vielleicht „Jetzt erst recht!" denken, aber ich tue das nicht. Ich weiß einfach, dass HSV verliert, und prompt verwandelt Mesut Özil für Werder und Ivica Olic verschießt für HSV und Torsten Frings, ausgerechnet der Typ, der angeblich privat gerne Xavier Naidoo und – scheiße, ich komm nicht drauf, aber ich glaub, das geht so in die Richtung Andrea Berg oder so – eben solch eine Scheiße hört und ohne Ende Achtzigerjahre-mäßig tätowiert ist, macht auch noch einen rein und schon liegt es an Marcell Jansen. Nun braucht nämlich nur noch der verballern und schon ist die erste Titelchance von dreien futsch und – mal ehrlich – wenn HSV schon das erste Spiel verliert, dann werden auch die beiden anderen Titel vergeben, von wegen Selbstvertrauen weg und so und vor mir ruft noch einer „der geht jetzt aber rein!" und ich kann gerade noch „und ob der wohl nicht reingeht, du scheiß Optimist!" rufen, da hat Wiese auch schon den dritten HSV-Elfer hintereinander gehalten und rennt über den Platz in Richtung Werder-Kurve, was ich nur noch ahne, denn ich drehe auf der Stelle um und verlasse das Stadion.

7. Mai 2009
HSV – Werder Bremen 2:3

Die ersten Tage nach der Pokalschlappe sind hart gewesen, aber nun, wo HSV das UEFA-Cup-Hinspiel in Bremen mit 1:0 gewonnen hat, keimt doch wieder ein bisschen Hoffnung auf – bei Freunden, meiner Familie, meinen Nachbarn. Nicht bei mir. Ich weiß schon vorher: Das wird eh nichts! Okay, ich hab schon mal geguckt, wie es so flügemäßig mit Istanbul – wo das Finale stattfindet – aussieht, aber ich tatsächlich bei einem Europapokalendspiel mit HSV-Beteiligung dabei? Niemals! Okay, ein 1:0 in Bremen ist sicher nicht schlecht, aber wenn der Fußballgott wollen würde, dass HSV ins Finale kommt, dann hätte er wenigstens einige der gelbvorbelasteten Bremer Spieler im Hinspiel mit einer weiteren gelben Karte und damit einer Sperre fürs Rückspiel in Hamburg gestraft, und die Auswahl an Spielern, die ich gerne auf des Gegners Seite entbehrt hätte, war lang, ich glaube, allein sechs oder sieben Spieler, da hätte doch alleine schon die Wahrscheinlichkeit ihren Dienst antreten müssen. Auf HSV-Seite ist übrigens nur ein Spieler vorbelastet gewesen: Paolo Guerrero. Und welcher Spieler ist nun der einzige Spieler, der eine Gelbsperre ausgerechnet im entscheidenden Rückspiel in Hamburg absitzen muss: richtig. Paolo Guerrero. So viel zu guten Voraussetzungen und der Verlässlichkeit des Fußballgottes!

Meine Freunde, meine Familie, meine Nachbarn sagen mir dagegen schon seit einigen Tagen, ich soll doch bitte das Unken sein lassen, es wird schon werden, keine Sorge. Aber der Tag, an dem ich mir HSV-mäßig keine Sorgen mehr machen werde, ist der Tag, an dem ich nicht mehr zum HSV fahre. Ich bin jetzt seit knapp dreißig Jahren HSV-Fan und mache mir seit knapp dreißig Jahren Sorgen. Warum sollte ich ausgerechnet jetzt damit aufhören?

Ich fahre also wieder mit Maik nach Hamburg. Der ist hart im Nehmen und selbst, wenn ich heute irgendwann schon wieder alleine durchs Stadion rumtapern würde, wäre Maik ganz sicher der Erste, der dafür Verständnis hätte. Das ist ja der Vorteil bei guten alten Freunden: Man muss guten alten Freunden nicht immer alles groß erklären, weil gute alte Freunde genau wissen, mit was für einer Flitzpiepe sie es zu tun haben, und oft für den größten Käse Verständnis haben, im Gegensatz zu Menschen, die man noch nicht so lange kennt, wie zum Beispiel neue Nachbarn oder Kollegen oder so, die sich ja doch verständlicherweise manchmal wundern, an was für einen Heini sie da geraten sind. Maik ist also genau der Richtige für dieses Spiel, bei dem es definitiv um alles geht, nachdem HSV in der Bundesliga am letzten Wochenende „dank" eines kümmerlichen 1:1 gegen Hertha BSC wohl die letzte realistische Chance auf die Meisterschaft verspielt hat.

So sitzen wir gemeinsam nebeneinander auf der Nordtribüne des Hamburger Volksparkstadions und hoffen – wider besseren Wissens – das Beste, doch nachdem es lange 1:1 steht, geht Werder Mitte der zweiten Halbzeit durch einen Weitschuss mit 2:1 in Führung, was mich schon wieder dazu bringt, meinen Platz zu verlassen. „Mach's gut", höre ich Maik noch sagen, aber ich bin schon wieder bedient und muss mich irgendwie abreagieren. Das Spiel geht nun hin und her und man kann sich zwar leid tun, man kann verzweifeln und alles und jeden und besonders den Fußballgott verfluchen, aber man kann nicht sagen, dass HSV hier heute Abend nicht alles gibt, wäre ja auch noch schöner.

Ich befinde mich während meines Rundgangs ungefähr auf Höhe des HSV-Strafraums, da will HSV-Verteidiger Michael Gravgaard zu Torwart Rost zurückspielen, was ihm allerdings nicht gelingt, da der Ball wegen einer zusammengeknüllten Papierkugel, die offenbar ein HSV-Fan auf den Platz geworfen hat, verspringt und somit ins Toraus kullert. Es gibt Ecke für Werder und ich weiß, es klingt ein bisschen unglaubwürdig, weil's ja fast zu depressiv ist, aber ich gucke gar nicht mehr auf den Platz, sondern starre in die Werder-Fankurve, während die Ecke in die Mitte geschlagen wird. Ich will doch mal – während man ja sonst während des Spiels doch immer nur auf den Rasen starrt – sehen, wie das aussieht, wenn eine Fankurve von einem auf den anderen Moment explodiert, nachdem ein Tor gefallen ist. Denn *dass* hier gleich ein Tor fällt, ist mir nach dieser Papierkugel-Sache von gerade eben von vornherein klar. So was nennt man Schicksal! Das macht alles der Fußballgott!

Und tatsächlich: Kurz darauf entlädt sich der Jubel der grün-weißen Spinner in der Südwest-Ecke des Stadions in ein Gespringe und Gejohle. Werder führt in der 83. Minute mit 3:1 in Hamburg, und HSV muss nun schon zwei Tore schießen, um doch noch ins eigentlich schon sicher geglaubte Endspiel einzuziehen. Das ist solch ein Ding der Unmöglichkeit, dass ich beginne, gemütlich in Richtung Maik zu schlendern, schließlich wollen wir ja gemeinsam nach Hause fahren.

Es ist komisch, aber ich fühle in diesem Moment gar keine große Trauer, sondern eher so etwas wie Erleichterung, dass all das Hoffen und Bangen jetzt ein Ende hat. Ich denke an Inken und Lene und Klein-Luke und daran, wie es sein wird, mit den dreien gemütlich die Samstagnachmittage im Garten zu verbringen, vielleicht auch im Schwimmbad, vielleicht auch dann und wann mal im Stadion, aber ohne großes Buhei und große Hoffnung, sondern ganz gemütlich, mit geschmierten Broten und Frikadellen und Capri-Sonnen, während der Pöbel um uns herum Dosenbier trinkt.

Ich muss erst lächeln und dann schlucken, weil mir so ein bisschen die Tränen hochkommen. Mist. Ich wollte nicht weinen. Ich will mir nicht selber leid tun. Es ist doch nur Fußball, so beschissen dieser Satz ist, es ist doch nur … das 2:3! Ivica Olic hat den Anschlusstreffer für HSV geschossen und es sind noch bummelig fünf Minuten zu spielen, wenn der Schiedsrichter ein bisschen nachspielen lässt. Das Stadion kommt nun doch noch ebenso zurück wie HSV – und ich.

Man merkt, wie alle noch einmal das letzte bisschen Hoffnung und Kraft zusammennehmen, und es schallt ohrenbetäubend „HSV! HSV!" durchs Stadion. Viele Fans, die schon auf dem Heimweg, auf den Treppen nach draußen waren, kehren um und es herrscht ein wildes Chaos im Umlauf zwischen B- und C-Rang. Ich versuche, zur Nordtribüne, zu Maik zu kommen, ohne das Spielfeld aus den Augen zu verlieren, wo HSV mit dem Mute der Verzweiflung stürmt und versucht, das eine Tor, das das Finale in Istanbul bedeuten würde, zu erzwingen. Immer wieder muss ich zwischen vor mir stehenden Fans hochspringen, um das Spielfeld zu sehen. Ich befinde mich jetzt in der Nordost-Ecke des Stadions, nicht mehr weit entfernt von Maik, und HSV stürmt immer noch, immer wieder. Ich erkenne Maik mit hinter dem Kopf verschränkten Armen und seinem alten, blauen Sharp-HSV-Trikot aus der Saison 1990/91. Ich versuche mich verständlich zu machen, weil, an ein Durchkommen ist in dem Gewühl nicht mehr zu denken. Ich weiß nicht warum, aber ich habe plötzlich das Gefühl, dass es nur dann zu einem 3:3 kommen kann, wenn ich es noch rechtzeitig zu Maik schaffe. Dieses ewige Wegrennen, diese ewigen Alleingänge sind es doch, die HSV in diese Lage gebracht haben! Wäre ich sitzen und bei Maik geblieben, schon im DFB-Pokalhalbfinale, es wäre nie so weit gekommen!

Ich schlängele mich die Treppe hinunter und gleich bin ich bei Maik. Unten auf dem Platz fliegt einer der wohl letzten hohen Bälle in den Werder-Strafraum, in dem jetzt selbst HSV-Torwart Frank Rost herumturnt. Ich stehe neben Maik, der mich in den Arm nimmt. Vor uns ruft jemand: „Das wird doch eh nichts!" Und wir beide, Maik und ich, die beiden größten Pessimisten unter dem Flutlicht schreien wie irre: „UND OB DAS WAS WIRD! LOS JETZT! MACHT DAS SCHEISS DING REIN!"

Da geht Rost zu Boden!

Klar, dass jetzt alle einen Elfmeter für den HSV fordern. Alle, bis auf mich, der innerlich fast erleichtert ist, als der Schiedsrichter nicht Elfmeter pfeift, sondern weiterspielen lässt. Ich meine, man wird eh schon genug gedemütigt, hier, aber wenn Wiese nach all den gehaltenen Elfmetern im Elfmeterschießen des DFB-Pokalhalbfinals jetzt auch noch in der Nachspielzeit des UEFA-Cup-Rückspiels den entscheidenden Strafstoß gehalten hätte, ich hätte … Ja, was hätte ich? Einen Scheiß hätte ich. Es hätte nicht schlimmer kommen können als das, was jetzt ist: Der Schiedsrichter pfeift das Spiel ab. HSV ist zum zweiten Mal ausgeschieden.

In mir herrscht die totale Leere.

Keine Meisterschaft.

Kein DFB-Pokalsieg.

Kein UEFA-Cup-Sieg.

Ich will nichts und niemanden sehen und hören und gehe wie in Trance zu meinem Auto, in das ich mich setze. Ich weiß, es ist bescheuert, aber ich tue mir schon wieder selber leid und fange an zu heulen. Rotz und Wasser.

Minuten später geht die Beifahrertür auf. Maik setzt sich zu mir und guckt aus dem Fenster, während ich anfange, damit es mit dem Weinen nicht gar zu peinlich wird, herumzufluchen, dass es das nun aber endgültig gewesen sei mit mir und HSV und dass ich die Schnauze so was von gestrichen voll hätte und irgendwann müsse auch mal Schluss sein, weil, das hält doch niemand aus, diese ewigen Nackenschläge und Niederlagen.

So sitzen wir eine halbe Stunde im Auto und der gute alte Maik hört sich mein Gefluche an, während er still und konzentriert seine letzten drei Flaschen Bier wegtrinkt. Ich lege The Smiths in den CD-Player ein.

„The boy with the thorn in his side
Behind the hatred there lies
A murderous desire for love

How can they look into my eyes
And still they don't believe me
How can they hear me say those words
And still they don't believe me

And if they don't believe me now
Will they ever believe me?
And if they don't believe me now
Will they ever will they ever believe me?“

Ich trinke einen großen Schluck Wasser, drehe den Zündschlüssel um und starte den Motor.

5. Dezember 2009
HSV – TSG Hoffenheim 0:0

Maik hat jetzt eine feste Freundin und das verheißt – in Kombination mit unserem gemeinsamen, ewig erfolglosen Lieblingsverein und den erst kürzlich erlittenen Demütigungen – nichts Gutes, wer weiß das besser als ich?! Maik fällt also bis auf Weiteres aus, wenn es um HSV-Heimspiele geht, und da passt es doch, dass ich grad auch mal wieder nicht sonderlich motiviert bin, zweiwöchentlich nach Hamburg zu fahren, um mir Schrottfußball anzugucken. Doch mir ist aufgefallen, dass ich papamäßig gut mal wieder punkten könnte, und – gedacht, getan – so hab ich also, während Mama und Klein-Luke nachmittags bei irgendwelchen Nachbarn eingeladen sind, Lene mein altes, extra-

larges Milan-Fukal-Trikot angezogen und schon sind wir mit dem Auto zum HSV-Heimspiel gegen dieses Kuhdorf, das neuerdings auch in der Bundesliga mitspielen darf, unterwegs und wir hören laut „Punk", neben DJ Ötzi Lenes „Lieblingssänger", wie sie mir auf dem Weg nach Hamburg noch mal aufs Brot schmiert. Kaum sind wir auf der A23, da fordert die Lütte dann auch vehement, ich solle den Lautstärkeregler ganz nach rechts drehen, was ja kein Wunder ist, gehören die famosen Jungs von Turbostaat doch nicht nur zu meinen, sondern auch zu Lenes Lieblingen: „Die schreien so super rum!"

Mit tüchtig Krach in den Ohren fahren wir also in die Stadt rein und von Stellingen aus, auf Lenes speziellen Wunsch, mit dem Bus-Shuttle zum Volksparkstadion, was ich mit Augenrollen quittiere, schließlich weiß ich nur zu gut, welch ein Kulturschock unbescholtenen Bürgern hier regelmäßig blüht. Mit reichlich schweinischem Liedgut beschallt kommen wir dann auch nur wenig später am Stadion an und Lene fragt, offenbar schwer beeindruckt: „Papa, was sind Hurensöhne?"

Ich fabuliere und fantasiere mir entsprechend schön einen zurecht, indem ich ihr die Geschichte der Huren, eines alten Volksstammes aus der Mongolei, auftische, und wie ich grad so richtig schön am Fabulieren und Fantasieren bin und auf Höhe der 1887-Bude hinter der Nordtribüne gerade auf den Geschmack komme, über den heutigen HSV-Gegner 1999 – ich habe noch mal überlegt, ob da in der „HSV-Live" tatsächlich 1899 stand, aber das kann bei solch einem Wurstverein ja nun gar nicht sein – Hoffenheim nach allen Regeln der Max-Merkel-Kunst abzuledern, da haben wir auch schon unseren Block erreicht und da beginnt dann auch schon das Spiel.

„Endlich Schluss mit Kindergeburtstag", denke ich auf der Treppe, „jetzt geht's nur noch um Fußball. Puh."

Da stupst mich Lene an. „Du, Papa?! Wo ist Hermann?"

Und so machen wir uns auf die Suche nach Hermann, dem riesigen HSV-Plüsch-Dinosauriermaskottchen, anstatt Fußball zu gucken, und, wer sagt es denn, nach knapp fünf Minuten jubiliert Lene: „Oh, da ist Hermann ja!"

Sie hat ihn irgendwo unten, neben dem Spielfeld, herumwackeln gesehen und freut sich und ich („Oh stimmt, da ist er ja", dabei rolle ich genervt mit den Augen und räuspere mich überdeutlich und denke an Maik und daran, wie schön es mit ihm doch immer war, zum Fußball zu fahren) mich auch: „Dann können wir ja endlich Fußball gucken!"

Und ich räuspere mich noch einmal überdeutlich. Hat mein Papa früher ja auch gerne getan, wenn ich ihm auf den Sack gegangen bin und er es nicht übers Herz gebracht hat, mir zu sagen, dass ich ihm gerade auf den Sack gehe.

Im C-Rang angekommen, schaut Lene bummelige ein, zwei Minuten lang gedankenverloren auf den Platz, wo der Ball gerade von HSV-Nationalspieler Piotr Trochowski dreißig Meter zurück zu HSV-Abwehrspieler Joris Mathijsen gespielt wird, der ihn mit Mühe unter Kontrolle bringt und dann in den ganz freien Raum drischt. Da fragt mich die Kleine: „Wie lange noch?"

Mir wird spätestens jetzt bewusst: Das wird hier heute eine ganz zähe Nummer. Da unten auf dem Platz. Hier oben auf der Tribüne – wo mich nebenbei Lene ein weiteres Mal anstupst: „Du, Papa? Darf ich ein bisschen rumlaufen?"

Ich bin gerade darin vertieft gewesen, die Laufwege der HSV-Offensivkräfte Robert Tesche und Marcus Berg zu verstehen, also rolle ich – immer noch oder schon wieder? – genervt mit den Augen herum und denke: Scheiß was auf ‚Punkten bei der Tochter'. Nächstes Mal fahr ich wieder alleine.

Ich streichele Lene übers Haar. „Ja, klar, aber geh den anderen Zuschauer nicht auf die Nerven."

Das würde Lene natürlich im Traum nicht einfallen! Und ich will mich gerade wieder räuspern, aber sie ist längst abgedüst und schon in den umliegenden Sitzreihen unterwegs, ständig verfolgt von meinen besorgten Blicken, die sich so gerne ungestört Guy Demels versiertem Stellungsspiel widmen würden. Lene hat in der Zwischenzeit willige „Opfer" gefunden und spielt das sogenannte „Das Schranke-Spiel" mit drei benachbarten, gesichtstätowierten Hardcore-Fans.

In den nächsten Minuten beobachte ich also halb entsetzt, halb fasziniert meine Tochter, die gemeinsam mit knapp fünfzig Jahren Knast engagiert „Das Schranke-Spiel" spielt, das sich ungefähr so beschreiben lässt: Die drei HSV-Rocker müssen die vor ihnen angebrachten Wellenbrecher anfassen und warten, dass die links neben ihnen stehende Lene „Schranke hoch!" ruft. Nun sind die Arme hochzureißen und es wird gewartet, bis Lene durchgelaufen ist und das Kommando „Schranke runter" gegeben hat (woraufhin die Arme sofort wieder Richtung Wellenbrecher zu führen sind). Nun muss seitens der Fußballrocker wiederum gewartet werden, bis Lene einmal die komplette (ansonsten ziemlich leere) Sitzreihe durchgelaufen, dann wieder umgedreht und erneut vor der geschlossenen Schranke angekommen ist. Nach einiger Zeit ermahne ich Lene ein bisschen, sie solle „die Männer nicht so nerven", was diese allerdings empört zurückweisen: „Chef, ‚Das Schranke-Spiel' hält uns bei dem Scheißkick wenigstens auf Trab!"

Diese Ausdrucksweise ruft wiederum Lene auf den Plan: „‚Scheiße' sagt man nicht!"

Während HSV kurz vor der Pause immer noch versucht, mit hohen Rückpässen zu operieren, erleichtert Lene unter anderem die hintere Reihe und viele wildfremde Fans um Gummibärchen und Chips und macht Vorwärtsrollen am Wellenbrecher, bis sie Hunger auf was Handfestes bekommt: „Papa, kann ich eine Wurst?"

Fast klaglos trotte ich mit ihr Richtung Wurstbude und rolle nur noch ein bisschen mit den Augen und das Räuspern habe ich komplett vergessen. Als wir, bewaffnet mit Wurst und Limo für sechs Euro, schon fast wieder unseren Platz erreicht haben, höre ich hinter mir ein „Upps!". Lene hat ihre Wurst fallen gelassen. Nun guckt sie mich mit großen traurigen Augen an: „Kann ich noch eine? Bitte!"

Ich denke, dass ich sie nicht wieder ins Stadion mitnehme, diese kleine Nervensäge, und seufze: „Ja, klar, Süße."

Fünfzehn Minuten später sind wir zurück in unserem Block, wo Lene von bestimmt zehn Fans offenbar vermisst worden ist und nun laut mit „Lene, o-ho!"-Sprechchören empfangen und von ihren HSV-Rocker-Freunden zu einem weiteren „Das Schranke-Spiel" aufgefordert wird. Mit ihrem viel zu großen Trikot – aus dessen Rückenbeflockung „Fukal" ich, allen Bitten von Paul zum Trotz, zum Glück dann doch nicht „Fuck all" gemacht habe – ist sie zudem willkommenes Fotomotiv für viele vom müden 0:0 gelangweilte HSV-Fans.

Und so verlassen Vater und Tochter um 17:20 Uhr das Stadion: die Tochter wild gefeiert und pappsatt, der Vater hundemüde und geschafft und des Augenrollens und Räusperns überdrüssig. Wenige Minuten später wieder im Auto sitzend, bleibe ich das erste Mal hart: „Wir hören jetzt keinen Punk! Weder Turbostaat noch DJ Ötzi! Wir hören jetzt ‚Das kleine Gespenst' und du bist schön ruhig! Verstanden?"

Lene atmet tief aus. „Oh-kay", sagt sie und rollt dabei genervt mit den Augen.

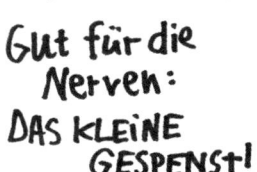

Gut für die Nerven: DAS KLEINE GESPENST!

18. Juni 2010
Deutschland – Serbien 0:1

Ich bin ja nicht so der Fußball-Nazi, denke ich und erinnere mich dabei an den guten, alten Barny, der dies immer zu sagen pflegte, wenn es um die Frage ging, ob man deutschen Mannschaften im Europapokal die Daumen drücken müsste. Darauf antwortete dieser stets entrüstet, dass er schließlich „kein Fußball-Nazi" sei, und fragte rhetorisch in die Runde, warum ausgerechnet er – der doch sein Leben lang von Bayern, Werder und wie sie alle heißen mögen, gedemütigt worden sei – ausgerechnet nun, nur weil Mittwochabend und Europapokal sei, plötzlich ausgerechnet für Bayern, Werder und wie sie alle heißen mögen sein und schreien solle.

So ähnlich fühle ich mich heute.

Ich habe *nicht* vergessen, dass schon Anfang der Achtziger Bundestrainer Jupp Derwall meine HSV-Helden viel zu selten in der Nationalmannschaft hat spielen lassen, dass 1986 Felix Magath im WM-Finale ausgewechselt wurde und 1990 kein einziger HSVer von Teamchef Franz Beckenbauer nominiert worden war und somit in Rom Weltmeister werden durfte und dass weder Frank Wuschi Rohde, noch Harald Lumpi Spörl auf eine ihrem Können angemessene Zahl von – sagen wir mal – fünfzig bis hundert Länderspielen kommen konnte, weil sie schlichtweg nicht ein einziges Mal nominiert wurden!

Nicht zuletzt deshalb trifft mich eine Niederlage der deutschen Fußball-Nationalmannschaft bei einer Weltmeisterschaft allerhöchstens ungefähr so hart wie die Niederlage einer HSV-Jugendmannschaft gegen St. Pauli, wobei ich die A- und B-Jugendbundesliga ausklammern möchte, ich spreche hier eher so von C-Jugend und darunter und auch eher, wenn's von HSV die Zwote und von denen die Erste ist oder wäre. Ein Ausscheiden der deutschen Fußball-Nationalmannschaft bei einer Weltmeisterschaft trifft mich schon eher, ungefähr so hart wie die Niederlage der ersten HSV-Herren in einem Vorbereitungsspiel gegen einen x-beliebigen, internationalen Gegner, aber eher aus der oberen „Kann man gegen verlieren"-Kategorie, wobei ich hiermit allerdings ausdrücklich den Holsten-Cup ausklammern möchte, schließlich kann man beim Holsten-Cup ja nun eigentlich nicht von „x-beliebig" sprechen, waren doch die Holsten-Cups in den letzten Jahrzehnten (abgesehen von diversen Telekom-, Emirates- und Zell-am-See-Cups oder so) die einzigen Pokalgewinne, die HSV verbuchen konnte, und „besser als gar nichts" ist ja auch so'n Schnack, der gut zu HSV passt.

Ich hab während einer Fußballweltmeisterschaft übrigens auch keine – wie mittlerweile ja sonst fast alle – schwarz-rot-goldenen Fahnen am oder im Auto oder im Garten oder im, am, auf, über dem Haus oder sonstwo und ich habe keine Tröte im Maul und ich binde mir auch keine schwarz-rot-goldenen Schals um die Hüften und Handgelenke und ich setze mir auch keinen schwarz-rot-goldenen Zylinder auf und ich bemale mich auch nicht mit schwarz-rot-goldener Schminke und ich bin auch eher selten für Fußballgucken in Gesellschaft schwarz-rot-gold-geschminkter Menschen mit schwarz-rot-goldenen Fahnen am oder im Auto oder im Garten oder im, am, auf, über dem Haus oder sonst wo und mit schwarz-rot-goldenen Schals um die Hüften und Handgelenke und schwarz-rot-goldenen Zylindern auf dem Kopf und Tröte im Maul zu haben.

Wenn ich schon nicht im Stadion sein kann, so habe ich beim Fußballgucken gerne meine Ruhe, schließlich heißt es ja „Fußballgucken" und nicht „Fußballklugschnacken" oder „Fußballgrillen". Trotzdem muss ich heute das Fußballweltmeisterschaftsgruppenspiel der deutschen Nationalmannschaft gegen Serbien in Gesellschaft zahlreicher, schwarz-rot-gold-geschminkter Nachbarn mit schwarz-rot-goldenen Fahnen am oder im Auto oder im Garten oder im, am, auf, über dem Haus oder sonstwo und mit schwarz-rot-goldenen Schals um die Hüften und Handgelenke und schwarz-rot-goldenen Zylindern auf dem Kopf und Tröte im Maul ertragen. Inken hat eingeladen: „Und wisst ihr was? Der Herr des Hauses grillt auch!"

So sitzen wir also heute um kurz nach halb zwei Uhr – ich bin schon vom Grillenmüssen und Vorberichte-Verpassen voll genervt, während die verfluchte Meute auch noch zu spät kommt und nicht einmal fragt, ob sie schon was verpasst hätte und ob nach dem schlappen 4:0 gegen Australien jetzt wenigstens die HSVer Dennis

Aogo, Marcell Jansen und Piotr Trochowski ins Gefecht geworfen worden sind – zu siebt vor der Glotze: vier Erwachsene und drei Kinder. Klein-Luke macht in weiser Voraussicht Mittagsstunde. Ich sage es doch immer wieder: kluges Kerlchen! Ich hab ja partout keine Ahnung von Prozentrechnung, aber ich denk mal, dass außer mir zirka hundert Prozent der Anwesenden kein gesteigertes Interesse am Ausgang des Spiels und knapp hundert Prozent der Anwesenden keine Ahnung von Fußball haben.

Es ist klar, dass Kinder bei solch staatstragenden Angelegenheiten wie einem HSV-Freundschaftsspiel am Sonntagnachmittag im DSF, das ja mittlerweile Sport1 heißt, oder einem Fußballweltmeisterschaftsspiel der deutschen Nationalmannschaft eher durch Fragen der Kategorie „Warum hat der Mann da ein gelbes Trikot an?" oder – beim Abspielen der Zeitlupe eines Tores – „Haben die jetzt schon wieder ein Tor geschossen?" glänzen, anstatt neunzig Minuten lang demütig den Schnabel zu halten. Aber dass die Lütten mit den dazugehörigen Eltern in der um und bei vierzigsten Minute eines Fußballweltmeisterschaftsspiels der deutschen Nationalmannschaft plötzlich Panini-Fußballbilder tauschen, statt bis zum Ende der Halbzeit gebannt auf den Bildschirm zu starren, das schlägt dem Fass wirklich den Boden aus.

ROBINHO

Nun gut, ich habe Lene vor einigen Tagen auch einige Tütchen mitgebracht. Es sind allerdings nur ein ganz paar, und dann haben wir auch noch gleich Robinho doppelt – ausgerechnet Robinho, die Pflaume – und dann habe ich gestern halt noch einige Päckchen mehr gekauft. Man will ja nun nicht am falschen Ende sparen und die Tütchen kosten schließlich nur sechzig Cent, für fünf Bilder drinne: Spottpreis! Das macht so um und bei zwölf Cent pro Bild und wie lang hat man von solch einem WM-Album gut!?

Ein Leben lang! Im Ernst: Kauf ich eine Packung Windeln für Klein-Luke, kluges Kerlchen hin oder her, da bin ich gut und gerne mehr als das Zehnfache an Geld los! Zu allem Überfluss kostet eine einzige Windel, die obendrein eh vollgeschissen wird und nicht mal irgendwo reingeklebt werden kann, umgerechnet dreißig Cent!

Na ja. Und dann mache ich ab der 42. Minute halt auch mit bei der Wohnzimmer-Tauschbörse und lasse das Serbienspiel so ein bisschen Serbienspiel sein. Ist doch nichts dabei, sind doch alles nette Leute hier und schließlich ist es ja auch kein HSV-Spiel um den Holsten-Cup, das nebenbei im Fernsehen läuft…

11. September 2010
HSV – 1. FC Nürnberg 1:1

Fußballmäßig ist doch eigentlich alles scheiße ohne HSV. Montag ist scheiße. Dienstag ist scheiße. Mittwoch ist scheiße. Donnerstag ist jetzt, wo HSV es zum ersten Mal seit vielen Jahren nicht einmal in die Europa League geschafft hat, auch richtig scheiße. Freitag ist meistens scheiße. Samstags manchmal. Sonntag immer. Scheiße. Scheiße. Scheiße.

Und das Schlimmste: Ich darf „Scheiße" zu Hause nicht mehr sagen. Seit mittlerweile sechs Jahren. Seit Lene auf der Welt ist. Lene ist nämlich die personifizierte „Scheiße-Polizei". Ich meine, mal Hand aufs Herz: Wer sagt nicht ständig „Scheiße"? Und jetzt, wo Lene alle naslang mit zum HSV kommt, muss ich mich nicht nur in der Schule und zu Hause, sondern auch noch im Stadion benehmen! So eine Scheiße!

Lene und ich sitzen heute beim HSV-Heimspiel gegen Nürnberg auf der Nordtribüne und direkt hinter uns beiden sitzt heute so einer von der Sorte, der wahrscheinlich zu Hause ordentlich unter Mutters Pantoffel steht und von daher während des gesamten Spiels nichts Besseres vorzuhaben scheint, als neunzig anstrengende Minuten lang sein gesamtes Repertoire an Fäkalwörtern zum Schlechten zu geben. Und da ist „Scheiße" nicht mal mit bei!

Alles fängt um kurz vor halb vier damit an, dass der Schiedsrichter schon vor dem ersten Pfiff bei unserem Hintermann verschissen zu haben scheint: „Pfeif endlich an, wir ha'm nicht ewig Zeit, du Fotze!" (Ich schreib das hier im weiteren Verlauf einfach mal so runter, wie ich – UND LENE! – es anhören müssen, auch wenn meine supere Kinderstube es mir – na klaro – normal verbietet!) Schon nach wenigen Spielminuten hat der Herr hinter uns bereits sämtliche gängigen Schimpfwörter für gegnerische Fans, Schiedsrichter und Gegenspieler durch: „Wixer", „Penner", „Arsch", „Nutte", „Pisse" und so weiter und so fort. „Donnerlüttchen", denkt da der Laie und der Fachmann staunt.

Und Lene schweigt. Ja. Genau. Ausgerechnet die „Scheiße-Polizei" schweigt, während der Papa sich in besorgte Gedanken verliert: Sie wird irreparable emotionale Schäden davontragen! Einen Schock erleiden! Ich muss sie hier rausschaffen!

Doch nix da mit Schock: Lene zieht ihr übliches HSV-Tribünen-Programm eisenhart durch. Sie schlabbert am Eis rum, beißt einmal hier von einer angebotenen Wurst, trinkt einmal da von einer angebotenen Brause, lässt sich von Schoß zu Schoß herumreichen, spielt das sich auf der Nordtribüne mittlerweile größter Beliebtheit erfreuende „Das Schranke-Spiel" und dann und wann sitzt sie tatsächlich auch kurz mal auf meinem Schoß, allerdings ohne sich weder am üblichen HSV-Gebolze auf dem Rasen oder auch nur im Geringsten am hinter uns dargebotenen antisozialen Fan-Soundtrack zu stören: „Hure", „Zecke", „Abschaum", „Bastard", „Arschgeburt", „Dreckspack" und immer wieder „Wixer" und immer wieder „Fotze".

Knappe siebzig Minuten lang geht das so und Lene lächelt nichts ahnend dazu. Wo soll sie solche Worte auch jemals gehört haben? Im Fernsehen läuft bei uns neben „Pippi Langstrumpf" schließlich nur „Bibi Blocksberg", „Das Sandmännchen" oder „Die kleine Prinzessin" oder – für Klein-Luke – ab und zu „Coco, der kleine Affe". Da ist jeweils „Scheiße"-freie Zone. Auch in der 1.Klasse – Lene ist jetzt nämlich stolzes Schulkind – wird Benimm noch großgeschrieben und Mama sagt eigentlich nie „Scheiße" und Papa höchstens mal, wenn dieses St. Pauli alle Jubeljahre mal wieder in die zweite oder erste Liga aufsteigt oder wenn die Sexy Sport Clips auf Sport1 mal wieder wegen einer blöden Poker- oder Darts-Übertragung ausfallen, und da sind Lene und Klein-Luke längst zu Bett – und Mama nicht da. Alles also im grünen Bereich im B-Rang auf der Nordtribüne, da ja auch Papa bei Pöbeleien nur dann eingreift, wenn irgendwelche Arschgeigen verkappte Nazischeiße von sich geben. Und bei den HSV-Leistungen, die man nun schon seit Jahren meistens geboten bekommt, da mag man sich ja gar nicht mehr aufregen, nützt ja auch nichts.

Alles bestens also, bis sich unser dauerpöbelnder Hintermann – mittlerweile im Übrigen fast abgekühlt und kaum noch fäkalmäßig unterwegs – irgendwann suchend an die Jackentasche fasst und leise flucht: „Digger, ich glaub, ich hab meine Kippen verloren. So 'ne Scheiße!"

Und nun endlich, endlich greift Lene, die Scheiße-Polizei, ein: „Hey, du! Scheiße sagt man nicht!"

19. Februar 2011
HSV – Werder Bremen 4:0

Klein-Luke kapiert noch nicht ganz, dass nicht *alles*, was mit Fußball zu tun hat, „HSV" ist, und zeigt entsprechend auf alles, was rund ist und nach einem Ball oder nach Sport – egal, ob Schuhwerk, Hosen, Jacken und dergleichen – aussieht, und ruft dabei laut „HSV!" Das tut er nicht nur bei uns zu Hause oder im Kindergarten, sondern auch in sämtlichen Sportfachgeschäften, in denen er mit Vorliebe auf Bayern-, Werder- oder sonst irgendwelche, manchmal auch tatsächliche HSV-Trikots zeigt und laut „HSV!" ruft. Zu Hause im Wohnzimmer glänzt er dazu gerne und oft mit der Feststellung: „Ich bin schnell! Schnell wie HSV!", und dann fordert er, dass man ihm sofort seine „HSV-Schuhe" (also seine Hausschuhe in Größe 24 mit aufgedrucktem Fußball) und seine „HSV-Jacke" (also seine Trainingsjacke mit Schriftzug „Soccer League") und seine „HSV-Hose" (also seine Turnbuxe mit Nummer 9) anziehen möge. Kurz darauf flitzt er dann mit Karacho durch unsere Bude und ruft immer wieder: „Ja! Ich bin schnell! Schnell wie HSV!"

Wie gesagt: Für Klein-Luke ist *alles* „HSV!", das stellt er, während er es beim Thema „Trecker" oder „Fahrzeuge" immer ganz genau wissen will und auch weiß – zum Beispiel, was ein Muldenkipper, Kipplaster, Sattelschlepper oder was weiß ich ist, hab ich hier die Ahnung von Muldenkippern, Kipplastern, Sattelschleppern oder er!? – absolut nicht in Frage, und so ein bisschen habe ich das Gefühl, dass es genau diese Naivität in Sachen Fußball im Allgemeinen und HSV im Besonderen ist, die mir im Laufe der Jahre nach und nach abhanden gekommen zu sein scheint. *Ich* fühle mich nicht schnell. *Ich* fühle mich schlapp. Schlapp wie HSV.

Wo mal Fan-Feuer war, ist heute oft nur noch Resignation übrig, Resignation darüber, dass HSV, so lange ich lebe, wohl eh nie mehr irgendwas anderes – Bedeutenderes – zu gewinnen scheint als irgendwelche Holsten- oder Autohaus-Husum- oder Topkauf-Wüstenberg-Cups. Offenbar nehme ich allein deswegen den Fußball schon nicht mehr so wichtig. Das zweiwöchentliche HSV-Heimspiel ist mittlerweile mehr zu einem Samstagnachmittagritual mit Ernüchterungsgarantie geworden, als dass es mich mit Haut und Haaren gefangen nähme.

Am vergangenen Mittwoch hat es mich dann ja doch noch mal gepackt. Nach dem schon glücklichen 1:1 im Hinspiel am Millerntor kam Pauls FC St. Pauli zum Rückspiel ins Volksparkstadion, und tatsächlich hat es im Vorfeld des Derbys ein bisschen mehr als sonst gekitzelt. Ich hab mich häufiger als sonst mit dem Kicker oder der 11Freunde auf dem Klo eingeschlossen. Ich hab mich sogar mit einem Lehrerkollegen auf kleinere Scherze eingelassen und Taschentücher mit „für heute Abend"-Klebezettelchen auf dessen Platz gelegt oder vom benachbarten Bäcker Baisers geholt und mit HSV-Raute und Zettelchen „Möge es dir im Halse stecken bleiben!" versehen. Ich habe nachmittags regelmäßig am Computer Unterricht vorbereiten wollen, um dann allerdings doch nur in irgendwelchen Internet-Foren Lügen und Vorurteile über den FC St. Pauli breitzutreten, was wirklich Spaß gemacht hat, vor allem, wenn Paul darauf mit Lügen und Vorurteilen über HSV gekontert hat. Die gesamte HSV- gegen St.-Pauli-Nummer ist doch eine einzige Lügen- und Vorurteile-Blase, und ich finde, der *ganze* Fußball sollte aus Lügen und Vorurteilen bestehen, dann macht er wenigstens wieder Spaß. Wenn ich es mir recht überlege, dann besteht der ganze Fußball wahrscheinlich aus Lügen und Vorurteilen. Wie dem auch sei, natürlich bin ich – bei allem Rumgebrasche und -gehupe – trotzdem super-skeptisch gewesen, was den Ausgang des Spiels anging, schließlich hatte HSV unglaublicherweise seit 1977 kein einziges Pflichtspiel mehr gegen St. Pauli verloren, und es war doch eigentlich von vornherein klar: Irgendwann schafft es selbst das blindeste Huhn, einmal ein Korn aufzupicken, wenn schon der ganze Hof beackert worden ist, selbst so ein kleiner Rumpelverein wie der FC St. Pauli.

Und tatsächlich hat es eben dieser FC St. Pauli geschafft, mit seinem einzigen Schuss aufs HSV-Tor 1:0 im Volksparkstadion zu gewinnen, was mich am Mittwochabend komplett ins Delirium katapultierte, letztlich allerdings nur noch bestätigt hat, was ich eh schon wusste: erstens das mit dem blinden Huhn und dem Korn, zweitens, dass HSV im Moment nichts taugt und, drittens, ich als Fan genauso wenig. Kann doch nicht sein, dass HSV sechzig Minuten auf ein Tor stürmt und kein Tor schießt! Kann doch nicht sein, dass ich nur am Nörgeln und Maulen bin, wenn's um meinen Verein geht! So macht das hier doch alles keinen Spaß!

Und weil ich auch für heute Nachmittag im Spiel gegen Werder Bremen, die – so ändern sich die Zeiten – im Übrigen voll im Abstiegskampf stecken, keinen großen Spaß erwarte, nehme ich halt einfach die Familie mit. Die eine Niederlage mehr oder weniger kann ich mir so zumindest etwas versüßen. So kann ich wenigstens mit Inken rumknutschen und mit Lene und Klein-Luke spielen, wenn unten auf dem Rasen die üblichen Verdächtigen herumstolpern und oben auf den Rängen die üblichen Verdächtigen ihr obligatorisches „Wir ham die Schnauze voll" grölen. Während ich also eher aus Zwang – so nach dem „Trotzdem HSV" von Norbert und den Feiglingen-Motto „Natürlich gehn wir hin, denn wir sind immer hingegangen" – zum Nordderby trotte, scheint nicht nur mein zweijähriger Sohn dabei zu sein, mir in Sachen HSV-Leidenschaft den Rang abzulaufen.

Vor Jahren hat Lene mich regelmäßig dabei beobachten können, wie ich St.-Pauli- und Nazi-Aufkleber von Laternenpfählen abgeknibbelt habe, und mich immer gefragt, was ich denn gerade täte. Ich habe regelmäßig erklärt, dass es sich um „böse Aufkleber" handeln würde, die sofort abgerissen gehören. Auf dem Weg vom Parkplatz durch den Volkspark zum Stadion sehe ich Lene heute nun aufgeregt zu jeder beklebten Laterne rennen und fragen: „Papa, ist *das* ein böser Aufkleber?" So schnell wird – nach dem Derby am Mittwoch – aus dem Volkspark also wieder St.-Pauli-aufkleberfreie Zone.

Wenig später sitzen wir vier auf der Nordtribüne und Klein-Luke guckt – der allgemeinen HSV-Derby-Ernüchterung um ihn herum zum Trotz – mit großen leuchtenden Augen auf die Tribünen und ruft fast ohne Pause fleißig: „HSV! Olewa Olewa! HSV! Olewa Olewa!", womit er die ganz sicher nicht meinen Geschmack treffende Stadionhymne „HSV forever and ever, HSV all the way, all the way" zu meinen scheint. Inken lächelt entspannt wie eh und je und auch Lene genießt den Volksparknachmittag auf ihre fast schon übliche

Weise. Nur *ich* muffel mal wieder rum, rechne ich doch eh mit nichts anderem als einer erneuten HSV-Pleite. Als HSV-Stürmer Mladen Petric das 1:0 macht, bin ich mehr daran interessiert, Inken einen Kuss auf die Wange zu drücken, und selbst als nach dem 2:0 das 3:0 und kurz vor Schluss auch noch das 4:0 fällt, will ich eigentlich nur noch meine Familie einpacken und raus aus dem Stadion, zu be-

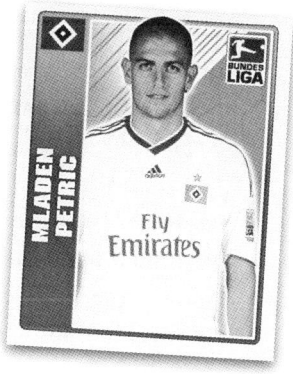

leidigt bin ich noch immer wegen der Niederlage am Mittwoch und wegen mir selber, der einfach nicht aus seiner muffeligen, meckerigen Haut kann. Aber es *ist* doch so: Was *gibt* es denn hier auch groß zu jubeln? Was interessiert *mich* hier noch HSV? Was interessiert hier *irgendwen* HSV!?

Da höre ich Klein-Luke neben mir erneut leise „HSV! Olewa! Olewa!" rufen. Ich denke noch, was der Kleine für eine Kondition hat, Donnerwetter, da schaut er mich an und strahlt über beide Backen, und auch Inken und Lene stimmen prompt mit ein: „HSV! Olewa! Olewa!" Und wie die drei da so sitzen und vergnügt „HSV! Olewa! Olewa!" rufen, da wird mir eines klar: Es mag ja sein, dass ich hier rummuffel und böse mit HSV bin und so manches Mal – so viele Male! – geflucht habe und fluche, was ich – warum *ausgerechnet immer* ich? – doch für ein Pech mit der Wahl meines Lieblingsfußballvereins gehabt habe! Und es ist doch *wirklich* so! *Wie* hätte ich denn Anfang der Achtziger wissen können, dass das noch ein paar Jahre gutgeht, dann aber nur noch abwärts und zu schlechter Letzt selbst gegen so eine Krötentruppe wie *St. Pauli* verloren wird? Das hat doch nun wirklich *keiner* geahnt, als Maik und ich damals auf unseren BMX-Rädern Richtung Nordsee geradelt sind, um mit Hilfe des Kickers die nächste HSV-Meistersaison schon einmal vorab zu planen!

Hätte ich es gewusst, hätte ich mich anders entschieden? Wahrscheinlich nicht. *Wahrscheinlich* nicht? *Natürlich* nicht! Denn dann wären all die Sachen, die ich mit meiner Mama und meinem Papa und meiner Schwester und Maik und Barny und Paul und Inken und Klein-Lene und Klein-Luke und all den anderen Typen, die mir auf dem langen Weg begegnet sind, doch *so* gar nicht passiert – und würden auch in Zukunft nicht passieren. HSV gehört ganz einfach dazu. Nicht mehr. Aber auch *ganz bestimmt* nicht weniger.

Ich habe Lene auf meinem Schoß sitzen und halte Inken, die Klein-Luke auf ihrem Schoß sitzen hat, in meinem rechten Arm und lauthals stimme auch ich in die „HSV! Olewa! Olewa!"-Rufe mit ein. Während um uns herum die meisten Fans ihre Plätze bereits verlassen haben, fühle ich mich dem kleinen Jungen vom HSV-Heimspiel gegen Bochum 1982 plötzlich so nah wie selten in den letzten Jahrzehnten. Und wie ich so sitze und mit meiner Familie „HSV! Olewa! Olewa!" rufe, da komme ich mir nicht einmal blöd vor, dass ich trotz eines mittlerweile fast leeren eiskalten Stadions, eines Platzes im Mittelfeld der Bundesliga-Tabelle, einer peinlichen Derbypleite und ungläubiger Blicke anderer Fans zufrieden in mich hineinrinse und meinen Frieden mit dieser ewigen HSV- und Fußballscheiße mache.

HSV war, ist und bleibt eben das Superste, was es gibt!
Olewa! Olewa!

ENDE

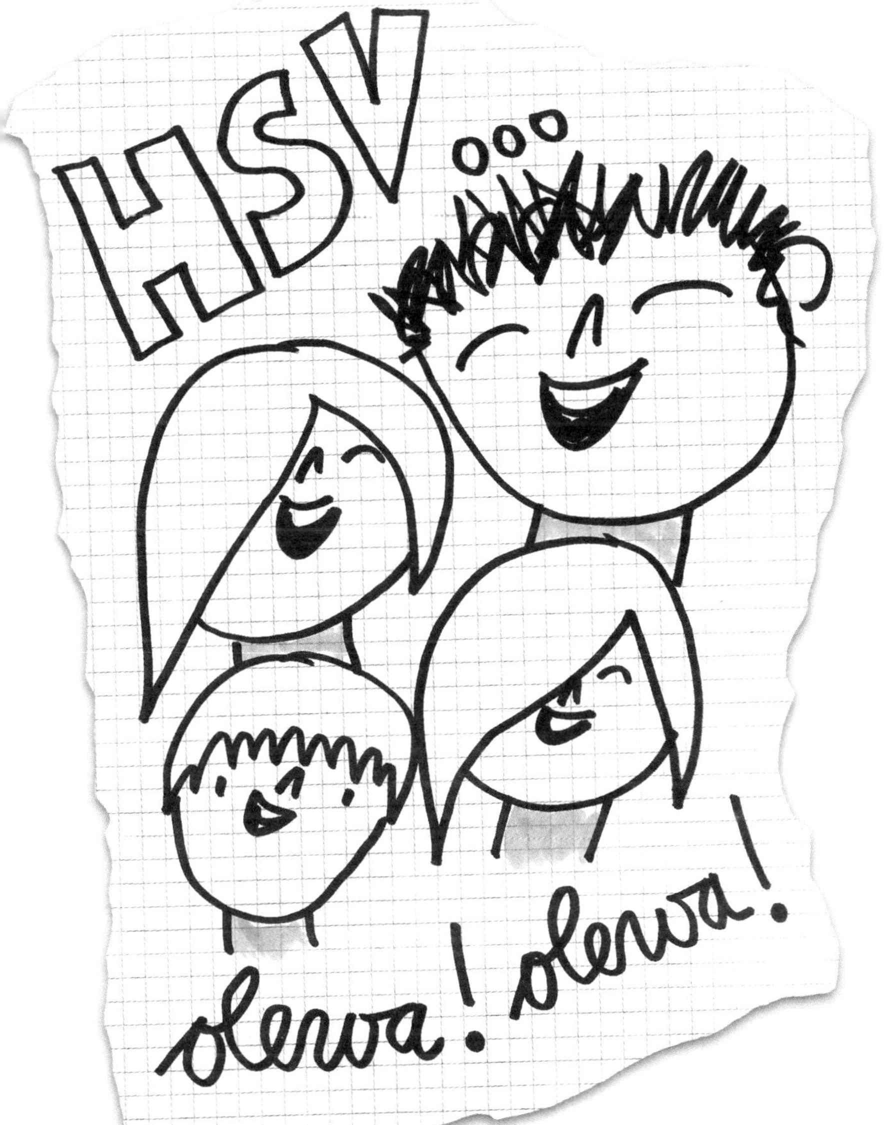
HSV ...
olewa! olewa!

ÜBER DEN AUTOR
UND DAS BUCH UND ÜBERHAUPT...

Axel Formeseyn wurde 1972 in Husum geboren und wuchs fußball-spielenderweise auf Nordstrand auf. Mittlerweile ist er tatsächlich Lehrer, tatsächlich verheiratet, tatsächlich zweifacher Familienvater und wohnt nach vielen Jahren in Hamburg wieder in Schleswig-Holstein. Formeseyn ist – schon immer eigentlich – HSV-Fan, saß für ein paar Jahre sogar, weil er sein Mundwerk nicht halten konnte, im Aufsichtsrat seines Lieblingsclubs und schrieb für „11 Freunde", verschiedene Fanzines, das Stadionmagazin „HSV Live" und tut das immer noch für die „HSV-Supporters News". Seine kiloschwere Chronik „Unser HSV" (2008, Edition Temmen) wurde von der Deutschen Akademie für Fußball-Kultur 2009 zum Fußballbuch des Jahres nominiert. Davor hat er schon einmal „Voll die Latte" (2005, Europa-Verlag) veröffentlicht, das mit dem vorliegenden Werk eine völlig überarbeitete und fortgeschriebene Neuauflage erfahren hat.

„Voll die Latte – Mein Fußball-Tagebuch" ist die zu neunundneunzigkommaneun Prozent wahre Autobiografie eines Fußballfans. Um die Nerven der Mama zu schonen und den Respekt seiner eigenen und der Schulkinder nicht gänzlich zu verlieren, legt der Autor allerdings Wert auf die Feststellung, dass nicht *alles* genau so passiert ist, wie hier beschrieben. Die Namen stimmen hinten und vorne nicht und überhaupt ist zu nullkommaeins Prozent eh alles erstunken und erlogen, an den Haaren herbeigezogen und sowieso kompletter Mumpitz! Wer also nicht fassen kann, was für ein bodenloser Mist in diesem kleinen Büchlein steht, der kann sich beruhigen: Bestimmt ist genau die Schote, die einen am meisten schockiert, nie geschehen, erstunken und erlogen, an den Haaren herbeigezogen und sowieso kompletter Mumpitz!

Dänemark
und so...
FLENSBURG
Schleswig-Holstein
(so ungefähr...)
NIEBÜLL
HATTSTEDT
NORDSTRAND
HUSUM
FRIEDRICHSTADT
HEIDE
ITZEHOE
MÜNSTERDORF
HAMBURG
Süddeutschland